Almacenamiento de materiales

Mariano Pérez Herrero

MARGE BOOKS

Colección: BIBLIOTECA DE LOGÍSTICA
Director: David Soler

ALMACENAMIENTO DE MATERIALES
1.ª edición, 2006
3.ª reimpresión, 2014

© 2006, Mariano Pérez Herrero.
© de esta edición, incluido el diseño de la cubierta,
  ICG Marge, SL

Edita: Marge Books
València, 558
08026 Barcelona
Tel. 931 429 486
marge@margebooks.com
www.margebooks.com

Gestión editorial
Hèctor Soler, Neus Piñol

Impresión
Prodigitalk, SL (Martorell, Barcelona)

ISBN: 978-84-86684-59-4
Depósito Legal: B-17487-2014

Ilustraciones
Archivo del autor e imágenes procedentes de:
  Abacus, 108
  Altet, 166
  Arestant, 164
  Barcelona, SA Damm, 252
  Bertello, 174, 185, 233
  Christian Salvesen Gerposa, 40, 48, 49, 50a,
    65, 93, 144, 153, 178b, 273
  Cimalsa, 157, 159
  Combursa, 41, 42
  Consorci de la Zona Franca de Barcelona, 61
  Eco Green, 31
  Esmelux, 227
  Esmena, 180, 181
  ET Systems, 305
  GD Convey, 190, 279
  Giménez, Vicens (cedidas por TCB), 45, 84
  Grupo Gran Europa, 44, 64
  Grupo Tradisa, 62
  Iberia Cargo, 46
  Inbisa, 39
  ISM Contenedores, 33
  Kalmar, 55, 56, 58, 59, 60, 201, 204, 209, 210,
    212, 215, 216, 218, 220, 269
  Kaiser+Kraft, 50b, 183
  Linde, 67, 83, 301
  Martínez, Juanjo, 155
  MD, 140
  Mecalux, 188
  Miller Logística, 141
  Parque Tecnológico de Reciclado López
    Soriano, 91
  Salomon, 52
  Schenker, 53, 85, 87, 116, 134
  SSI, 50c, 57, 70, 113, 121, 179a, 277
  TNT, 278
  Toyota, 43, 68, 117, 292
  Viastore, 303

Índice

Capítulo 1
La unidad de carga

La *unidad de carga* es el elemento primordial de la manutención, la rama de la técnica que trata del movimiento y el manejo de los materiales. Siempre resulta más rápido y rentable mover una carga de 1.000 kg que 1.000 cargas de 1 kg. Por tanto, la reducción del número de cargas que se deben manejar en un almacén es también el principio básico del almacenaje.

Se denomina *unidad de carga* al elemento individual que se ha de manejar o almacenar mediante la utilización de medios mecánicos. Este elemento puede estar formado por un único producto o por un conjunto de productos de menores dimensiones que la unidad de carga final, agrupados con el fin de formar un elemento individual que facilite su manejo.

Algunos productos de considerable tamaño, como bobinas de acero, rollos de alambre, cable o papel, grandes sacos, etc., se pueden manipular individualmente con sólo determinar sus características físicas, tamaño, forma, peso, etc. Otras piezas de determinadas formas, como motores, conjuntos mecánicos, etc., tal vez requieran ser mejoradas para su manejo; por ejemplo, sujetándolas con eslingas o colocándolas sobre cunas o palés[1] de madera. La naturaleza de los elementos que se utilicen para su manipulación forma una parte muy importante de la definición correcta de su unidad de carga.

Otros productos, como paquetes, cajas, ladrillos, etc., cuyo manejo individual resultaría demasiado trabajoso, se deben agrupar para su manipulación no sólo de manera más sencilla, sino también más rápida, segura y económica. El número de elementos individuales que deben formar la agrupación se establece en función de su naturaleza, tamaño y peso, sin olvidar su sistema de producción y la menor o mayor facilidad de adaptación y conformación de la unidad de carga final, así como de su futuro manejo, almacenamiento y distribución.

Uno de los factores que más influyen en la toma de decisiones en cuanto se refiere al almacenaje es precisamente el de la elección del tamaño y el peso de la unidad de carga, aunque también resulta evidente que existe una relación entre la defi-

---

[1] En este libro se ha optado por utilizar la acepción 'palé' que recoge el Diccionario de la Lengua Española, en la 22.ª edición de la Real Academia Española –procedente del francés *palée*– en lugar de otras que también se utilizan comúnmente entre los profesionales, para definir una «plataforma de tablas para almacenar y transportar mercancías», y que en inglés se denomina *pallet*. En las comunidades autónomas del Estado español con lenguas distintas del castellano, esta acepción se encuentra como *palet* en euskera (véase *Hiztegi Entziklopedikoa), palé* en gallego (véase Instituto Cervantes) y *paleta* en catalán (véase *Gran Diccionari de la llengua catalana). (Nota del editor.)*

nición de la unidad de carga y la determinación del método que se va a utilizar para su manejo y almacenamiento.

Cuando se agrupa un número variable de objetos o paquetes para formar una unidad de carga, esta acción debe realizarse con el objetivo final de incrementar su manejabilidad. La decisión de cuántos paquetes o piezas individuales deben formar la unidad de carga tiene una relación directa con las consideraciones económicas de su producción y distribución final. En la correcta elección del tipo y el tamaño de la unidad de carga se encuentra muchas veces la clave del éxito en la implantación de los sistemas de almacenamiento.

1   Agrupación de productos para formar una unidad de carga mayor

Existen algunos productos que no poseen la resistencia física suficiente para ser apilados. Esto ofrece la posibilidad de conseguir una gran variedad de tamaños de unidades de carga, si bien las de mayor tamaño permiten reducir el número de movimientos y conllevan menores costes de manutención.

No obstante, mientras que la producción de elementos individuales se realiza con frecuencia de forma masiva o en grandes lotes, y éstos se sirven en unidades de carga tan grandes como puedan ser manejadas, su distribución puede plantear diferentes necesidades en lo que se refiere a su tamaño más adecuado y manejable.

Es indudable que la utilización de cargas de gran tamaño facilita el almacenamiento en una amplia mayoría de los casos. Sin embargo, es muy frecuente que los productos que han entrado en un almacén con un determinado tamaño de unidad de carga salgan del mismo en unidades mucho más pequeñas. Reduciendo el tamaño de los palés siempre es posible incrementar significativamente la proporción de palés completos despachados, aunque ello conlleve la costosa partición de las unidades de carga, y siempre y cuando el almacén acepte realizar dicha operación.

Una forma de conjugar ambos criterios sería preparar una unidad de carga relativamente pequeña, de forma que sea posible manejarla individualmente, que sea también adecuada para ser manejada de dos en dos y que todo ello permita reducir el coste de su manejo. Llegamos así de nuevo a la necesidad de considerar todos y cada uno de los elementos de un sistema de manejo de materiales de una forma conjunta y, por tanto, como primera medida, de analizar más a fondo la resistencia y estabilidad de las cargas.

2   Resistencia y estabilidad

Las primeras cualidades que debe reunir una unidad de carga son *resistencia* y *estabilidad*. En relación a la resistencia, ésta es más importante cuanta más necesidad exista de apilar una unidad de carga encima de otra sin ningún elemento de soporte intermedio, es decir, resistiendo una el peso de la otra. La estabilidad será un factor más importante cuando las cargas estén sujetas a movimientos bruscos o cuando se deban manejar por medio de sistemas que trabajen con tolerancias muy estrechas.

- La *estabilidad* puede conseguirse mediante un apilado correcto de los productos y con la adopción de una adecuada configuración de la unidad de carga. También se puede incrementar mediante la utilización de tiras de cinta adhesiva y flejes que sujeten las unidades unas con otras. La cinta adhesiva tiene una alta resistencia a la cizalladura, lo que evita su ruptura en caso de movimientos laterales, y una gran elasticidad, lo que permite una fácil separación.

  Los flejes pueden ser de varios tipos. Hay bandas de goma más o menos elásticas, en función de la movilidad intrínseca de los envases que conforman la unidad de carga que se debe flejar; otros son de nailon o de acero y, los más recientes y que se han mostrado más adecuados, son los flejes de cinta de PVC. Éstos mantienen una resistencia prácticamente similar a la del acero, pero conjugan también la flexibilidad del nailon, permitiendo conformar un bloque muy homogéneo que incluso se puede envolver o retractilar.

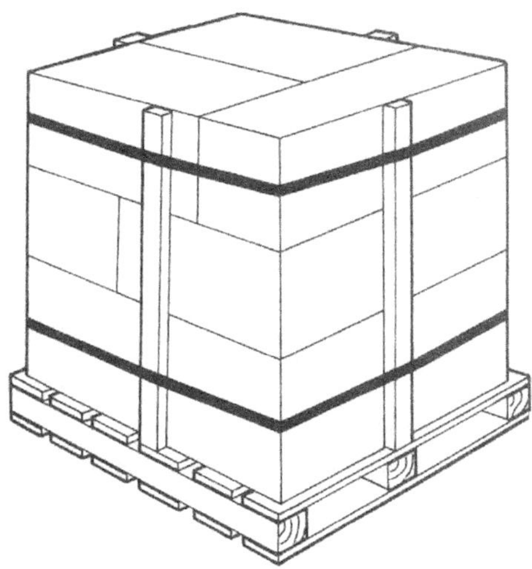

Figura 1.1. Carga flejada con listones.

- La *resistencia* se consigue mediante el retractilado de las unidades de carga. Dicho retractilado consiste en envolverlas con una película de plástico retráctil que las abarca en su totalidad –o abarca la mayor parte de la superficie de las cargas– de modo uniforme, permitiendo el ajuste de la película para proporcionar una adecuada resistencia.

Así pues, para un manejo y almacenamiento correcto de las mercancías se debe utilizar un sistema de flejado en aquellas unidades de carga que, aunque estén formadas por elementos suficientemente resistentes, necesiten incorporar un elemento adicional que les proporcione estabilidad. En aquellas unidades de carga que estén formadas por elementos que no cuenten con la necesaria resistencia intrínseca, se deberá optar por un sistema de retractilado que se la proporcione e incremente su estabilidad natural.

La adopción de cualesquiera de los materiales y métodos de flejado o retractilado disponibles puede tener otras consecuencias, además de la estricta estabilidad. La introducción de cualquier sistema redunda en un aumento de la inversión y del costo de renovación e innovación de los almacenes, además de incrementar la necesidad de espacio y de alargar los ciclos de trabajo y preparación. Antes de decidir su implantación, es preciso estudiar todas las implicaciones que ello conllevaría.

Figura 1.2. Retractilado de una carga paletizada mediante una envolvedora vertical.

El retractilado individual de las unidades de carga proporciona cierto grado de seguridad contra los pequeños robos, además de una buena protección contra las roturas y las inclemencias del tiempo, e incluso en caso de incendio puede servir como escudo contra los sistemas de extinción *(sprinklers),* aunque no del fuego en sí mismo. Como aspecto negativo, el retractilado añade tiempo y dificultades a la segmentación de las grandes cargas en pequeñas unidades, función imprescindible en los almacenes para la preparación de pedidos.

Existen multitud de opciones que pueden incrementar la resistencia y seguridad de las unidades de carga, con diferentes grados de sofisticación, desde los sistemas manuales hasta los totalmente automatizados.

El flejado está preferiblemente indicado para los productos de gran tamaño, aunque conviene evitar el excesivo número de flejes. Para el flejado el sistema más simple consiste en la colocación de bandas de goma elástica alrededor de la carga y en los lugares apropiados. Estas bandas proporcionan menos sujeción que las tiras de plástico tensionadas alrededor de la carga, cerradas o selladas longitudinalmente. Los flejes de acero, duros y resistentes, son más adecuados para productos pesados, aunque su aplicación debe efectuarse con cierto cuidado para evitar dañar las partes frágiles de la carga. A veces las agrupaciones de pequeños productos también se sujetan colocando hojas de cartón y listones de madera entre las bandas de fleje y la carga para reducir el efecto del flejado mediante la distribución de la presión sobre aquélla. Conviene evitar que sobresalgan de la carga los soportes verticales que se utilizan como ayudas de apilado, ya que podrían dañar a las personas que circulen por su entorno.

El retractilado se ha de realizar en dos fases: el envoltorio de la carga con la película, primero, y el retractilado de la misma mediante su calentamiento, después. Dicho calentamiento se logra mediante un calentador manual o introduciendo las cargas en un horno de calentamiento. El espesor de la película, el tamaño de la superficie que se debe envolver, y el nivel y el método de calentamiento afectan a la adaptabilidad del envoltorio y al tiempo necesario para su realización. El retractilado debe adaptarse al tipo de carga y es ideal para la conformación de cargas irregulares.

Las envolvedoras espirales utilizan película longitudinal mediante fajas estrechas (normalmente de 350 mm de ancho), en lugar de hojas. Envuelven las cargas de abajo arriba, cubriéndolas con la película aplicada de forma continuada. La película se tensiona durante el proceso y no necesita calor para su conformación. Resulta muy sencillo modificar el proceso para aplicar capas adicionales de película en los puntos que están sometidos a mayor esfuerzo y cuando se necesita una mayor protección. Existen equipos de envoltura espiral adecuados tanto para la aplicación manual como para la automática, que pueden estar provistos de una mesa giratoria para girar la carga alrededor de la envolvedora o, alternativamente, cuando la carga está estática, el dispensador de película es el que gira alrededor de ella. Las cargas muy inestables se preparan mejor con el segundo sistema.

Una vez que se han obtenido cargas resistentes y suficientemente estables, es el momento de ocuparnos de cómo se deben manejar las cargas.

3 El manejo de las cargas

Antes de entrar en consideraciones acerca de cuál es el vehículo o sistema más adecuado para el manejo de cargas unitarias, e incluso de dos o más de ellas al mismo tiempo, es necesario decidir primero cómo serán tomadas.

Las opciones básicas que existen para tomar una carga son tres:

- asirla por debajo;
- abrazarla por los lados, o
- suspenderla de una eslinga.

Si se pretende manejar más de una carga de una sola vez, las posibilidades son:

- colocar una encima de la otra;
- colocar una junto a la otra, o
- colocar una detrás de la otra.

El manejo de multicargas permite otras dos posibilidades más:

- manejo de cuatro cargas dispuestas en dos pares de cargas laterales, colocadas bien dos encima de otras dos, o bien
- dos delante de otras dos.

Figura 1.3. Pinza multipalé.

Las posibilidades prácticas dependen principalmente, además de la forma, de la estabilidad y de la mayor o menor tolerancia a la compresión de las cargas, y la elección del método debe tener en cuenta todas estas circunstancias a través del ciclo de toma, transporte y depósito de la carga. Un aspecto muy importante para tomar decisiones es el método de almacenamiento que se vaya a utilizar.

Existen aparatos especialmente diseñados para tomar la carga mediante abrazamiento lateral de balas o bidones con brazos curvados, adaptables a pinzas universales y otros medios que facilitan el manejo de cargas tales como envoltorios de cartón apilables. Todos ellos están diseñados para adaptarse a carretillas elevadoras y conectarse a su sistema hidráulico. De este modo se pueden tomar las cargas de una forma y transportarlas o depositarlas de otra distinta, mediante la instalación de un cuerpo giratorio entre la máquina y el accesorio.

La toma de cargas simultáneas mediante la utilización de horquillas requiere el uso de horquillas extralargas para abarcar dos cargas, una delante de la otra, o bien la instalación de dos juegos de horquillas unas junto a otras, en el caso de tener que manejar dos cargas en paralelo. Este último tipo de manejo puede presentar problemas de estabilidad si solamente se transporta una carga y se utiliza un vehículo demasiado ancho para moverse dentro de una fábrica o un almacén, sobre todo cuando circula en vacío. Para solucionar estos problemas, las dos horquillas exteriores se pueden mover hidráulicamente e introducirse en la placa trasera hasta coincidir con las dos horquillas interiores, ofreciendo así una configuración similar a las horquillas simples convencionales, lo que permitiría la toma de una carga individual centralmente. Esto también permite que el conjunto sea más estrecho cuando la máquina no está cargada con dos palés.

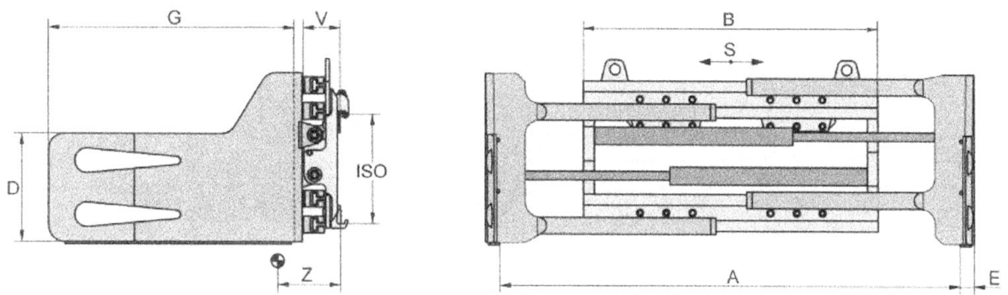

Figura 1.4. Pinza para el manejo de balas de celulosa.

Los brazos de pinza de tipo liso pueden ejercer su presión sobre una amplia superficie de la carga o, en el caso de los tipos más estrechos, asir la carga a lo largo de una banda más estrecha, como por ejemplo los costados de un palé. Normalmente se eligen las pinzas para evitar la necesidad de utilizar palés, siempre y cuando se disponga del accesorio adecuado en los laterales de la carga. Por tanto, estos aparatos son más utilizados en las zonas de producción que en las de almacenaje –aunque existen excepciones–, donde normalmente prima más la densidad de almacenamiento. Los brazos de pinza de tipo estrecho se fabrican también con el brazo giratorio a 90º, adoptando así la forma de horquillas convencionales, de modo que pueden ser utilizados en ambas posiciones. Esta característica, unida a la facilidad de desplazamiento lateral, puede simplificar el posicionamiento correcto de las cargas. Para evitar dañar las cargas las pinzas trabajan con una determinada presión, que debe ser revisada periódicamente y ajustada con la ayuda de un manómetro.

Un método de manejo de las cargas que no encaja con ninguno de los sistemas básicos es el de la colocación o apilado de los productos sobre una hoja de cartón plastificado o de plástico deslizante.

Las cargas se colocan sobre las hojas plastificadas de forma que en uno de los laterales sobresalga una pestaña, de unos 10 a 15 cm de ancho. Estas cargas se manejan con un accesorio que está formado por dos placas base muy delgadas pero resistentes, prácticamente unidas en el centro, sobre las cuales se desliza una placa con empuje vertical, accionada mediante un pantógrafo. La placa vertical está provista en su parte inferior de una mordaza que sujeta la pestaña de la hoja que queda libre, y mediante la retracción del pantógrafo la carga sube sobre las dos placas base, encargadas de asegurarla durante el transporte. Una vez alcanzado el lugar donde han de ser depositadas las cargas, el aparato actúa en el sentido contrario, es decir, la placa vertical empuja y cuando la carga está situada sobre la pila de almacenamiento la mordaza suelta la pestaña, dejándola colocada, así, para una toma posterior.

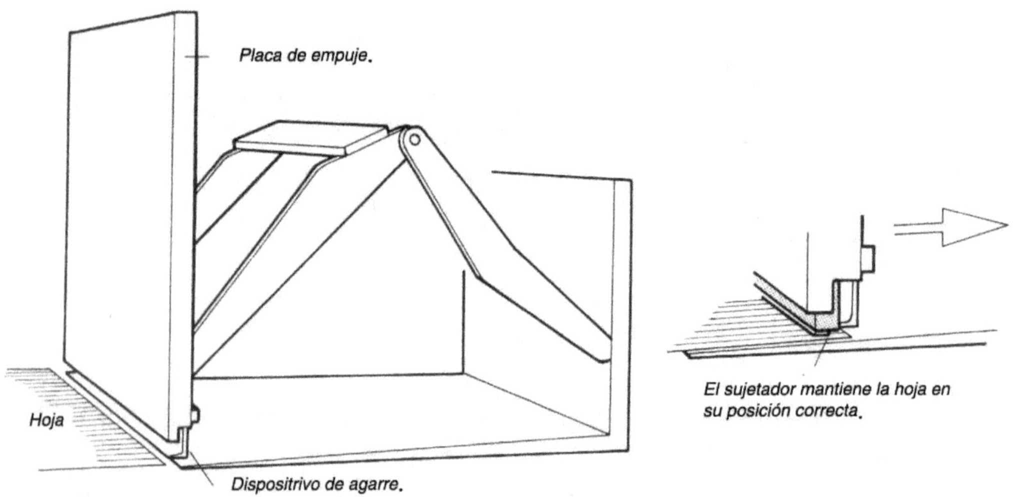

Figura 1.5. Dispositivo push-pull.

Existen diversas alternativas sobre este accesorio, tales como el eyector de hojas. Este dispositivo permite introducir una hoja entre diversos productos almacenados sin ella, bien sea sobre un palé o sin palé, es decir, de forma compacta. Otra opción es el retenedor de hojas, que tiene la misión contraria, es decir, quedarse con la hoja para una utilización posterior y depositar las mercancías sueltas, bien sobre un palé o sobre otra hoja del mismo género.

También existen accesorios de este tipo que se pueden instalar sobre las horquillas normales de carga de una carretilla elevadora, de tal forma que permitan la utilización de la máquina no exclusivamente con el accesorio, como sucede en los casos en que se utiliza un accesorio incorporado al tablero, sino también su aplicación de forma convencional con los distintos sistemas disponibles.

Obviamente, el beneficio que se obtiene con la utilización de este sistema es la eliminación de los palés, con el consiguiente ahorro de espacio, dado que las hojas de cartón plastificado que se emplean son muchísimo más delgadas e incluso más económicas. Este método no ha tenido un desarrollo muy rápido, fundamentalmente debido a la necesidad de que todos los lugares involucrados en el ciclo de manejo de estas mercancías, es decir, el punto de envío y el punto de recepción, estén provistos en todas las fases del proceso de un equipo similar para poder ser utilizado con éxito. Sin embargo, a raíz de la introducción de los sistemas con eyección es muy frecuente encontrar aplicaciones individuales, esto es, centros en los que las mercancías se reciben sobre los palés normales y en los que se efectúa la introducción de la hoja, eliminando el palé, exclusivamente para el almacenamiento.

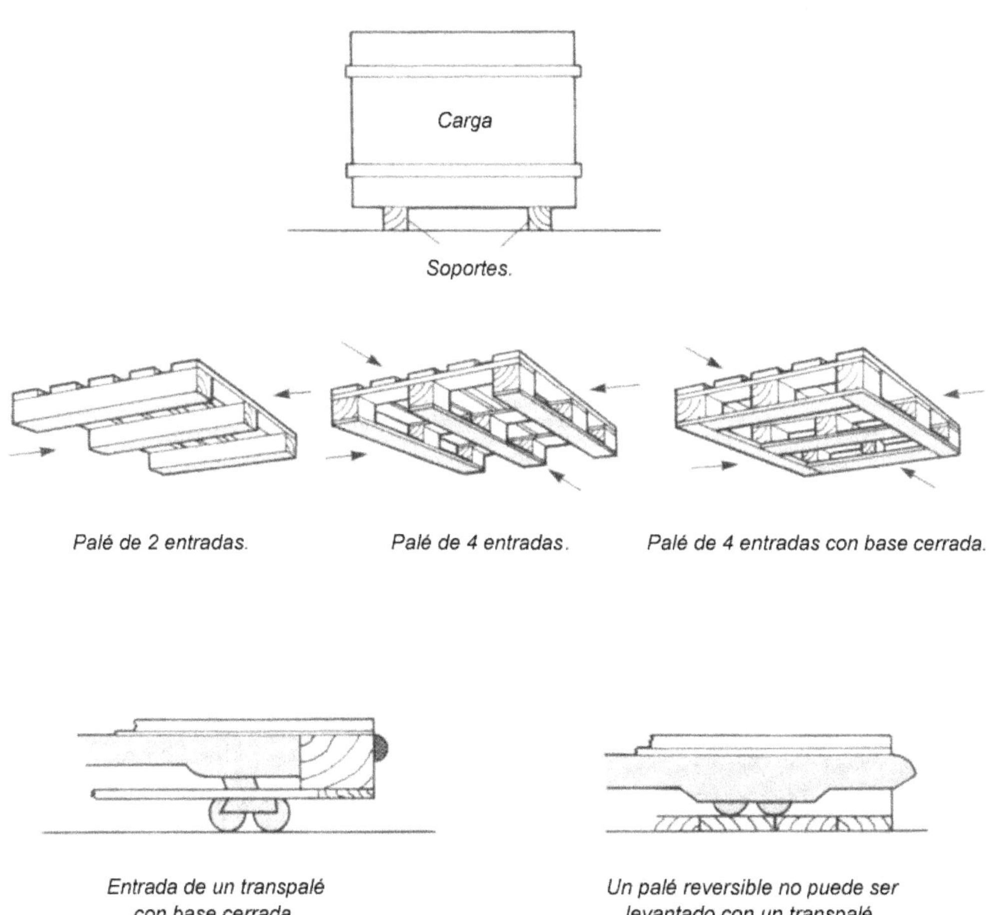

Figura 1.6. Tipos de palés básicos.

Conviene tener en cuenta que cada palé abarca no menos de 150 mm de altura, y que en aquellos almacenes donde las cargas no tienen demasiada altura, como pueden ser los de sacos de cemento, en los que se llegan a almacenar cinco e incluso más alturas de carga, el hecho de no utilizar palés puede significar la posibilidad de añadir una altura más de apilado.

En cualquier caso, en el manejo de las cargas hay que tener en cuenta que cualquier alternativa que implique la utilización de accesorios distintos de las horquillas normales de carga supone una pérdida de la capacidad de carga de la carretilla, ya que entonces se añade un peso en la parte delantera de la máquina y, en general, se desplaza frontalmente el centro de gravedad de la carga. Por ello, en la mayoría de los casos el uso de accesorios hidráulicos hace necesaria la utilización de carretillas más grandes que las que se podrían emplear si la manipulación se realizase de la manera más convencional que existe, esto es, habilitando un espacio en la parte inferior de las mismas para introducir por él las horquillas normales de carga.

El método más sencillo y económico es la colocación de pequeñas piezas de material debajo de las cargas, generalmente listones de madera, antes de depositarlas, aunque para proporcionar a la unidad de carga la posibilidad de manejo con unas horquillas normales, evitando así la necesidad de una manipulación innecesaria e inconveniente, se puede elegir uno cualquiera de los muchos tipos de palés existentes. Otra posibilidad puede ser la de habilitar el producto con alojamientos para las horquillas, integrados en el mismo o incluidos en el embalaje.

4 Elección de los palés

Existen multitud de tipos y tamaños de palés disponibles. La elección de unos u otros se debe realizar en función de las dimensiones de la unidad de carga, del método de manejo y del almacenamiento escogido, e incluso del sistema de transporte empleado.

Si el palé ha de ser transportado horizontalmente por un simple transpalé eléctrico o manual, solamente se puede utilizar un tipo de palé determinado. Los transpalés se suelen introducir empujando, en el caso de los manuales, o conduciendo debajo de las tablas de soporte del palé, cuando se trata de transpalés eléctricos, usando ruedas de pequeño tamaño montadas en las horquillas de esas máquinas y dejándolas siempre en contacto con el suelo. Por tanto, sólo los palés de dos entradas son adecuados para este trabajo; los palés de cuatro entradas también serían útiles, pero sólo mediante el procedimiento que permite que las ruedas estén en contacto con el suelo.

Los palés de dos entradas suelen ser bastante resistentes y económicos; sin embargo, son susceptibles de errores de posicionamiento en las estanterías. Los de cuatro entradas ofrecen un mayor grado de utilidad en el ciclo global de manejo, aunque tienen el inconveniente de que cuando no son exactamente cuadrados pueden inducir a errores de manejo y colocación. Conviene pues tener muy en cuenta estos dos aspectos a la hora de diseñar un almacén.

Cuando se almacena en bloque se deben usar palés con un mínimo de dos o tres tablas en la plataforma superior, que pueden colocarse en altura sobre los productos de la de abajo. La utilización de estanterías permite la colocación de dos palés en profundidad.

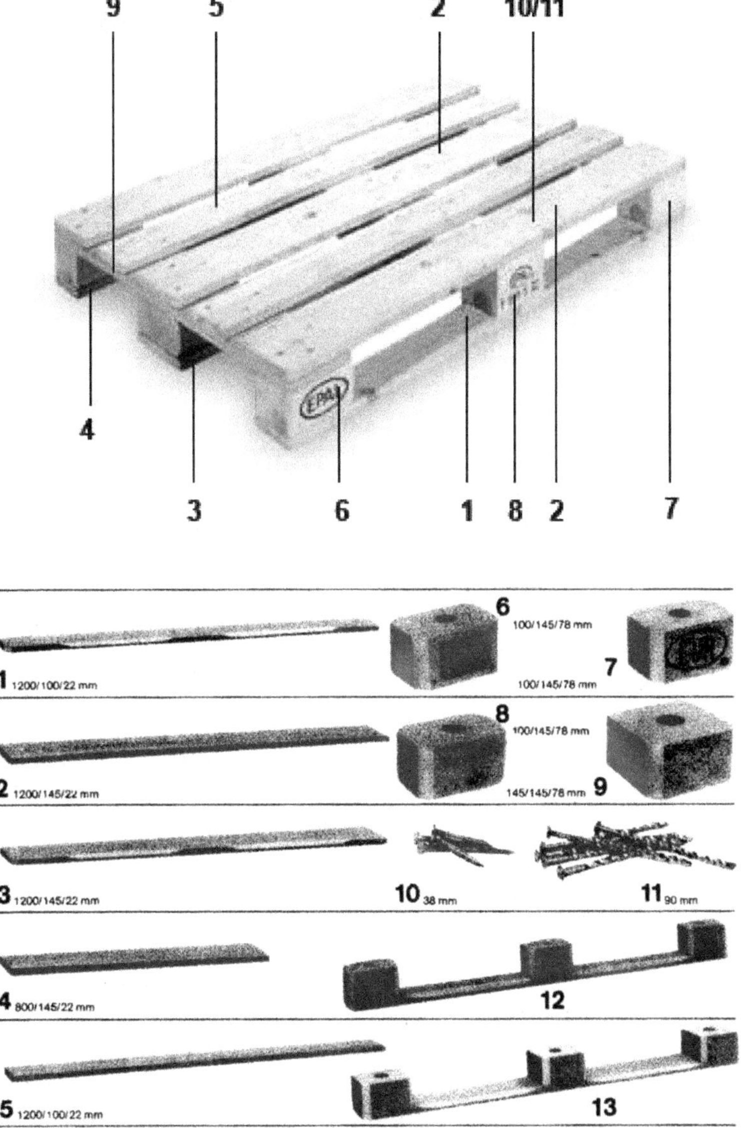

Figura 1.7. Elementos que componen un palé de madera de cuatro entradas no reversible.

La adopción de palés con un perímetro de madera que cierre la base proporciona un mejor reparto del peso de la carga. Cuando este perímetro es completo, el reparto del peso es idóneo y proporciona la mejor alternativa posible.

Se debe elegir el tablero superior del palé de acuerdo con la carga que se va a transportar, sin tener que ser forzosamente igual que el tablero inferior, al margen de que el palé sea de borde inferior abierto o cerrado.

Existen muchos palés en el mercado en los que el tablero superior sobresale de la base. Estos palés tienen cierta ventaja cuando se usan con cargas de ancho total, aseguradas mediante el retractilado o la envoltura, pero no son adecuados para los sistemas *drive-in* y *drive-through,* porque pueden quedar enganchados en los pilares de las estanterías.

La calidad de los palés depende básicamente del material del que estén fabricados. Para los palés denominados «desechables», es decir, de un solo uso, se suelen utilizar palés de cartón prensado, plásticos y maderas ligeras.

Cuando se trata de utilizar palés de uso continuado se da una mayor preferencia a maderas duras, aunque no necesariamente de extrema dureza, ya que en el aspecto de la calidad tiene mayor importancia el hecho de que las tablas tengan pocos nudos y muchas fibras que lo contrario. También es clave el método que se use para fijar las maderas entre sí (tornillos, clavos retorcidos, colas, etc.).

Existen normas internacionales que detallan las dimensiones y métodos de fijación más adecuados, aunque no todas son iguales. Así, mientras que las normas ISO (International Standard Organization) y BSI (British Standard Institution) centran sus definiciones en las dimensiones y rendimientos de los palés, las normas europeas, de las cuales la más significativa es la denominada Europallet, se fijan también en la especificación del producto.

Cuando las cargas no pueden ser apiladas unas directamente sobre las otras, se pueden utilizar palés con pilares para el apilado a una altura razonable, dentro de los límites de resistencia de los mismos, siempre y cuando no se disponga de estanterías. Generalmente estos palés son metálicos, aunque la base suele ser de tablero de madera conglomerada y están provistos de pilares en sus esquinas, formando un armazón que en su parte inferior posee unos anclajes, los cuales pueden ser introducidos en los encajes que presenta la parte superior del palé situado debajo.

La estructura de los palés con pilares y de algunos de los palés convertibles sirve como base para la construcción de los palés-contenedor, cuyo uso está claramente indicado para aquellas cargas que no son estables o que no se pueden apilar una sobre otra.

Un tipo de palé que tiene una función totalmente distinta a la de los ya descritos es el *roll-pallet.* Estos pueden estar provistos de varios niveles o simplemente configurados por los soportes laterales. En cualquier caso, es necesario sujetar las cargas por medio de tirantes. Al igual que cualquier otro tipo de palés, los *roll-pallets* podrían ser considerados como carretillas elevadoras, pero también están provistos de una estructura sobre ruedas que permite arrastrarlos para que actúen como remolques. Son muy utilizados en aquellas actividades en las que las mercancías han de entregarse en lugares en los que no se dispone de sistemas mecánicos de descarga.

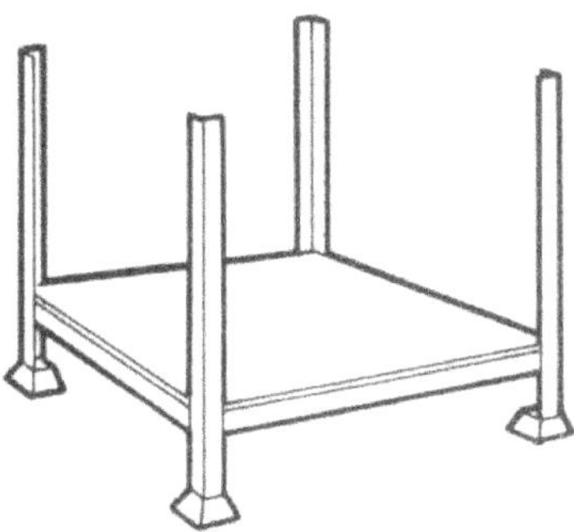

Palé con pilares.

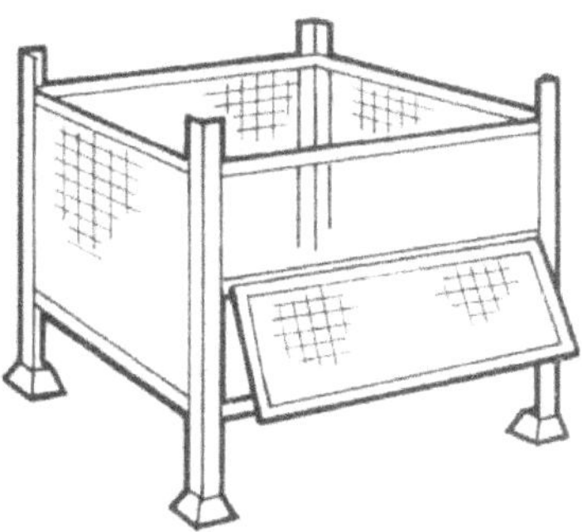

Cestón con lateral abatible.

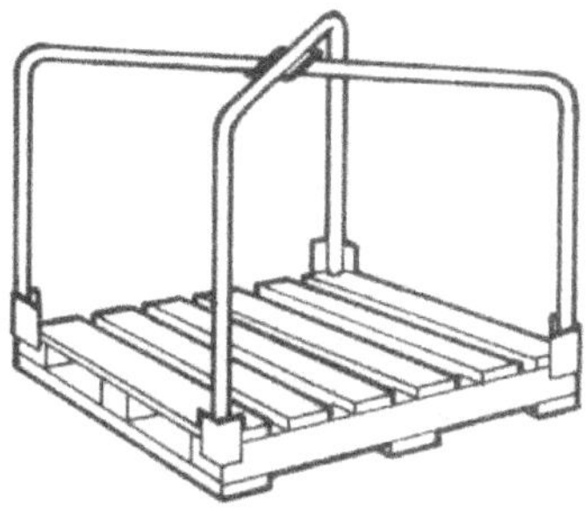

Palé convertible.

Figura 1.8. Cestones y palés convertibles.

También son aplicables los palés convertibles, que permiten la introducción en sus esquinas de los pilares de una armadura metálica, que sirve de soporte al palé superior. Estos palés tienen la ventaja de servir tanto como palé convencional para cargas estables como, con armadura, para las cargas inestables o de poca resistencia intrínseca.

Los materiales utilizados básicamente para la fabricación de los *roll-pallets* son perfiles y alambres de acero. Existe una gama ilimitada de tamaños y configuraciones y la tendencia más usual es fabricarlos a la medida de las necesidades del usuario. No están descritas, por tanto, normas ni especificaciones estándar para su fabricación y uso.

5 Palés y contenedores

El palé es el elemento básico, reconocido mundialmente como indispensable para el manejo de una carga unitaria.

Llamamos palé a toda plataforma portátil, dotada o no de superestructura, sobre la cual se compone la unidad de carga más adecuada al tipo de mercancía que se debe manejar, para su manutención y almacenaje mediante los diferentes elementos mecánicos.

La plataforma del palé está apoyada sobre largueros, convenientemente separados para permitir el paso de las horquillas de las carretillas y demás aparatos de manutención. Estos largueros sirven, además, para sostener al palé en su apilado.

5.1 Tamaños y dimensiones de los palés

El tamaño y las medidas de los palés son muy variables y dependen de diversos factores. Uno de ellos es el tipo de mercancía que se debe transportar; otro es el medio de transporte que se va a utilizar y otro, tan importante como los anteriores, es el origen de la misma.

Desde hace muchos años se viene insistiendo cada vez con más éxito en la necesidad de normalizar las dimensiones que deben tener los palés aunque, pese a ello, todavía existen distintos criterios para la normalización efectiva de los mismos. Estos criterios podemos agruparlos en tres apartados básicos:

- Contenerización según la normativa ISO.
- Módulo internacional de embalaje.
- Economización del embalaje.

5.1.1 Contenerización según la normativa ISO

Dado que los contenedores de flete marítimo regulados de acuerdo con las normas ISO tienen un ancho exterior fijo de 8 pies –equivalentes a 2.440 mm–, las compañías marítimas dedicadas al transporte de contenedores han estandarizado el uso de palés de 1.100 mm de anchura, de forma que dos de ellos quepan holgadamente en el interior de los mismos.

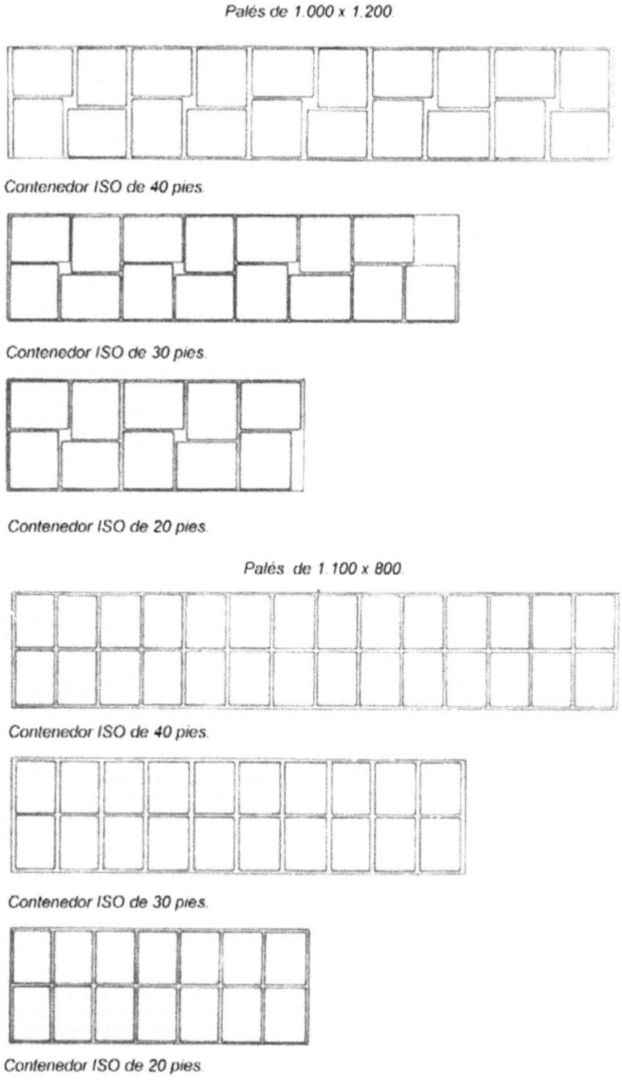

Figura 1.9. Opciones de llenado de contenedores ISO.

Las longitudes empleadas difieren mucho, según se trate de contenedores de 20, 30, 35 o 40 pies de longitud, respectivamente de 6.096, 9.144, 10.668 y 12.192 mm; en estos casos se emplean palés de 800, 900, 1.100 y 1.400 mm de longitud.

En un contenedor de 20 pies caben 7 palés de 800 mm de longitud, o bien 6 de 900 mm, o 5 de 1.100 mm y sólo 4 de 1.400 mm. Por supuesto, en función del recubrimiento interno del contenedor podrán caber incluso menos, especialmente si se trata de contenedores isotermos, en los cuales el recubrimiento tiene un mínimo de 10 cm de grosor.

En el contenedor de 40 pies –de doble longitud que el anterior– caben, sin embargo, 15 palés de 800 mm, 13 de 900 mm, 11 de 1.100 mm u 8 de 1.400 mm.

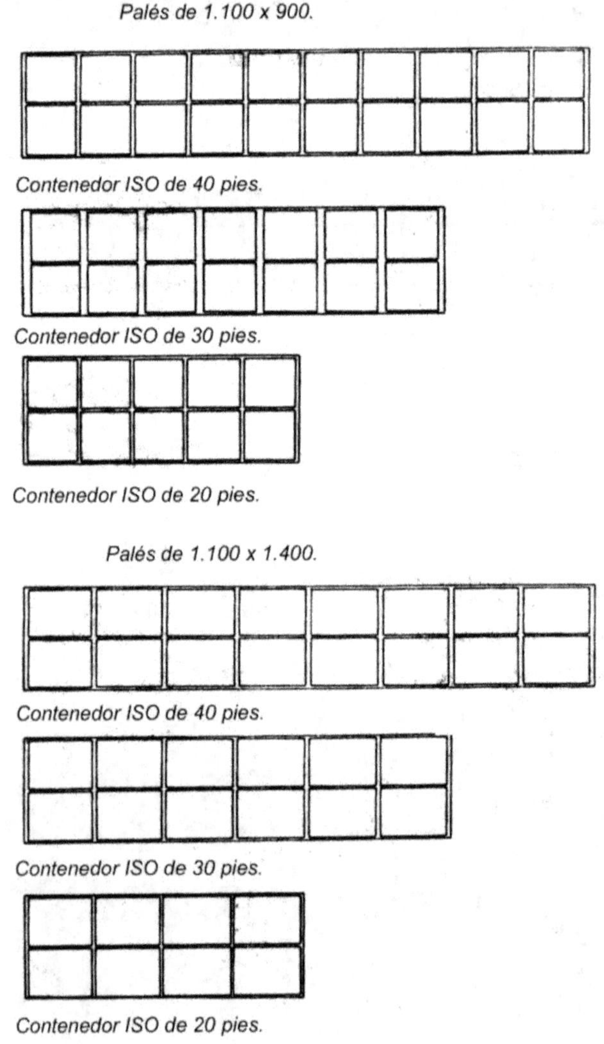

Figura 1.10. Llenado de contenedores ISO.

Éstas son las dos medidas más utilizadas, y las otras dos, 30 y 35 pies, prácticamente no se utilizan en la actualidad en el tráfico marítimo internacional. Se han producido reiterados intentos de incrementar la longitud de los contenedores de flete, emanados básicamente del tráfico continental en Estados Unidos. A finales de la década de 1980 comenzaron a aparecer contenedores de 43 pies de longitud (13.106 mm); a principios de los noventa aparecieron incluso contenedores de 48 pies (14.630 mm) y, por último, a mediados de esa misma década nacieron unos nuevos contenedores de 45 pies de longitud (13.716 mm), los cuales se han afianzando en el tráfico marítimo.

Estos contenedores ofrecen la ventaja de disponer de una mayor capacidad volumétrica, sobre todo cuando son del tipo isotermo, permitiendo en este último caso la introducción de hasta 11 palés de 1.200 mm de longitud, dimensión que se corresponde con la del denominado «europalé». Igualmente han aparecido en el tráfico marítimo los denominados contenedores del tipo *wide-pallet*. Éstos son ligeramente más anchos que los ISO y tienen 2.500 mm de ancho, lo cual les permite admitir dos palés de 1.200 mm de ancho en sentido transversal o tres palés de 800 mm en el mismo sentido. Ello hace que un contenedor de 45 pies tipo *wide-pallet* sea capaz de transportar 33 palés de 800 × 1200 mm, colocándolos en el sentido 800 mm de ancho y 1.200 mm de longitud, e incluso 34 europalés, colocados en el sentido 1.200 mm × 800 mm de ancho por longitud (W × L).

En la actualidad la medida más utilizada en este tipo de tráfico es la de 1.200 × 1.200 mm, ya que es el palé que admite más variedad de dimensiones de los paquetes, el que mejor aprovecha el espacio disponible en el interior del contenedor y, además, resulta ideal para el transporte de todo tipo de mercancías, tanto si se trata de bidones como de cajas de cartón e incluso de cajas de frutas.

5.1.2 Módulo internacional de embalaje

El comité técnico TC 122 de ISO reconoció en su día como estándar un módulo internacional de embalaje basado en la medida 400 × 600 mm.

Este módulo constituye la base de la racionalización de toda la logística moderna, de tal forma que ha sido adoptado por los fabricantes de casi todos los elementos utilizados en el transporte y almacenaje de mercancías.

A su vez, este módulo resulta compatible con el palé del *pool* europeo de ferrocarriles, de 800 × 1.200 mm, que cuenta con más de 100 millones de palés que se intercambian entre las compañías ferroviarias de Europa.

El módulo internacional de embalaje es compatible incluso con las dimensiones de los contenedores, ya que aunque en un contenedor ISO se puedan introducir dos palés de 1.100 mm a lo ancho, en un contenedor isotermo tal vez no haya espacio suficiente, pues algunos de estos contenedores no tienen más que 2.178 mm de ancho interior. Sin embargo, la utilización de palés de 800×1.200 mm permite colocar uno en el sentido de 1.200 mm de ancho y otro de 800 mm, totalizando ambos 2.000 mm con un aprovechamiento del espacio útil del contenedor muy superior.

En los nuevos contenedores *wide-pallet* pueden introducirse incluso, como ya hemos explicado en el caso de contenedores convencionales de flete, dos palés de 1.200 mm de ancho, lo cual multiplica aún más la capacidad del contenedor.

5.1.3 Economización del embalaje

Existe un tercer criterio en la normalización del tamaño de los palés que es el denominado de «economía en el embalaje». Este criterio trata de fijar una norma que es precisamente la «no existencia de ninguna norma fija», sino la de adaptar exclusivamente el tamaño del palé al de la carga y al del medio de transporte utilizado.

Este criterio se basa en que la multiplicidad de mercancías que se transportan en el mismo paquete impide que se pueda aplicar un tamaño o un módulo fijos, ya que ello encarecería el transporte en sí de las mismas.

La idea fundamental incluida en este criterio es la de que debe coexistir más de un tamaño estandarizado.

En España, las normas UNE fijan las medidas y características de los palés que se pueden utilizar, a pesar de lo cual éstas no tienen carácter excluyente y, por tanto, existen otras distintas en el mercado:

- La norma UNE 49 902 (1) se refiere a palés de madera de 800×1.200 mm.
- La UNE 49 902 (2), a los palés de madera de 1.000×1.200 mm.
- La UNE 49 902 (3), a los denominados palés europeos de 800×1.200 mm.

La UNE 49 030 normaliza una serie de múltiplos y submúltiplos de las dimensiones de los embalajes rectangulares, que son los siguientes:

Múltiplos	*Submúltiplos*	
1.200×1.000	600×400	600×133
1.200×800	300×400	300×133
1.200×600	200×400	200×133
1.200×400	150×400	150×133
800×600	120×400	120×133
	600×200	600×100
	300×200	300×100
	200×200	200×100
	150×200	150×100
	120×200	120×100

Tabla 1.1. Dimensiones de los embalajes según la norma UNE 49 030.

EJEMPLOS DE DISPOSICIÓN EN CAPAS ENTRELAZADAS DE EMBALAJES SUBMÚLTIPLOS DEL MÓDULO PARA FORMAR UNIDADES DE CARGA

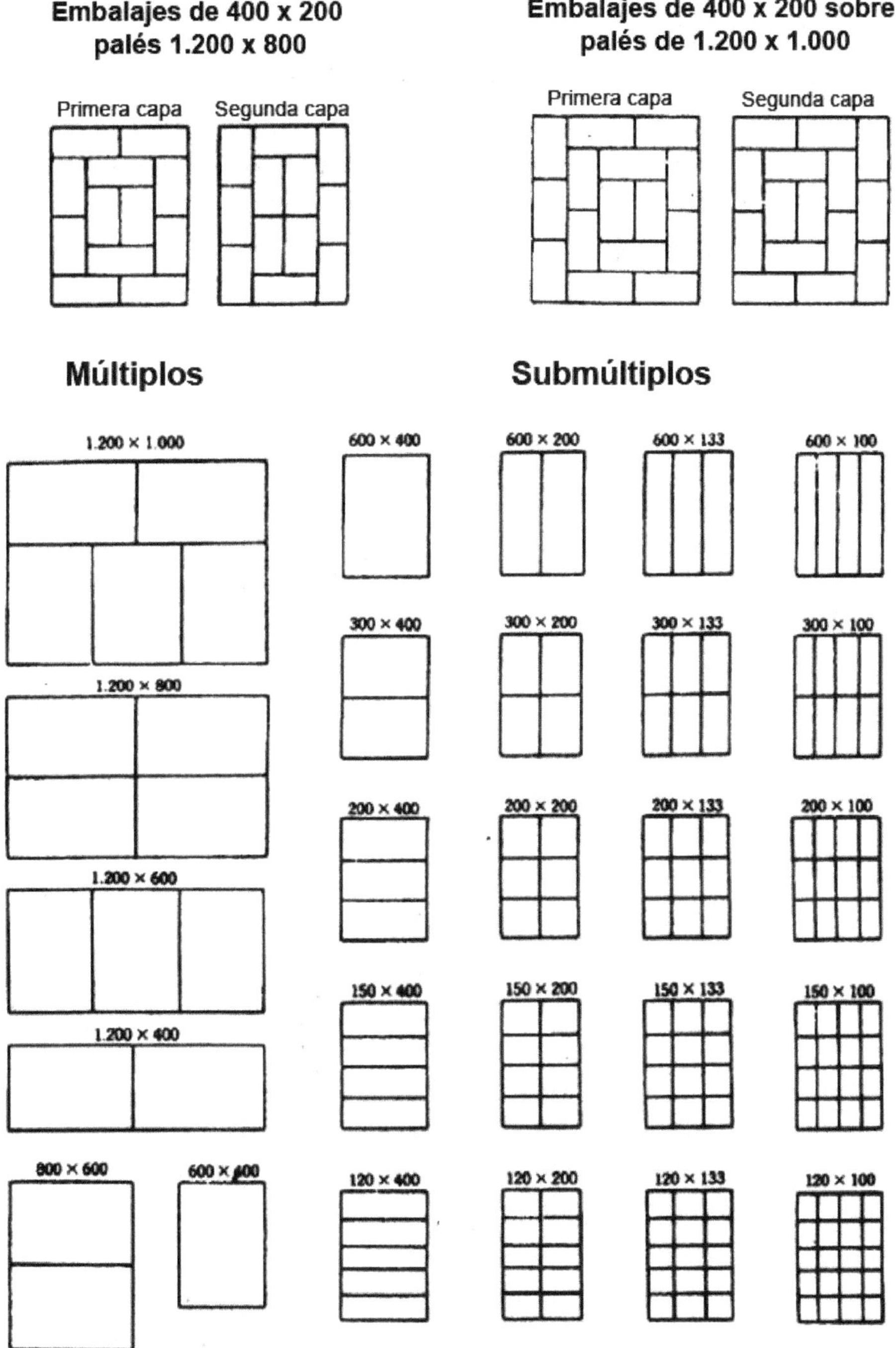

Figura 1.11. Opciones de distribución de embalajes sobre palés.

Y las medidas de palés que se encuentran en el tráfico terrestre y marítimo internacional son:

Medidas ISO/BSA	*Contenedores ISO*	*Medidas ISO R198/329*
800 × 1.200	1.100 × 800	800 × 1.200
1.000 × 1.200	1.100 × 900	1.000 × 1.200
1.200 × 1.200	1.100 × 1.100	1.200 ×1.600
1.200 × 1.800	1.100 × 1.400	1.200 × 1.800
	1.000 × 1.200	1.100 × 800

Tabla 1.2. Dimensiones de los palés utilizados en el transporte internacional.

5.2 Materiales en que están construidos los palés

Los palés están tradicionalmente construidos en madera, aunque también se elaboran con otros materiales, más o menos ligeros, unos para proporcionar más resistencia y otros para reducir su peso. Se ha intentado también construir los palés de un solo uso con otros materiales, para lograr una mayor economía.

Analicemos a continuación algunos de esos diferentes tipos de materiales, sus ventajas e inconvenientes.

5.2.1 Palés de plástico

Los palés construidos en plástico inyectado tienen una aplicación reducida, pese a que *a priori* presentan algunas ventajas, entre las que destacamos las siguientes:

- **Peso**
  Un palé de plástico pesa aproximadamente la mitad que otro equivalente de madera.

- **Limpieza**
  La facilidad de limpieza de los palés de plástico es una cualidad muy útil, sobre todo en la industria alimentaria, si bien hay que tener en cuenta que los de diseño complicado requieren de una limpieza mecanizada y exhaustiva, ya que poseen muchos rincones de difícil acceso en los que se acumula muy fácilmente la suciedad.

- **Coloración**
  Los palés de plástico pueden ser coloreados y, por tanto, personalizados por cada usuario para una mejor localización y control.

- **Durabilidad**

  Los palés de plástico tienen una durabilidad diez veces superior que los de madera, ya que sufren mucho menos los inevitables impactos que se producen en su manejo.

Lógicamente no todo son ventajas en los palés de plástico; las desventajas más destacables son:

- **Deformación**

  Los palés de plástico pueden sufrir deformaciones bajo una carga excesiva.

- **Precio**

  Los palés de plástico tienen un precio más alto que los de madera.

- **Dificultad de manejo**

  Cuando el palé está húmedo, existe el riesgo de deslizamiento sobre las horquillas de la carretilla.

Figura 1.12. Modelo de palé de plástico.

5.2.2 Palés de un solo uso

Todas las industrias han tendido durante mucho tiempo a la utilización de palés no retornables, también denominados de un solo uso o palés perdidos. Sin embargo, esta tendencia se ha ido abandonando paulatinamente, ya que los problemas que acarrean dicho palés son muy numerosos.

En primer lugar crean un problema de gestión de residuos industriales, ya que su uso intensivo provoca que su número pueda ser excesivo y, a veces, no biodegradable.

Por otra parte, se puede crear un mal hábito como sería la reutilización de este tipo de palés. La estabilidad de las cargas con palés de deshecho es muy insegura, lo que obliga a rehacerlas antes de que entren en el sistema de almacenaje.

Dado que estos palés no son recuperables, se han de fabricar con materiales de muy bajo coste y escasa resistencia, tales como espuma moldeada de plástico, polietileno moldeado al vacío y aglomerados de cartón o plástico.

También se han fabricado palés con material celular básicamente de láminas de cartón rellenadas. Son muy rígidos, ofrecen una buena resistencia en relación con su peso y, además, pueden impregnarse de materiales ignífugos. Constituyen una buena y económica alternativa para ciertos tipos de cargas, como pueden ser los embalajes cúbicos de polietileno que contienen los componentes de ordenadores y otros aparatos audiovisuales.

5.3 Contenedores. El palé contenedor

Para preparar sus unidades de carga muchas industrias utilizan contenedores de muy diversos tipos, construidos bien de forma independiente o bien sobre la base de un palé.

Estos contenedores, según su característica principal, se podrían clasificar como contenedores apilables y no apilables.

5.3.1 Contenedores apilables

Se llaman contenedores apilables a todos los que, independientemente de su material de construcción, están dotados de patas o soportes de modo que se puedan colocar unos sobre otros formando así una pila de almacenamiento.

Entre este tipo de contenedores destacan los siguientes:

– Cestones o *palots,* generalmente de madera, utilizados por los fruteros para la recolección y posterior almacenamiento de sus productos en cámaras.

– Contenedores de chapa metálica, que utilizan las industrias de transformados metálicos para el almacenamiento y manutención de las pequeñas piezas que producen.

– Contenedores con paredes de rejilla metálica, bien sobre una base de palé de madera o sobre una base metálica con pies, utilizados en el almacenaje de pequeñas piezas.

Figura 1.13. Cestón desmontable montado sobre palé de madera.

El uso de este tipo de contenedores o cestones presenta la ventaja de que permiten la formación de pilas, mediante la colocación de varias cargas unitarias superpuestas, sin necesidad de utilizar estanterías.

5.3.2 Contenedores no apilables

Cuando hablamos de contenedores o cestones no apilables nos referimos a los contenedores que están provistos de ruedas orientables y que se utilizan como elemento de enlace entre los almacenes y los centros de distribución.

En el mercado existe una gran diversidad de medidas y tipos de estos contenedores, conocidos comercialmente como *roll-tainers*. Su uso significa una reducción sustancial –cerca del 80 %– del ciclo de transporte y el tiempo de carga.

Casi todos los contenedores no apilables están construidos con tubos y alambres de acero, con laterales desmontables de forma que puedan encajar unos con otros para su almacenaje cuando están vacíos. La medida más común de estos contenedores es de 800 × 1.200 mm, de modo que un camión de reparto puede llevar tres de 800 mm a lo ancho o dos si se colocan a 1.200 mm de ancho.

Figura 1.14. Cestón tipo roll-tainer.

Las ruedas de estos *roll-tainers* suelen ser de nailon o *vulkollan,* más resistentes y duraderas estas últimas. De las cuatro ruedas de que disponen, dos de ellas suelen ser orientables para facilitar su colocación manual en los camiones, aunque existen camiones que están provistos de guías para introducir las ruedas y dejar perfectamente colocados los contenedores sin necesidad de efectuar maniobras manuales y, por consiguiente, con un mayor ahorro de tiempo.

El uso de este tipo de contenedores se extendió con su implantación en las grandes cadenas de alimentación y las grandes superficies de ventas, en donde se han mostrado insustituibles.

Capítulo 2
El diseño de almacenes

Uno de los aspectos aparentemente más sencillo pero que en la práctica resulta más complicado es el de la distribución del espacio disponible en un almacén. Aunque el diseñador de un almacén siempre desearía más espacio del que dispone, los factores externos suponen una seria limitación y, por ello, la distribución del espacio ha de ser cuidadosamente estudiada.

Cuando se ha de decidir sobre la disposición interna y externa de un almacén, se suelen producir tres situaciones que pueden hacer necesaria una asignación de espacios diferente:

- La instalación de un nuevo almacén.
- La ampliación del almacén ya existente.
- La reorganización del almacén actual.

De estas tres situaciones, la resolución de la tercera no implica la necesidad de tomar decisiones de gran trascendencia que afecten a medio o largo plazo al desarrollo de la industria. No obstante, cualquiera que sea la situación, las decisiones sobre la distribución general de un almacén deben satisfacer las siguientes necesidades de un sistema de almacenamiento:

- Un eficiente aprovechamiento del espacio.
- Reducir al mínimo la manipulación de los materiales.
- Facilidad de acceso al producto almacenado.
- El máximo índice de rotación posible.
- Flexibilidad máxima para la colocación del producto.
- Facilidad de control de las cantidades almacenadas.

Con este objetivo en primer lugar se deberá efectuar una distribución planimétrica, denominación que recibe el diseño de un almacén representado en un plano o *layout* (en inglés).

Este diseño debe realizarse respetando las reglas básicas del almacenamiento anteriormente citadas y, además:

- Se evitarán las zonas y puntos de congestión.
- Se facilitarán las tareas de mantenimiento.

– Se pondrán los medios necesarios para obtener la mayor velocidad de movimiento posible y, con ello, la reducción de los tiempos de trabajo.

En cualquier almacén, como principal premisa deben estar perfectamente definidas las siguientes zonas:

– Zona de carga y descarga.
– Zona de recepción.
– Zona de almacenaje.
– Zona de preparación de pedidos.
– Zona de expedición.

DISTRIBUCIÓN PLANIMÉTRICA DE UN ALMACÉN

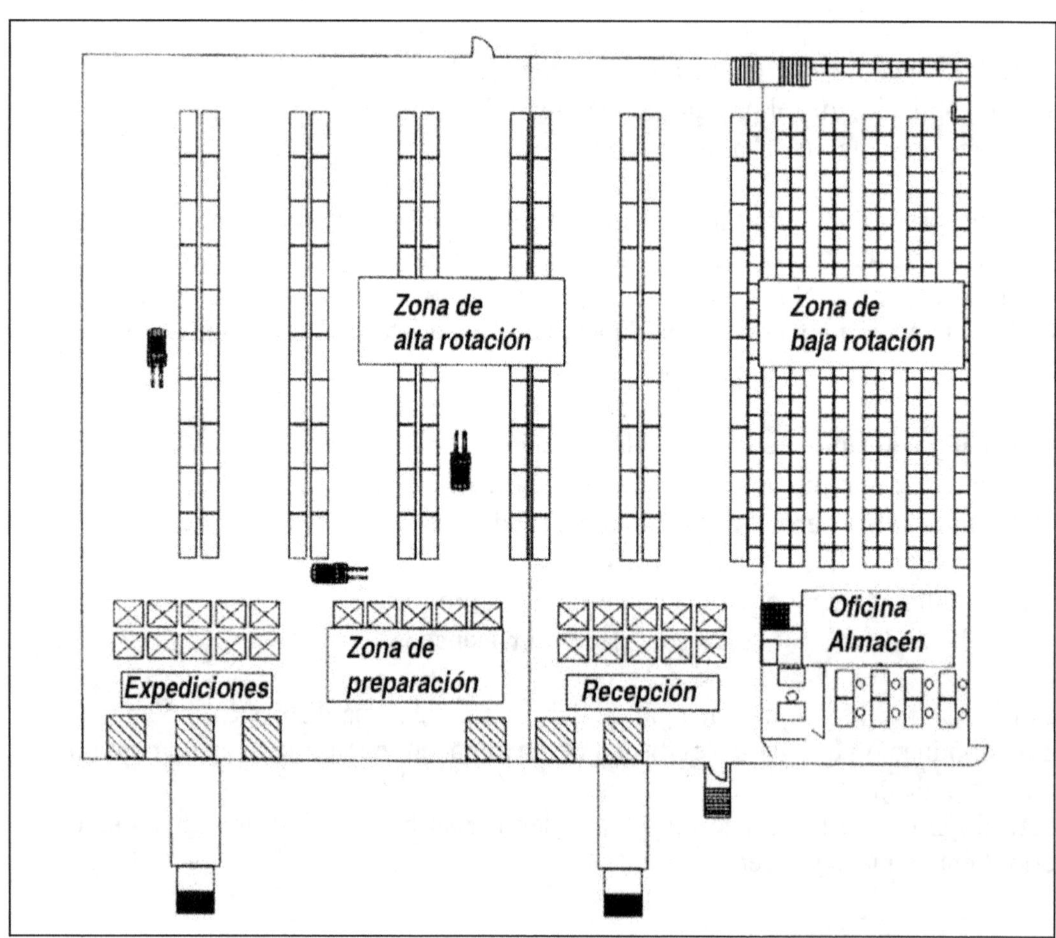

Figura 2.1. Esquema de distribución básica de un almacén (layout).

1　Zonas de carga y descarga

Las zonas de carga y descarga, normalmente situadas en el exterior del almacén propiamente dicho, son aquellas a las que tienen acceso directo los camiones o vehículos de transporte y reparto de mercancías.

En un almacén bien organizado es conveniente separar y diferenciar ambas zonas. Si se dispone de espacio suficiente, lo ideal es colocarlas en lugares completamente opuestos, es decir, situar la entrada de mercancías y, por tanto, la zona de descarga en un ala del almacén, mientras que la zona de carga de pedidos para el reparto se ubicará en la otra ala o parte opuesta de la primera. Con esta disposición el flujo de mercancías seguirá un camino prácticamente recto y, en consecuencia, el tiempo de tránsito de las mismas será mínimo.

Estas zonas de carga y descarga pueden ser de diversos tipos en función del medio de transporte utilizado:

- para camiones,
- para ferrocarril,
- para buques,
- para aviones.

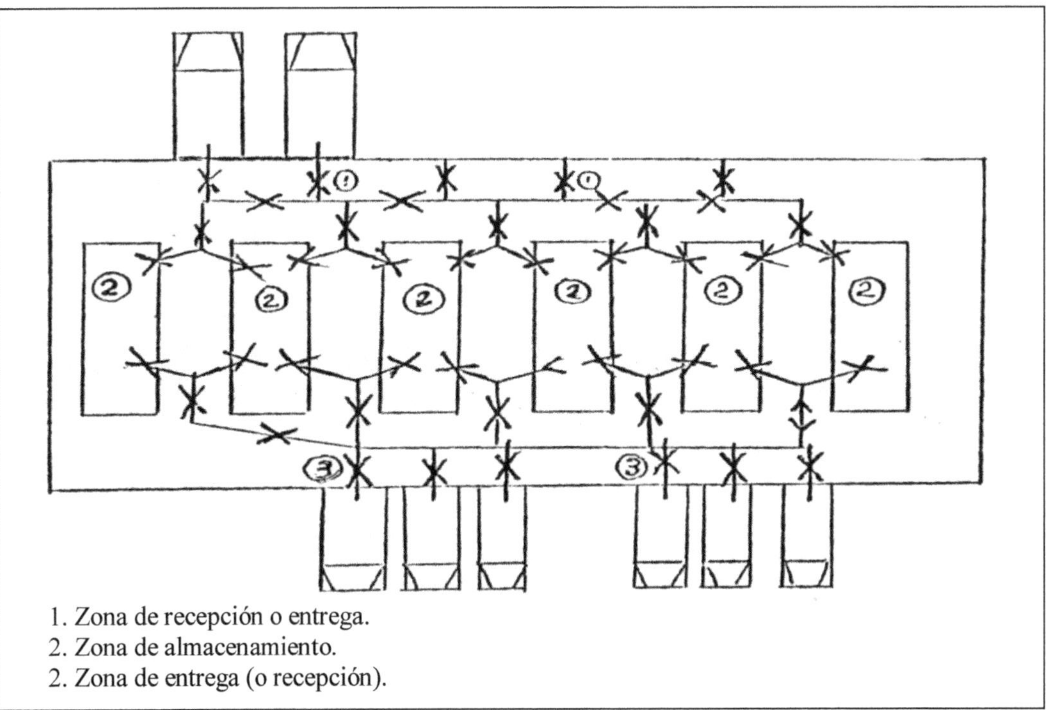

Figura 2.2. Diagrama de flujo en una empresa de transportes.

2   Zonas de carga y descarga para camiones

Las zonas de carga y descarga para camiones pueden ser de dos tipos, integradas en el almacén o bien independientes de éste.

2.1 Zonas integradas en el almacén

Son aquellas que están construidas directamente en los laterales del almacén, de forma que la carga y descarga de las mercancías se realiza directamente, es decir, sin necesidad de efectuar ningún tipo de rodeo. Estas zonas integradas suponen una mayor velocidad de manejo de las unidades de carga y, por tanto, siempre que se disponga de espacio suficiente es recomendable su utilización.

En este tipo de zonas de carga y descarga los camiones se adosan al almacén por medio de muelles que pueden estar situados en dos posiciones:

– Separados del almacén por un andén.
– Unidos al almacén y con puerta de acceso.

Figura 2.3. Playa de camiones adosados al muelle en una empresa de transporte.

Los muelles separados del almacén y que cuentan con un andén intermedio se pueden adecuar en función de la naturaleza de las mercancías que deban manejarse, la conservación del medio ambiente interno o la seguridad del material almacenado. Un ejemplo de aplicación de este tipo de muelles es el de las cámaras frigoríficas, cuando es necesario evitar la pérdida de frío que podría ocasionar un muelle unido a las mismas con puerta de acceso. Pero hay muchos otros casos en los que está indicado el diseño de un almacén con muelles de carga y descarga con andén, como por ejemplo cuando por cualquier circunstancia está comprometida la seguridad del almacén.

Los muelles unidos al almacén, es decir, dotados de puerta de acceso, son aquellos en los que los camiones se adosan directamente al frente del almacén. Para evitar dañar al medio ambiente interno del almacén, las puertas de acceso deben estar provistas, como mínimo, de un sistema de cierre hermético, que puede ser de dos tipos:

– Puerta con cierre metálico o seccional.
– Puerta con fuelle de abrigo.

Figura 2.4. Muelles de abrigo para los camiones.

Las puertas con cierre metálico o seccional están provistas de un sistema de cierre, manual o automático, que sólo se abre cuando se va a adosar un camión y se cierra cuando éste ha terminado de efectuar la carga o descarga de la mercancía. La conservación del medio ambiente del almacén es más efectiva en los casos en que el sistema de cierre es automático.

Las puertas con fuelle de abrigo son aquellas que, además de estar provistas de cierre metálico, poseen un fuelle que abraza al camión, evitando así que el ambiente interno se vea afectado por el externo.

Figura 2.5. Camión semirremolque adosado a un muelle de abrigo para su carga y descarga.

Cuando se diseña este tipo de zonas de carga es aconsejable conseguir que el suelo del almacén se encuentre más elevado que el nivel de circulación de los camiones. El movimiento será mucho más ágil si el almacén se encuentra más elevado. Esta diferencia de nivel se puede lograr de diversas formas: en lugar de la elevación del almacén se pueden diseñar zonas de carga y descarga en las que los camiones se introduzcan en una especie de foso, o bien se puede efectuar una reducción general de la zona de circulación de camiones, con un descenso progresivo que evite las rampas pronunciadas, que son en definitiva las que dificultan la maniobrabilidad y retardan el movimiento.

Figura 2.6. Pasarelas de aluminio instaladas en el muelle.

A la hora de fijar esta diferencia de nivel se pueden producir dos circunstancias, en función de la naturaleza de los camiones que accedan a estas zonas de carga y descarga, es decir, que sean camiones propios o ajenos.

Si al almacén o, mejor dicho, a las zonas de carga y descarga siempre acceden única y exclusivamente camiones propios con una altura de caja similar, se puede fijar exactamente la diferencia de nivel y, por tanto, no son necesarios otros requisitos.

Cuando, por el contrario, los camiones que acceden a estas zonas son ajenos, generalmente subcontratados, de distintos orígenes y, por tanto, con diversas alturas de caja, es necesario instalar algún sistema que ajuste la diferencia de nivel con las distintas cajas de los camiones.

En general es conveniente y casi imprescindible disponer de algún sistema de ajuste de nivel, puesto que incluso cuando se trata de camiones propios, aunque en un principio no exista diferencia de altura, a la larga existirá, bien porque con el paso del tiempo ceden las ballestas de los camiones, bien porque con diferente carga la altura varía o, como es mucho más habitual, porque la evolución de la compañía obligue a la adquisición o alquiler de otros camiones, con lo cual la diversidad de alturas de cajas será prácticamente inevitable.

Para salvar estas diferencias de nivel se pueden utilizar dos tipos de sistemas: mecánicos e hidráulicos.

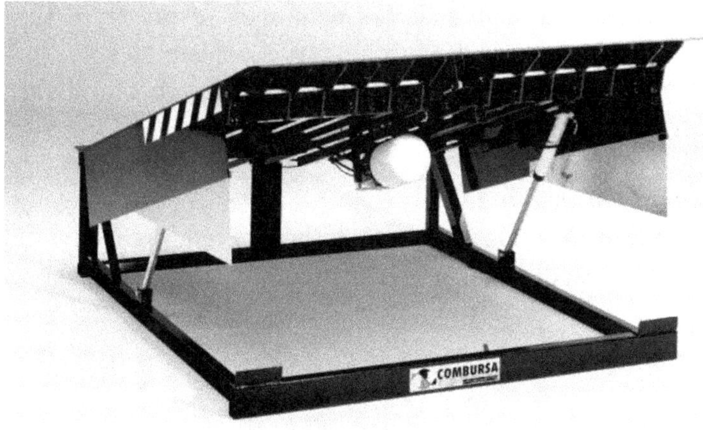

Figura 2.7. Muelle hidráulico.

Los *sistemas mecánicos* están basados en la utilización de puentes o pasarelas, normalmente metálicos, que se colocan de forma manual entre el muelle y el camión, con el fin de que las carretillas elevadoras, transpalés o cualquier otro medio mecánico que se utilice para la carga y descarga de los camiones, puedan entrar y salir de ambos.

Los *sistemas hidráulicos* están constituidos por plataformas metálicas dotadas de uno o más cilindros hidráulicos que efectúan la misma función, es decir, facilitar la entrada y salida de los elementos de manutención de los camiones en la carga y descarga cuando están integrados en el propio muelle, o bien hacer elevar y descender el camión cuando están colocadas en el piso situado bajo el vehículo.

2.2 Zonas de carga y descarga independientes

Las zonas de carga y descarga independientes son aquellas que están localizadas fuera del almacén, aunque siempre en su entorno. Se denominan así porque su funcionamiento es totalmente independiente del almacén propiamente dicho. Habitualmente están formadas por una gran explanada a la que tienen acceso directo los camiones, los cuales se sitúan de modo que se puedan cargar o descargar mediante la utilización de carretillas elevadoras.

Estas zonas se utilizan preferentemente en almacenes en los que sólo se realiza una de las dos funciones, es decir, se carga o se descarga. Esta peculiaridad permite conseguir la velocidad de manejo necesaria, ya que al no tener que adosar los camiones a los muelles, el tiempo empleado en la colocación del camión es menor; además, de esta manera el ciclo de carga y descarga de la mercancía es totalmente independiente del ciclo de trabajo del propio almacén.

En estas zonas la carga o descarga de los camiones se puede realizar de dos formas distintas, por la parte de atrás del camión o por sus laterales.

La carga y descarga por la parte trasera del camión, a su vez, también se puede realizar de dos maneras diferentes:

a) *Acceso al camión por medio de rampas*
    El acceso al camión lo realizan las carretillas elevadoras mediante rampas, normalmente metálicas, que se adosan al camión de forma manual o mecánica.

Figura 2.8. Rampa metálica para acceder al camión.

Existe gran variedad de rampas disponibles, aunque hoy sólo se utilizan rampas modulares o rampas adosadas a muelles de descarga.

Las *rampas modulares* son estructuras metálicas provistas de una superficie de rodadura antideslizante que puede ser fija o móvil, en función de que tengan que servir de acceso a camiones de igual o diferentes alturas.

Figura 2.9. Carga de un camión desde un muelle y mediante una rampa.

Las *rampas adosadas* a muelles de descarga son construcciones de obra en ladrillo u hormigón, que pueden tener una altura fija o variable; así, tienen una construcción similar a la de los muelles de carga y descarga integrados en el almacén que hemos descrito en el apartado anterior.

b) *Introducción de las cargas mediante deslizaderas mecánicas*
Para introducir las cargas en los camiones mediante deslizaderas mecánicas, es decir, sin necesidad de acceder a los camiones, es preciso disponer en éstos de unos carriles que permitan deslizar las cargas a lo largo de toda la caja del camión, mediante el empuje de unas cargas a otras. El sistema de carga será:

1. Colocación de una carga en la parte trasera del camión.
2. Empuje de la primera carga con una segunda hasta lograr la colocación de esta última en la parte trasera del mismo camión.
3. Repetición de la operación anterior, hasta completar la carga.

3   Zonas de carga y descarga para ferrocarril

Uno de los modos de transporte con mayor capacidad de desarrollo es el ferrocarril. En muchos países, existen almacenes que cuentan con un apartadero de ferrocarril y, por tanto, con su propia zona de carga y descarga.

Figura 2.10. Interior de un almacén con acceso ferroviario en el Puerto Seco
Azuqueca de Henares (Guadalajara).

Las zonas de carga y descarga de ferrocarriles pueden estar igualmente integradas o no en el almacén.

Cuando la zona está integrada en el almacén, éste debe contar con muelles de carga situados a la altura de los vagones del ferrocarril, con el fin de que las carretillas elevadoras o cualquier otro medio mecánico que se utilice para efectuar el trabajo puedan acceder a su interior. Al igual que hemos descrito para los muelles de carga de camiones, éstos deberán estar provistos de un sistema de nivelación y puente para facilitar el acceso, ya que si bien los ferrocarriles presentan la ventaja de disponer de una altura de vagón o plataforma prácticamente constante, tienen la desventaja de que su aproximación al muelle es bastante desigual por tener que efectuarla lateralmente, con lo cual es inevitable que exista una separación incluso considerable entre la plataforma y el muelle.

En las zonas que no estén integradas en el almacén habrá que disponer de sistemas de acceso a los vagones similares a los descritos para los camiones. No obstante, en estos casos lo más aconsejable es disponer de medios mecánicos de desplazamiento transversal de las cargas en el interior de los vagones, ya que resulta bastante complicado acceder al interior de los vagones desde el suelo con rampas, sean éstas fijas o móviles.

4 Zonas de carga y descarga para buques

Respecto a lo que atañe exclusivamente al diseño de almacenes, aquí sólo consideraremos las zonas de carga y descarga de buques como zonas no integradas en el propio almacén, ya que se trata de una operación que se debe realizar con otros medios y sistemas.

Figura 2.11. Vista de la explanada de contenedores en la terminal portuaria intermodal de Grup TCB, en el puerto de Barcelona.

Los almacenes portuarios realizan fundamentalmente dos funciones: la importación y la exportación de mercancías.

Cuando el almacén realiza la función de importación recibe las mercancías de los barcos que son descargados en los muelles marítimos, mediante medios propios o con los que dispone el mismo muelle. La descarga del buque se realiza habitualmente mediante grúas que depositan las mercancías sobre el muelle, desde donde son trasladadas por las carretillas u otros medios mecánicos de que debe disponer el almacén hacia éste para su posterior expedición al mercado general, mediante el envío por medio de camiones o ferrocarril.

En la función contraria, es decir, en la exportación, los almacenes reciben la carga mediante camiones o ferrocarril y la expiden hacia el muelle de carga del barco, donde suele ser cargada en éste mediante las mismas grúas que efectúan la descarga.

Dado que la función de las zonas de carga y descarga de estos almacenes es doble, recepción y expedición, lo más aconsejable es disponer de dos zonas totalmente independientes, una para los camiones y el ferrocarril y otra para los buques. Por ello estos almacenes deben tener puertas de acceso y salida en ambos frentes.

Figura 2.12. Áreas de recepción-expedición en el Centro de Carga Aérea de Madrid-Barajas.

5   Zonas de carga y descarga para aviones

Los almacenes destinados al tráfico de carga aérea poseen características muy similares a los de tráfico marítimo, con las diferencias implícitas a cada medio de transporte.

Al igual que los anteriores, estos almacenes reciben o expiden las mercancías mediante camiones y ferrocarriles –aunque no es tan común que este medio de transporte tenga acceso a las áreas de carga aérea–, por uno de sus frentes, y expiden o reciben las mercancías de las aeronaves por el otro, realizando el tránsito desde el almacén al avión o viceversa mediante carretillas elevadoras u otros medios mecánicos, tales como remolques activados por tractores de arrastre.

La carga y descarga de los aviones se realiza en las zonas de aparcamiento de éstos mediante plataformas y cintas transportadoras.

6 Zona de recepción

La zona de recepción de mercancías debe estar situada lo más independiente posible del resto del almacén, con el fin de poder actuar no sólo como receptora sino también como clasificadora del producto recibido.

En la zona de recepción la mercancía será sometida a un doble proceso: control de calidad y clasificación.

Una vez comprobado que la mercancía recibida se corresponde con las características y calidades esperadas, se procede a determinar la ubicación de la misma dentro del almacén.

Dependiendo del tipo de almacén, puede que sea preciso realizar una labor de transformación de la mercancía antes de su almacenaje, en cuyo caso habrá que dimensionar la zona de recepción adecuadamente para permitir esta función.

Dada la importancia que en el rendimiento futuro del almacén puede tener una buena comprobación y sobre todo una correcta ubicación, es preciso dar a esta zona la máxima amplitud e independencia posibles.

Actualmente, la mayoría de los productos que se manejan en un almacén están provistos de un código de barras u otro medio de identificación unívoco similar, que se puede leer por un escáner e identificar por el ordenador central del almacén, de modo que éste puede generar una etiqueta con la ubicación de la mercancía. Esta etiqueta será posteriormente leída por el operador de la carretilla elevadora o medio mecánico de manejo existente en el almacén para proceder a su colocación.

7 Zona de almacenaje

La zona de almacenaje propiamente dicha es aquella que está únicamente destinada a este fin; para ello ha de contar con las instalaciones adecuadas.

Dependiendo de la resistencia, tamaño, configuración, origen y destino de la mercancía que se deba almacenar, ésta podrá estar colocada en:

- Según la *resistencia:* pilas o estanterías.
- Según el *tamaño:* bloques o estanterías.
- Según la *configuración:* en el suelo o en estanterías.
- Según el origen y destino:

    - Único origen y único destino: bloques o estanterías.

- Único origen y varios destinos: bloques o estanterías.
- Varios orígenes y único destino: bloques o estanterías.
- Varios orígenes y varios destinos: estanterías.

7.1 Almacenamiento en pilas

El almacenamiento en pilas o apilado es el que se realiza mediante la colocación de las unidades de carga unas sobre otras directamente, es decir, sin más intermediación que el palé que les sirve de soporte.

Figura 2.13. Almacén con cargas apiladas en el suelo, sin estanterías.

Este tipo de almacenamiento presenta la ventaja de aprovechar mejor la altura útil de almacenaje, debido a que no existen pérdidas de espacio en altura. Sin embargo, no todos los materiales se pueden almacenar con este sistema, pues hay que tener en cuenta que incluso los materiales que permiten su almacenamiento de esta forma tienen un límite de resistencia para soportar cargas y, por tanto, una altura máxima de almacenaje posible.

La gran desventaja de este sistema es que no permite ningún tipo de accesibilidad, de forma que para separar y obtener cualquier carga es necesario desmontar previamente la pila que exista sobre ella.

Las unidades de carga que permiten este sistema de almacenamiento son las de gran resistencia interna y las contenidas en envases rígidos.

Las mercancías de *gran resistencia interna,* tales como los ladrillos de cerámica, bloques de hormigón, etc., permiten un almacenaje directo, a veces incluso sin necesidad de palé o cualquier otro sistema de soporte.

Otras mercancías tales como los piensos, los cementos y los áridos, contenidas en sacos gracias a su resistencia a la compresión, también permiten este tipo de almacenamiento, si bien en este caso sí precisan de palé u otro sistema de soporte.

Los *envases rígidos,* como cajas de cartón, madera o plástico, se pueden apilar perfectamente de esta forma; la posibilidad de alcanzar mayor o menor altura depende sólo de la rigidez y resistencia propias de las cajas.

Figura 2.14. Cargas paletizadas almacenadas en estanterías..

7.2 Almacenamiento en estanterías

Cuando la necesidad de almacenamiento en altura supera la capacidad de resistencia de apilado de las unidades de carga, o cuando se precisa cierta accesibilidad, mayor o menor en función de la necesidad de disponibilidad inmediata que se requiera del producto, es preciso recurrir al almacenamiento en estanterías.

El almacenamiento en estanterías se realiza mediante la colocación de unas estructuras metálicas, formadas básicamente por pilares y travesaños, debidamente arriostrados, que configuran una estructura multicelular, de tal forma que permiten la colocación de las unidades de carga en dichas células, a la altura que se precise y que el recinto del almacén admita, y con la accesibilidad que se requiera.

Los tipos básicos de estanterías disponibles en el mercado son:

– Estanterías convencionales o *racks*.
– Estanterías en voladizo o *cantilevers*.
– Estanterías compactas o *drivers*.

Figura 2.15. Estanterías convencionales.

Figura 2.16. Estanterías en voladizo (izquierda) y compactas tipo drive-in.

7.3 Almacenamiento en bloque

Se denomina almacenamiento en bloque al que se realiza mediante agrupamiento de mercancías de forma totalmente compacta. Con este tipo de almacenaje se logra un aprovechamiento óptimo del volumen de almacenamiento disponible, si bien presenta la desventaja de la nula accesibilidad a una unidad de carga determinada.

Esta forma de almacenamiento se puede realizar tanto con el apilado del producto como mediante el uso de estanterías. Por las limitaciones de acceso que impone, está preferentemente indicado para los casos siguientes:

– Mercancías de gran tamaño.
– Mercancías de un único origen y un único destino.
– Mercancías de un único origen y varios destinos.
– Mercancías de varios orígenes y un único destino.

En aquellos casos en los que las mercancías tienen un tamaño excesivo y en los que, además, se da cualquiera de los supuestos anteriores, es decir, cuando la accesibilidad inmediata a una unidad de carga determinada no es imprescindible, se recomienda el almacenamiento en forma de bloque.

8   Zonas de preparación de pedidos

Estas zonas no son imprescindibles en todos los almacenes. Sólo en aquellos en los que la mercancía de salida tenga una configuración o composición diferente a la de entrada es necesaria la disposición de una zona de preparación de pedidos.

Dichas zonas pueden ser:

1. Integradas en la zona de almacenaje y de preparación de pedidos en estanterías.
2. Separadas y de preparación de pedidos manual.

8.1 Zonas de preparación de pedidos integradas

Cuando la mayor parte de los productos que se han almacenado se han de desmontar de su unidad de carga original y separarse en pedidos individuales, se utilizan las zonas de preparación de pedidos o *picking* (en inglés) integradas en el almacenaje.

La preparación de pedidos en estantería se puede realizar de dos maneras distintas: mecánica o manualmente.

Se llama *preparación de pedidos mecánica* a la que se realiza mediante la utilización de máquinas elevadoras, que se trasladan a través de los pasillos de almacenaje. En ellas va montado un operario que sube y baja con la máquina, mientras va tomando los materiales que componen cada uno de los pedidos cuya preparación tiene asignada. Según la altura a que se encuentren las mercancías almacenadas se distinguen tres tipos de *picking:* de nivel bajo, medio y alto.

Figura 2.17. Zona de preparación de pedidos con transportador de rodillos, habilitada con terminales de voz que permiten al operario gran libertad de movimientos.

La *preparación de pedidos manual* se realiza, por el contrario, mediante la utilización de escaleras u otros recursos que el operario traslada manualmente. En algunos casos estos aparatos están provistos de ruedas para facilitar su traslado. Con ellos el operario puede subir y alcanzar los artículos situados a un nivel medio.

Las ventajas y desventajas de ambos sistemas son evidentes:

- El primer sistema presenta como ventajas la posibilidad de alcanzar una mayor altura de *picking* y, por tanto, poder utilizar prácticamente toda la estantería para realizar la preparación de pedidos, con la mayor velocidad que ello comporta.

- Las ventajas del segundo sistema son que sólo necesita unos pasillos mucho más estrechos, del ancho del cestón que se utilice para recoger el pedido, y su economía. Sus desventajas son precisamente las ventajas del primero.

8.2 Zonas de preparación separadas

Cuando el almacén dispone de una zona exclusivamente dedicada al almacenaje y otra distinta destinada sólo al *picking,* nos referiremos a una zona de preparación independiente. Estas zonas pueden situarse en el suelo o bien sobre estanterías.

8.2.1 Zona de preparación en el suelo

Se trata de una zona de preparación abastecida por unidades de carga completa extraídas de las estanterías de la zona de almacenaje, de las que los operarios van tomando las unidades individuales que conformarán los pedidos de cuya preparación están encargados.

8.2.2 Zona de preparación sobre estanterías

Es una zona de estanterías especialmente diseñadas para la preparación de pedidos, formada por una serie de células de diferentes tamaños, en función de los productos que se vayan a utilizar.

Figura 2.18. Preparación de pedidos manual desde estantería.

Se cargan manualmente introduciendo paquetes de productos mediante la fórmula de «una casilla, una referencia», y se descargan también manualmente en función del pedido que se debe preparar.

9   Zonas de expedición

Son aquellas que están destinadas al embalaje, si procede, de los pedidos previamente seleccionados en las zonas de preparación ya descritas, y en cualquier caso en ellas se acumulan las mercancías que hayan de salir del almacén, mediante su carga en los camiones de distribución.

Para una adecuada velocidad de movimientos dentro del almacén, si es posible, las zonas de expedición deben diseñarse en el frente opuesto a las zonas de recepción. En caso de ser necesario se pueden colocar en el mismo frente, pero conservando en todo momento una clara diferenciación.

Si el almacén dispone de zonas de recepción y expedición enfrentadas, debe disponer también de dos zonas de carga y descarga. Por el contrario, si las zonas de recepción y expedición están próximas, bastará con una sola zona de carga y descarga, aunque esto comportará una mayor dificultad de control del flujo de mercancías y del movimiento de camiones.

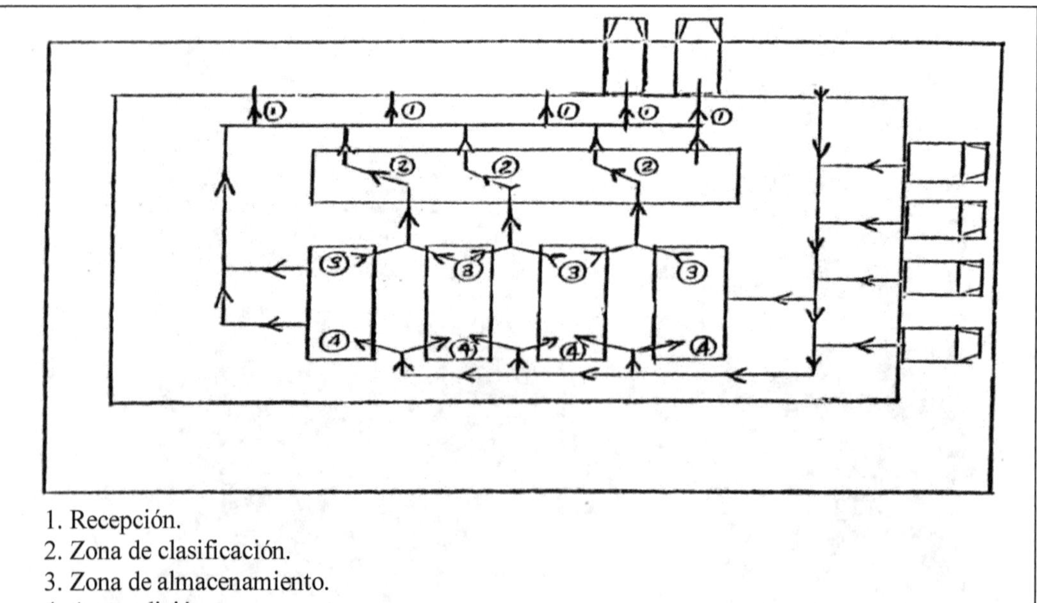

1. Recepción.
2. Zona de clasificación.
3. Zona de almacenamiento.
4. A expedición.

Figura 2.19. Distribución planimétrica de una empresa de transporte.

Capítulo 3
Clasificación de los almacenes

A veces la actividad económica de una empresa puede exigir uno o varios tipos de almacén: almacén de materias primas, almacén de productos semielaborados, almacén de productos terminados, etc. Todos han de estar diseñados en función de las necesidades específicas de su operativa y de acuerdo con las restricciones o posibilidades de cada situación y entorno.

La mejor forma de clasificar los diferentes tipos de almacén existentes es definir las características que permiten su agrupamiento, como son:

1. El grado de protección que ofrece contra los agentes atmosféricos.
2. La naturaleza o especie de las mercancías almacenadas.
3. La función que ejerce dentro de la organización empresarial.
4. La localización.
5. El grado de mecanización.

Figura 3.1. Almacenamiento al aire libre de rollos de alambre.

1 Clasificación de los almacenes respecto el grado de protección

En lo que se refiere al grado de protección que las instalaciones pueden ofrecer a las mercancías contra el efecto de los distintos agentes atmosféricos, los almacenes pueden clasificarse como *almacenes al aire libre* y *almacenes cubiertos.*

1.1 Almacenes al aire libre

Son aquellos que no están a cubierto bajo una edificación, es decir, que se encuentran configurados por espacios delimitados por cercas metálicas o de cualquier otro material, marcados o identificados éstos por medio de números, señales pintadas, carteles, etc., y en los que generalmente se almacenan materiales o productos que no necesitan protección contra los efectos de agentes atmosféricos como el sol, la lluvia, el frío, el calor, etc.

Figura 3.2. Almacenamiento al aire libre de grandes sacos de material granulado.

Los materiales que pueden almacenarse de esta manera son, por ejemplo, vehículos, maquinaria, materias primas para la industria maderera, papel de recuperación, hierros, algunos tipos de áridos, ladrillos cerámicos, perfiles siderúrgicos, rollos de alambrón, etc.

Otros materiales también pueden almacenarse en el exterior, aunque para ello han de protegerse mediante envolturas. Éstas pueden ser de varios tipos: plásticos, maderas, lonas, películas de polietileno, etc. Dichas envolturas preservan a los productos durante períodos de tiempo relativamente largos, aunque dicha preservación dependa de la resistencia del material protector y del protegido.

1.2 Almacenes cubiertos

Estos almacenes se suelen edificar con diferentes tipos de construcción: obra de ladrillos, prefabricados de hormigón, piedra artificial o natural, paneles de hormigón armado, paneles metálicos, etc. Casi todos tienen una cosa en común: una estructura metálica sobre cuyo armazón se construye el edificio.

Su objetivo es lograr la más amplia protección de las mercancías que en ellos se almacenan contra cualesquiera de los agentes atmosféricos, y que permitan incluso, si fuera preciso, modificar las condiciones de temperatura e iluminación.

Figura 3.3. Construcción de un almacén cubierto de tipo autoportante.

Los almacenes cubiertos pueden ser:

- Autoportantes.
- Convencionales.
- Automáticos.

2 Los almacenes en función de la naturaleza de las mercancías almacenadas

Atendiendo a la naturaleza o especie de las mercancías a que se destinan los almacenes, éstos se pueden clasificar en:

2.1 Almacenes de materias primas

Estos almacenes están situados generalmente dentro del recinto de la planta de producción, y albergan los materiales, suministros, envases, etc., que posteriormente serán utilizados en el proceso de transformación.

Atendiendo al tipo de materias primas de que se trate, en todos los sectores industriales se pueden encontrar para ellas tanto almacenes al aire libre como áreas cubiertas.

Figura 3.4. Almacenamiento de placas de hormigón pretensado.

2.2 Almacenes de productos intermedios

Estos almacenes deberían estar situados en el interior de la planta de fabricación, ya que su misión es servir de «colchón» entre las distintas fases de obtención de un producto para que los tiempos de espera sean lo más cortos posible.

No obstante, según sea el tipo de industria existen situaciones en las que la maquinaria, por sus características económicas de producción o por su ubicación en el proceso productivo, se dedica exclusivamente a la fabricación de componentes o partes del producto final.

Considerados así los productos intermedios como finales, éstos se almacenan en edificios externos. Este hecho es muy frecuente en las grandes cadenas de producción como, por ejemplo, las de industrias de la automoción, los electrodomésticos de línea blanca o marrón y, en general, en todas las producciones que se realizan en grandes series.

2.3 Almacenes de productos terminados

Su función principal es la de actuar como regulador entre las distintas necesidades de las actividades industriales. Así, por ejemplo, el almacén de productos terminados de una ladrillera actúa como almacén de materias primas de una empresa constructora, etc.

Figura 3.5. Almacenamiento de bebidas refrescantes.

Este tipo de almacén es el más abundante y el que tiene un mayor coste económico. Por este motivo, el primer objetivo de todo almacén bien organizado debe ser alcanzar el mayor índice de rotación posible.

3 Los almacenes respecto a su función en la organización de la empresa

Atendiendo a la función que desempeñan los almacenes en la organización de un proceso industrial, los podemos clasificar como:

3.1 Almacenes de servicio

Los almacenes de servicio son aquellos que permanecen integrados en la industria de transformación, independientemente de cómo sea ésta y conteniendo cualquier clase de materiales, tanto si se trata de materias primas como de productos intermedios y de acabados.

Figura 3.6. Almacenamiento de grandes bobinas de papel.

El tamaño, los sistemas de manipulación, etc., de esta modalidad de almacén dependen de las necesidades de la industria a la que pertenezca. En la práctica existen almacenes de este tipo muy simples, pero también los hay que presentan suma complejidad, debido a que necesitan almacenar una gran diversidad de materias primas de características muy diferentes. Un ejemplo pueden ser las industrias de fabricación de pasta de celulosa y las químicas en general, que necesitan almacenar productos líquidos, sólidos y gaseosos, con peculiaridades intrínsecas de cada uno que obligan a instalar diferentes sistemas de almacenamiento dentro de la misma industria. Por el contrario, otras necesitan almacenar productos intermedios que irán transformando en productos acabados en función de la demanda del mercado. Por ello, cada tipo de industria utiliza los sistemas de almacenamiento más adecuados a su especialización.

3.2 Almacenes generales de depósito

Este tipo de almacén es característico de entidades que se dedican a la recepción y custodia de productos ajenos y cuyos ingresos están constituidos por un precio establecido sobre la base del valor de la mercancía almacenada o del espacio ocupado.

En muchos casos, los almacenes generales de depósito actúan como verdaderas instituciones financieras, ya que además de almacenistas de las mercancías ejercen como gestores de aduanas, financian los transportes y los embalajes, cubren los seguros de las mercancías de importación, ejercen la función de tenedores fiduciarios de bienes pignorados como garantía de préstamos concedidos por la banca, etc.

Figura 3.7. Almacén general.

Las razones por las que los clientes utilizan los servicios de estos almacenes son muy variadas, pero entre las más frecuentes se pueden citar:

– La necesidad de financiación de ciertos costes de importación sobre productos que no han de ser utilizados de forma inmediata por el propietario de los mismos.

– La necesidad temporal de espacio de almacenamiento ocasionada por un exceso de producción o una recesión de la demanda de unos productos determinados, o bien por la necesidad de almacenar mayores cantidades de materia prima que ocasionarían una sobrecarga en los almacenes propios.

– La necesidad de obtención de créditos sobre productos no vendidos, con el fin de hacer frente a la continuidad de la actividad industrial.

3.3 Almacenes logísticos

En este grupo están incluidos todos aquellos almacenes que por sí mismos no son generadores de beneficios económicos, ni tampoco actúan como depósitos para el aprovisionamiento de materiales de una industria transformadora, pero que sin embargo son indicados para el desarrollo y la eficacia de un negocio.

Figura 3.8. Desde un almacén de un operador logístico se pone a disposición del mercado servicios de preparación de pedidos, embalaje, envasado de productos, control de existencias en línea y otros servicios de valor añadido (en la imagen, almacén del operador TradisaLogiCargo).

Un caso típico de este tipo de almacén es aquel que sirve para el agrupamiento y la distribución de mercancías de una empresa de transporte. Los beneficios de esta actividad se obtienen por el transporte de mercancías, y la rentabilidad proviene de la agilidad y la frecuencia con las que la flota de camiones es capaz de completar su carga y ponerse en movimiento con ella.

En este punto surge la necesidad de lo que se denomina «base logística», que consiste fundamentalmente en un almacén central convenientemente situado, en el que se concentran todas las mercancías transportadas. En esta base se reúnen los camiones que proceden de las delegaciones, y éstos descargan las mercancías que serán nuevamente reagrupadas en función de su destino común, las cuales son despachadas hacia el destinatario.

3.4 Almacenes reguladores y de distribución

Son aquellos que actúan como depósitos de mercancías, normalmente en grandes cantidades que posteriormente han de ser transferidas a los puntos de consumo final, sin necesidad de ninguna transformación ulterior. Un ejemplo de infraestructuras de este tipo son los almacenes centrales de una gran red de venta al público, los almacenes regionales de distribución a minoristas, etc.

4 Clasificación de los almacenes según su localización

Atendiendo al lugar estratégico en el que se localizan, los almacenes se clasifican como centrales y regionales.

4.1 Almacenes centrales

Son aquellos que se encuentran ubicados lo más cerca posible del centro de fabricación, con el fin de reducir al mínimo los costes de manipulación y transporte desde la salida del punto de producción al de almacenamiento.

Su misión principal es la de aprovisionar a otros almacenes, denominados regionales, encargados de la distribución en una determinada área.

La capacidad de los almacenes centrales suele ser mucho mayor que la de los regionales y deben estar acondicionados para la manipulación de unidades de carga de grandes dimensiones (generalmente palés completos), tanto para la entrada como para la salida de las mercancías y, al mismo tiempo, para la carga y descarga de camiones de gran tonelaje.

Figura 3.9. Almacén central con estanterías compactas y cargas paletizadas de referencia única.

4.2 Almacenes regionales

Estos almacenes deben estar ubicados lo más cerca posible del lugar de mayor consumo de su región o zona de influencia, teniendo en cuenta que ésta no debe ser tan amplia como para necesitar rutas de distribución de duración superior a una jornada.

Su misión fundamental es la de distribuir la mercancía a los clientes mayoristas o detallistas existentes en una determinada área. Las entradas de mercancías pueden provenir directamente del centro de producción o del almacén central.

Los almacenes regionales deben estar perfectamente acondicionados para la recepción y descarga de camiones de gran tonelaje, y provistos de una zona delimitada para la salida de mercancías, generalmente mediante camiones de distribución de menor capacidad.

Es primordial que también dispongan de un espacio especialmente diseñado y habilitado para la preparación de los pedidos, tarea fundamental de este tipo de almacenes.

4.3 Almacenes de tránsito

La necesidad de instalar almacenes de tránsito surge cuando la zona que debe atender un almacén regional es tan extensa que precisa que los vehículos de reparto realicen rutas mayores a una jornada, incrementándose con ello en exceso los gastos de distribución.

Figura 3.10. Almacén de tránsito con estanterías para mercancías paletizadas y espacios para cargas apiladas.

Estos almacenes consisten en edificios situados en lugares estratégicos y su particularidad consiste en estar preparados para la entrada y salida muy rápidas de las mercancías, de forma que el índice de rotación de los productos sea lo más alto posible.

En general, este tipo de almacenes no suele contar con los clásicos medios de almacenamiento como son las estanterías, los contenedores, etc., sino únicamente con medios mecánicos para la carga y descarga rápida de los productos.

En su interior no se suelen preparar pedidos, y los envíos se realizan a los almacenes regionales en forma de palés completos. De hecho, en ocasiones los propios almacenes regionales realizan la función de almacén de tránsito para algunos productos.

5 Clasificación de los almacenes según su grado de mecanización

La mecanización en los almacenes afecta directamente a su utilidad, hasta el punto de que no todas las mercancías se pueden almacenar con algunos medios mecánicos ni todos los medios mecánicos son utilizables para cualquier tipo de mercancía. Por ello podemos efectuar la siguiente clasificación atendiendo a los medios mecánicos que existen en un almacén:

- Almacenes convencionales.
- Almacenes de alta densidad.
- Almacenes automáticos.

5.1 Almacenes convencionales

Se denominan almacenes convencionales aquellos cuya altura bajo formas es de 6-7 m como máximo y que, independientemente de los materiales que almacenen, están equipados al menos con estanterías de paletización y disponen de medios mecánicos, nunca más sofisticados que una carretilla elevadora de mástil retráctil, para el movimiento y almacenamiento de las mercancías.

Dado que es muy significativa tanto la influencia de los tipos de carretillas elevadoras utilizadas como los de estanterías instaladas, conviene realizar la siguiente subclasificación de este tipo de almacenes:

- Almacenes que utilizan carretillas contrapesadas convencionales.
- Almacenes que utilizan carretillas de mástil retráctil.
- Almacenes equipados con estanterías tipo *drive-in* y *drive-throught*.
- Almacenes equipados con estanterías dinámicas.

5.1.1 Almacenes que utilizan carretillas contrapesadas convencionales

Los almacenes en los que la manipulación se realiza por medio de carretillas elevadoras convencionales se caracterizan principalmente por el ancho de pasillo que es necesario habilitar entre las estanterías para que puedan maniobrar las carretillas.

El ancho del pasillo de maniobra que necesita una carretilla elevadora convencional proviene de dos parámetros: *a)* el tamaño de la carretilla utilizada, normalmente en relación directa con el peso de las cargas unitarias manipuladas en el almacén; y *b)* el tamaño de las cargas unitarias manejadas.

Así, para manejar una carga de entre 1.000 y 1.500 kg colocada sobre un palé de tipo europeo de 800 × 1.200 mm o de 1.000 × 1.200 mm, utilizando una carretilla elevadora contrapesada convencional de la capacidad adecuada, es decir comprendida entre 1.500 y 2.000 kg, nos encontramos con que se necesita un pasillo de maniobra entre 3,20 y 3,50 m. Si por el contrario nos vemos obligados a utilizar una carretilla de mayor capacidad, cosa que puede ocurrir por la necesidad de utilizar algún accesorio especial o una altura de elevación superior a la estándar para este tipo de carretillas, el ancho del pasillo necesario puede variar sensiblemente.

La altura de elevación normal o estándar de este tipo de carretillas es de unos 4 m como máximo, entendiendo como tal la altura hasta la cual estas carretillas mantienen su capacidad de carga nominal. Esta altura puede superarse mediante la insta-

Figura 3.11. Almacén convencional que utiliza carretillas contrapesadas.

lación de mástiles especiales hasta un máximo de seis metros (algunos fabricantes llegan a ofrecer incluso siete), pero siempre con una reducción de la capacidad de carga, mayor cuanto más alta sea la elevación. Esta circunstancia obliga a diseñar los almacenes con pasillos de maniobra más amplios, si todas las cargas que se han de almacenar son de las mismas características; o bien, cuando existen cargas de diversos pesos, a situar las más ligeras en las zonas más altas del almacén.

Cuando un almacén está provisto exclusivamente de este tipo de máquinas, es muy frecuente encontrar algunas zonas del mismo en las que se efectúa un almacenamiento en bloque compacto, sin estanterías, que habitualmente no supera las tres alturas, siempre y cuando la resistencia a la compresión de los productos lo permita.

5.1.2 Almacenes que utilizan carretillas de mástil retráctil

Este tipo de almacenes se diferencia básicamente de los anteriores en que la anchura de los pasillos de maniobra es sensiblemente inferior, ya que las carretillas que se utilizan están dotadas de un mástil que se retrae sobre unas guías inferiores y que, por tanto, se introduce en el chasis de la máquina. Como resultado necesitan un pasillo de maniobra un metro más estrecho que el que utilizan las carretillas contrapesadas convencionales.

Figura 3.12. Almacén con carretilla retráctil.

Además, este tipo de máquinas son más estables, ya que durante la marcha transportan la mercancía entre las patas de carga, lo que les permite alcanzar alturas de elevación superiores, llegando en algunos casos hasta los 9 m (algunos fabricantes ofrecen incluso 9,5 y 10 m de elevación). En estas ocasiones, por motivos de seguridad y estabilidad obvios, debe suprimirse la función de inclinación del mástil, dejando éste completamente rígido, y suplir la dificultad que esto pueda representar para la toma y depósito de las cargas en las estanterías por el hecho de que sea el tablero portahorquillas de la máquina el que se incline y, con él, las horquillas que manejan la carga.

Como sucede con las carretillas contrapesadas convencionales, las de mástil retráctil reducen su capacidad de carga conforme aumenta su altura de elevación, por lo que deben aplicarse los criterios indicados en el apartado 5.1.1.

Sin embargo, cabe indicar que el destino más correcto para las carretillas retráctiles con mástiles altos se correspondería más bien con una clasificación de almacenes que podríamos denominar de densidad media. En estas carretillas, además, se ha de considerar otro importante aspecto, que es el de la visibilidad a la hora de tomar y depositar las cargas, punto éste que se resuelve incorporando preselectores de altura o mediante la instalación de sistemas de visión directa, de los que nos ocuparemos en el capítulo destinado a los medios de almacenaje.

5.1.3 Almacenes convencionales con estanterías drive-in y drive-throught

Estos almacenes se caracterizan por el tipo de estanterías de que disponen y por la ubicación de las mismas. Las estanterías *drive-in* y *drive-throught* permiten el paso de las carretillas elevadoras por su interior para efectuar la carga-descarga.

Figura 3.13. Almacenamiento con estanterías en drive-in.

Esta facultad hace que las maniobras con las carretillas elevadoras sean completamente diferentes a las que se realizan en un almacén con estanterías de paletización convencional y que, por tanto, el diseño del almacén también sea distinto. En primer lugar no existen pasillos de maniobra, ya que las carretillas no precisan realizar maniobra alguna para tomar o depositar las cargas.

Las estanterías denominadas *drive-in* (del inglés «conducir dentro»), suelen disponerse de manera adosada a una de las paredes del almacén, realizándose la carga desde atrás hacia delante y la descarga de forma opuesta. Por tanto, para la alimentación de estas estanterías sólo es necesario disponer de un pasillo, normalmente amplio, para facilitar la maniobra de dos o más carretillas que se crucen a gran velocidad.

Este tipo de estanterías se suelen utilizar en almacenes en los que los productos responden normalmente a una única referencia o, como máximo, a una referencia por cada fila.

Por el contrario, las estanterías llamadas *drive-throught* (del inglés «conducir a través de») se suelen instalar en el centro del almacén, con dos grandes pasillos, uno en cada extremo, realizándose la carga y descarga de una forma continuada.

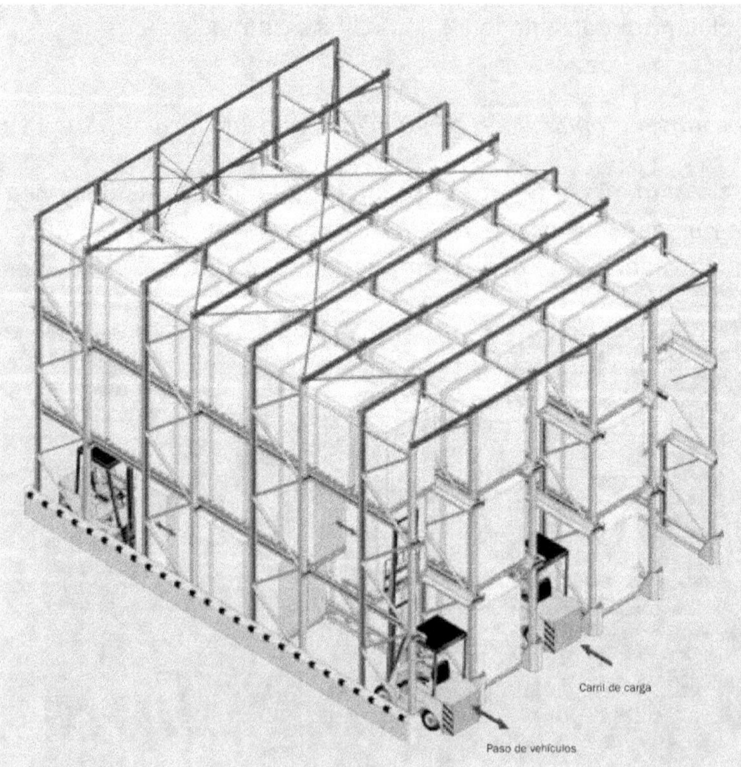

Figura 3.14. Representación esquemática de un sistema de almacenamiento con estanterías en drive-in.

Las estanterías de tipo *drive-in* se basan en el principio «fi-lo» (abreviatura de *first-in/last-out)* y en ellas, por tanto, las primeras mercancías que se almacenan son las últimas que se extraen, mientras que las del tipo *drive-throught* se basan en el «fi-fo» *(first-in/first-out),* es decir, las primeras mercancías almacenadas también son las primeras que se extraen.

Este modelo de almacenes es recomendable para almacenar grandes cantidades de un mismo producto (referencia única) que por su baja resistencia a la compresión no permita el almacenamiento en bloque del tipo una carga sobre otra.

Cuando el producto no necesita de una rotación meticulosa es aconsejable el uso del sistema *drive-in,* ya que permite una mejor utilización del volumen disponible. Sin embargo, en caso contrario es preciso acudir al sistema *drive-throught,* que facilita un máximo índice de rotación.

5.1.4 Almacenes equipados con estanterías dinámicas

Cuando es verdaderamente imprescindible un almacén del tipo «fi-fo», de gran movilidad, es recomendable acudir a la instalación de estanterías dinámicas.

Las estanterías dinámicas están formadas por una estructura metálica de forma compacta, provistas de largueros colocados con una inclinación determinada y unidos por un lecho de rodillos, de forma que las cargas que se introducen por un extremo se deslicen sobre los rodillos, inducidas por la fuerza de la gravedad, hasta llegar al otro.

Para evitar una aceleración excesiva de las cargas dentro de la estantería, a lo largo de los lechos de rodillos se instalan unos reguladores de velocidad que evitan el golpeo de unas cargas contra otras.

5.2 Almacenes de alta densidad

Se denominan almacenes de alta densidad aquellos en los que, con un índice de accesibilidad del 100 %, su relación capacidad/volumen es superior al 50 %.

Para alcanzar tan alto índice de densidad se edifican almacenes de gran altura, normalmente superiores a los 10 m, alcanzando incluso en algunos casos los 30 m, y se reducen los pasillos de maniobra y circulación entre las estanterías al mínimo imprescindible, del orden de 1.400-1.700 mm de anchura, según sea la maquinaria que se utilice para la manipulación y carga, es decir, transelevadores o carretillas elevadoras trilaterales.

Cuando la altura del almacén sobrepasa los 10 m, las estanterías pueden ser del tipo autoportante, es decir, el edificio puede estar construido en torno a las estanterías, que pasan a configurar así la propia estructura del edificio.

Si se utilizan carretillas elevadoras trilaterales, éstas deben circular por pasillos dotados de guías laterales, como mínimo instaladas en el suelo, aunque según sea la altura del almacén y la estabilidad de la propia máquina, también es necesario instalar guías laterales situadas a cierta altura.

5.3 Almacenes automáticos

Cuando en el interior de un almacén el movimiento de mercancías se realiza de forma totalmente rutinaria, es decir, con movimientos y circuitos siempre iguales, es posible acudir a la automatización.

El grado de automatización de un almacén podrá ser tanto mayor cuanto más rutinario sea el movimiento de las mercancías en su interior.

Figura 3.15. Almacén automático equipado con transelevadores.

El máximo grado de automatización posible es aquel que permite efectuar todo el movimiento del almacén sin la intervención física de ninguna persona. Para ello debe ser posible la instalación de:

1. Aparatos de carga y descarga de las estanterías totalmente automáticos y programables.
2. Un sistema de alimentación para estos aparatos igualmente automático y programable.

Un aspecto imprescindible que cabe tener en cuenta para efectuar la instalación de un almacén de este tipo, es que las cargas deben ser totalmente homogéneas y que los márgenes de tolerancia de las mismas han de ser muy estrechos.

6 Localización de los almacenes

Uno de los aspectos más importantes a la hora de tomar decisiones sobre la instalación de almacenes es el de su localización y ubicación.

Como se indicaba al principio de este capítulo, las empresas pueden precisar de diferentes tipos de almacenes en función de su actividad principal. La ubicación estratégica de los mismos puede ser un factor decisivo para el éxito de la propia empresa, y éste será el objeto de análisis de este apartado.

El estudio de la ubicación de un almacén será tanto más largo y complicado cuanto mayor sea la empresa y, por tanto, su sistema de distribución. En cualquier caso, este estudio debe realizarse mediante el análisis de tres factores: la *producción*, los *costes* y la *demanda*.

Ahora bien, con el fin de que este análisis sea lo más real posible, hay que tener en cuenta que existen dos criterios de valoración, uno económico y otro comercial.

Las diferentes variables que cabe analizar son:

a) En relación con el producto:
  - Tipo de producto.
  - Cantidad total de producto que se debe almacenar.

b) En relación con los costes:
  - Coste de terrenos, edificación y equipos.
  - Coste de mano de obra directa e indirecta.
  - Coste de transporte y manipulación.
  - Costes paralelos a la actividad, como servicios y seguros.

c) En relación con la demanda:
- Cantidad y localización de los consumidores.
- Número y tamaño de los pedidos.
- Curva de la demanda.
- Importancia relativa de la proximidad.
- Importancia relativa de la velocidad de entrega de los pedidos.

d) En relación con la competencia:
- Localización de los almacenes de la competencia.
- Eficacia o servicio de las instalaciones de la competencia.

El estudio para la ubicación de los almacenes necesarios para la correcta distribución y comercialización de los productos obtenidos en una determinada actividad industrial debe efectuarse teniendo en cuenta las variables anteriormente mencionadas, y el análisis de los siguientes parámetros:

- Características del producto.
- Capacidad de fabricación de la industria.
- Características de la red de distribución necesaria.

6.1 Análisis de las características del producto

El análisis de las características del producto que atañen a la ubicación de los almacenes puede realizarse subdividiéndolo en tres factores: la *durabilidad,* la *estabilidad* y la *manejabilidad.*

6.1.1 Durabilidad

La durabilidad de un producto determina el grado de proximidad que han de tener los almacenes de distribución del mismo.

Los productos de muy poca durabilidad, como las frutas y verduras frescas, requieren almacenes muy próximos a los puntos de consumo. El tiempo que transcurre entre la recolección y el consumo de estos productos ha de ser necesariamente breve y, por tanto, no cabe la utilización de almacenes de tránsito en los que se invertiría un tiempo que, por pequeño que fuese, podría resultar fatal para la conservación de dichos productos.

Por el contrario, los productos de gran durabilidad –casi todos los industriales– no precisan de almacenes muy próximos al punto de consumo, al menos no en función del tiempo que pueda transcurrir desde la fabricación hasta el consumo, ya que éste tiene muy poca o ninguna influencia en cuanto a su conservación. Así pues, este tipo de productos puede utilizar cualquiera de los diferentes tipos de almacén que hemos descrito en el apartado 4, «Clasificación de los almacenes según su localización», de este mismo capítulo.

6.1.2 Estabilidad

La estabilidad del producto puede afectar a la ubicación de los almacenes, especialmente en cuanto a los medios de que éstos deban estar provistos para acoger al producto y a la rentabilidad de los mismos.

Si el producto es muy inestable necesita instalaciones especiales de almacenaje, ya que esta inestabilidad puede afectar a la seguridad física del lugar e incluso a la salud de la población circundante. Un ejemplo muy típico de ello es el de los productos químicos. Estos factores pueden aconsejar la instalación de los almacenes sólo en dos lugares: en el de producción o en el de consumo.

El tamaño de los almacenes en uno u otro lugar puede ser muy distinto, ya que en el lugar de producción se podrá establecer un almacén de cierto volumen –un verdadero almacén–, mientras que en el lugar de consumo solamente se instalará un almacén de dimensiones adecuadas al consumo previsto –depósito– y al tiempo de transporte medio empleado entre ambas localizaciones.

Cuando se trata de almacenar productos de gran estabilidad este factor no es determinante, ya que admite cualesquiera de las posibilidades tratadas en el capítulo 2.

6.1.3 Manejabilidad

La manejabilidad de un producto también puede incidir en la localización del almacén que lo contenga, dado que esta manejabilidad será una característica restrictiva o no del número de movimientos que dicho producto permita.

Los productos muy poco manejables, como los líquidos y los áridos a granel, se deben almacenar en el menor número posible de lugares, ya que a medida que se realizan trasvases o transferencias, manejos en definitiva, su coste aumenta exponencialmente e incluso esos movimientos llevan, en la mayoría de los casos, a que se produzcan deterioros de su calidad y pérdidas de su cantidad. Lo ideal en estas ocasiones es contar sólo con dos tipos de almacén, el denominado almacén central, situado en la planta de producción, y el almacén de materias primas, que deberá estar localizado en la planta de envasado del producto.

Estos productos, sin embargo, una vez envasados pasan a la categoría de muy manejables y, en este caso, la ubicación del almacén es totalmente independiente de su manejabilidad, y caben cualesquiera de las posibilidades de localización descritas en el capítulo 2.

6.2 Influencia de la capacidad de fabricación

La capacidad de fabricación de la industria determinará cuál es la cantidad de producto que se necesita almacenar. Sin embargo, éste es un factor relativo cuya valoración se debe realizar también en función de la demanda del producto de que se trate.

Su influencia en cuanto a la localización de los distintos tipos de almacén la podremos medir en función del grado de transformación del producto que realice la industria en sí.

6.2.1 Influencia del grado de transformación del producto

Las industrias desarrollan diferentes grados de transformación sobre un producto. Éste está en función de su especialización, su preparación y, sobre todo, de su capacidad. Para estudiar las posibles ubicaciones de los almacenes de una industria, dividiremos el grado de transformación del producto en tres niveles: bajo, medio y alto.

Entendemos como grado de transformación *bajo* el que realizan aquellas industrias que, bien por la naturaleza del producto o bien por su propia capacidad, se limitan a realizar únicamente una clasificación y envasado de la materia prima, como por ejemplo las industrias alimentarias del sector primario. Estas industrias, por tanto, únicamente necesitarán un almacén del tipo «central», ubicado en la planta de producción, que a lo sumo debe contar con dos secciones, una para las materias primas y otra para el producto envasado, aunque en cualquier caso su ubicación no depende de la cantidad de producto que se deba almacenar.

Las industrias que realizan un grado de transformación del tipo *medio* reciben una materia prima, la clasifican y transforman en varios productos diferentes. En estas industrias ya influye la cantidad de producto que cabe almacenar en la ubicación de los almacenes. Por regla general, necesitan almacenes independientes para las materias primas y para los productos empleados en su transformación; además, precisan de un almacén de productos terminados, dado que la producción se suele efectuar en grandes series, a veces de un solo producto y otras de productos paralelos.

Si la cantidad de producto almacenado es pequeña, probablemente los tres almacenes pueden estar localizados en el mismo lugar que la planta. Ahora bien, cuando la producción es muy grande es necesario instalar almacenes locales o regionales, e incluso a veces también intermedios para los semiproductos o de tránsito para los productos terminados.

Las industrias de *alto* grado de transformación del producto, al igual que las anteriores, están muy influidas por la cantidad de producto obtenido y, por tanto, su caso es prácticamente igual al anterior, con la única diferencia de que casi con total seguridad será necesario utilizar almacenes intermedios para regular las distintas fases de la producción.

6.3 Influencia de la red de distribución necesaria

La composición y distribución de la red de comercialización adecuada para un producto dado influye significativamente en la localización, número y tipo de almacenes necesarios.

6.3.1 Influencia de la composición

Los supuestos que definen la influencia de la composición de la red de distribución que se debe establecer en la ubicación de los almacenes son:

– Red con concesionarios autónomos.
– Red con agencias propias.

6.3.1.1 Red con concesionarios autónomos

Si la red está basada en concesionarios autónomos, con empresas independientes, la cantidad de producto para almacenar estará en función de la demanda y del número de pedidos que se reciban de dicha red, pero en ningún caso se debe realizar un almacenamiento de primera necesidad, ya que lo llevará a cabo la propia red.

6.3.1.2 Red con agencias propias

Por el contrario, cuando la red de distribución esté formada por agencias propias, se debe situar un almacén de primera necesidad en cada uno de los puntos de distribución, que lógicamente deben estar situados lo más cerca posible de las zonas de demanda, además de los clásicos almacenes centrales, regionales y de tránsito.

6.3.2 Influencia de la distribución de la red de comercialización

Es evidente que el reparto geográfico de la red de distribución influye en la necesaria ubicación y en el número y tipo de almacenes que se deban instalar, como se dijo en el apartado anterior. Los supuestos que cabe considerar son:

– Red con concesionarios autónomos.
– Red con agencias propias.

6.3.2.1 Red con concesionarios autónomos

En el caso de la utilización de una red de comercialización ajena, su posicionamiento en el territorio y la zona de influencia de la misma podrá ser o no la más adecuada a la verdadera necesidad del producto.

Si el posicionamiento de cada uno de los agentes es el correcto, a éstos se les debe considerar como si de un almacén de depósito se tratase. Así, un almacén de distribución se situará en el lugar estratégico que convenga y, en el caso de que la demanda de una zona concreta lo requiera, se instalará el correspondiente almacén de tránsito, todo ello con el fin de reducir al mínimo imprescindible el tiempo de abastecimiento a los agentes, que consideraremos como puntos de consumo.

Cuando el posicionamiento de los agentes no sea el más para el producto estudiado, la primera medida será corregir este aspecto y, una vez corregido, actuar como hemos indicado en el apartado anterior. Conviene tener en cuenta que una red de comercialización inadecuadamente posicionada dentro de un territorio puede implicar cuando menos, con toda seguridad, un aumento de los almacenes de tránsito e incluso un retraso en el abastecimiento a los puntos de consumo. Todo ello redundará en un aumento del coste de distribución del producto y, por consiguiente, en una pérdida de competitividad en el mercado.

6.3.2.2 Red con agencias propias

En el caso de la utilización de una red de agencias propias será igualmente necesario cuidar del correcto posicionamiento territorial de las mismas, con el fin de evitar la instalación de más almacenes de tránsito que los estrictamente imprescindibles, y procurando que el tiempo de abastecimiento a los puntos de consumo esté perfectamente conjugado con la demanda.

Capítulo 4
El almacén central, los centros de distribución y la preparación de pedidos

Se denomina almacén central al que sirve de recolector de los productos terminados, obtenidos en uno o varios procesos industriales y, por tanto, procedentes de uno o varios orígenes, a la vez que actúa como centro de distribución de los mismos.

La diferencia fundamental entre un almacén central y cualquier otro tipo de almacén de distribución, consiste en que el destino de los productos que salen de él es, casi exclusivamente, para el abastecimiento de otros almacenes de tipo regional o local, que serán los encargados de realizar la distribución final hasta el consumidor; es decir, actúa como almacén de reserva de estos últimos.

Así pues, como se desprende del párrafo anterior, el almacén central es una de las partes más importantes de una red de distribución, en el marco de la cual actúa como la cabecera y, por tanto, fuente de suministro para el resto de los almacenes y los otros puntos de distribución.

1   Cómo elegir la ubicación de un almacén central

Debido a su doble carácter de cabecera y centro de recepción, uno de los puntos más importantes de la instalación de un almacén central es el de la elección de su localización. Ésta debe estar basada en un equilibrio entre ambos aspectos, es decir:

- La localización de sus fuentes de suministro.
- La posición en el territorio de los almacenes de distribución a los que se destinan los productos en él almacenados.

2   Localización de las fuentes de suministro

En un almacén central se pueden dar dos supuestos en cuanto a sus fuentes de suministro:

- Una única fuente de suministros.
- Diversas fuentes de suministros.

Cuando la fuente de suministros es única, estamos ante el caso del almacén central de una fábrica. En este supuesto, lo lógico es que el almacén se halle integrado en ésta o muy próximo a ella. Por el contrario, cuando las fuentes de suministros son diversas, será más conveniente localizar el almacén central en un punto geográfico estratégico entre todas ellas.

3   Situación de los almacenes de distribución a los que va destinada la mercancía

Respecto a la elección de la ubicación de un almacén central, la influencia de la situación de los almacenes de distribución a los que está destinada la mercancía almacenada en él es bastante menor que la de las fuentes de suministro.

Por lo general, aunque este aspecto se tratará más ampliamente en el próximo apartado, una de las misiones que debe realizar un almacén central es acondicionar los productos para el siguiente eslabón de la cadena de distribución. Por ello, el tránsito desde el almacén central a uno de los puntos de distribución resulta siempre menos traumático para el producto que desde el punto de producción a éste. De ahí la menor importancia que la ubicación de los centros de distribución secundaria tiene en la del propio almacén central.

El único aspecto que será necesario cuidar, por tanto, es el de la elección de un punto convenientemente comunicado con el resto del territorio y accesible para los medios de transporte que se hayan de utilizar.

4   Funciones que deben ser cubiertas por un almacén central: medios y sistemas

Un almacén central diseñado con eficacia ha de ser capaz de asumir las siguientes funciones:

- Recepción de todos los productos que comprendan la actividad industrial que lo solicita.
- Ejecución de un control de calidad inmediato.
- Control e inventario de los productos almacenados.
- Almacenamiento correcto de las mercancías.
- Preparación de pedidos de almacenes regionales.
- Expedición rápida de los pedidos.

4.1 Recepción de los productos

Para efectuar una correcta recepción de los productos que comprenden la actividad industrial de la compañía que decide instalar un almacén central, es necesario realizar una serie de trabajos previos para determinar las necesidades que se requieren en medios mecánicos, humanos e informáticos.

El primer paso consiste en realizar un análisis exhaustivo del producto o productos que se van a recepcionar, teniendo en cuenta los siguientes factores:

– Dimensiones y peso de las unidades de carga para recepcionar.
– Consistencia del embalaje, si éste existe.
– Frecuencia de llegada de cada material.
– Cantidad de mercancía recibida en cada envío.

4.1.1 Peso y dimensiones de los productos que se deben recepcionar

El análisis del peso y las dimensiones de los productos que se han de recepcionar indica cuáles son las necesidades respecto al tipo de máquinas y sus capacidades de carga. Éstas no serán necesariamente las mismas que las que se utilizarán posteriormente para el almacenamiento propiamente dicho, aunque debe procurarse que las máquinas utilizadas en la zona de almacenamiento sean válidas para la recepción e incluso para la expedición.

Las mercancías recibidas pueden ser de diferentes formas, tamaños y pesos –de hecho lo son en la mayoría de las ocasiones–. Esto será más frecuente cuanto más variadas sean las fuentes de suministro. Así, se pueden presentar dos situaciones:

1. Todas las mercancías recibidas tienen dimensiones y pesos adecuados para su almacenaje directo.

2. Una parte significativa de las mercancías recibidas tiene dimensiones y pesos no aptos para su almacenaje directo y, por tanto, necesita de una modificación previa.

En ambas situaciones el almacén central ha de estar preparado para recepcionar, preparar y almacenar cualquier tipo de mercancía. Para ello debe estar provisto de:

– Muelle o muelles de descarga.
– Aparatos mecánicos de manutención para la descarga de los camiones.
– Zona de recepción.
– Zona de preparación de pedidos, cuando sea precisa.

4.1.2 Medios mecánicos utilizados para la carga y descarga

Los medios que se pueden utilizar para la carga y descarga de camiones son:

- Transpalés.
- Apiladores.
- Carretillas elevadoras contrapesadas.

Aunque dedicaremos el capítulo 12 a una descripción exhaustiva de todos los tipos de medios mecánicos utilizados en los almacenes, a continuación desarrollamos una breve exposición que nos ayude a entender mejor cuáles son estos medios y en qué tareas han de emplearse.

4.1.2.1 Transpalé

En los almacenes modernos, el medio manual más ampliamente utilizado es el transpalé manual, con el que se puede realizar multitud de trabajos, entre los que podemos citar:

- Carga y descarga de camiones.
- Traslado a cortas distancias de palés y contenedores.
- Medio auxiliar de apoyo en operaciones de preparación de pedidos.
- Medio auxiliar de alimentación de zonas de toma de carretillas, ya sean éstas contrapesadas, retráctiles, trilaterales, e incluso de transelevadores.

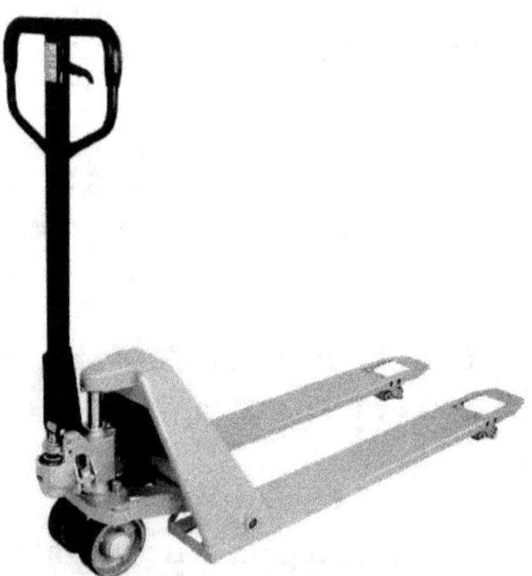

Figura 4.1. Transpalé manual.

En general, el transpalé manual constituye un elemento imprescindible y de escaso coste de adquisición, que resuelve situaciones muy diversas en todas las actividades del almacenaje.

Cabe añadir la importancia de elegir unos transpalés de medidas adecuadas a las de los palés o cestones que se deben manejar; aunque éstos se presentan en distintos tipos, es conveniente disponer de transpalés de varias medidas.

4.1.2.2 Apiladores

El transpalé no es el único medio mecánico manual que podemos usar en un almacén, también existen los apiladores.

El apilador manual es una consecuencia directa del transpalé manual. Basta con instalar un pequeño mástil en el cuerpo de un transpalé manual y un cilindro hidráulico más grande para conseguir un apilador.

Entre los apiladores manuales existen dos tipos claramente definidos:

– Apiladores con tracción y elevación manual.
– Apiladores con tracción manual y elevación eléctrica.

4.1.2.3 Carretillas elevadoras contrapesadas

Son los vehículos de manutención autopropulsados más utilizados en las zonas de carga y descarga de los almacenes.

Un aspecto que se debe tener en cuenta a la hora de seleccionar una carretilla elevadora destinada a efectuar la carga y descarga en un almacén, generalmente a

Figura 4.2. Carretilla elevadora contrapesada.

través de un muelle, es que la máquina debe poder entrar en el interior del camión y su mástil ha de facilitar una baja altura de gálibo, aun cuando las horquillas y, por tanto, la carga estén elevadas. Esto sólo se puede conseguir con un mástil elevador del tipo de elevación libre total.

Figura 4.3. Carretilla elevadora introducida en un contenedor para realizar su descarga.

4.2 Ejecución de un control de calidad inmediato

El control de calidad que se debe realizar en un almacén central ha de limitarse a la comprobación de la correspondencia entre el contenido del envase en que se recibe el producto respecto al continente.

Para facilitar la realización de esta función, los productos deberán llegar acompañados de un albarán en el que se detallen sus características, la denominación y la cantidad de producto que contiene cada envase. Con este albarán el personal que recepciona la mercancía debe hacer un muestreo selectivo, abriendo si fuera necesario algún envase y comprobando su contenido, tanto cualitativa como cuantitativamente.

Un segundo aspecto de este control de calidad es comprobar que el envase sea lo suficientemente resistente como para soportar el tiempo previsto de almacenamiento. En este sentido, si es necesario se debe modificar el embalaje para adaptarlo a las características del almacén, fundamentalmente si se trata de un almacén central, que recibe mercancías de diversas procedencias y proveedores.

4.3 Control e inventario de los productos almacenados

El control de los productos que se deben almacenar, es decir, su cuenteo previo, se ha de realizar inmediatamente después del control de calidad, nunca antes. Los datos resultantes se deben introducir en el ordenador central a través del terminal del departamento de recepción y, si hubiese alguna diferencia respecto al albarán que acompaña a las mercancías, formalizará sin más demora la reclamación correspondiente al centro de fabricación o, en su caso, al proveedor.

Una vez efectuada la entrada de la mercancía y registrada en el ordenador, éste debe facilitar una ubicación para cada producto, de acuerdo con el programa de almacenamiento que se haya establecido de antemano.

La operación de asignación de hueco puede evitarse, cuando se trata del almacén central de una fábrica, mediante la designación en origen de dicha ubicación. Este trámite se conoce como ubicación predeterminada. De esta manera, el trabajo de almacenamiento es mucho más ágil, dado que las mercancías pueden almacenarse según se van recibiendo, sin necesidad de esperar a que el ordenador del almacén asigne las ubicaciones.

Figura 4.4. Transmisión de datos por radiofrecuencia desde una carretilla equipada con un escáner para la lectura de códigos de barras y un ordenador.

Durante el proceso de salida se ha de efectuar la operación inversa, dando de baja en el ordenador central cada una de las mercancías remitidas, con el fin de que éste pueda utilizar el hueco vacío para la entrada de un nuevo lote de productos. Esta baja en tiempo real se debe realizar incluso cuando el propio ordenador produzca el albarán de salida, ya que entre el momento en que éste se emite y aquel en que la mercancía se retire realmente, ese espacio permanecerá ocupado. Si el ordenador no conoce este detalle y se da por supuesto que una vez confeccionado el albarán el hueco queda libre, puede asignarlo a un producto entrante; y si la entrada de mercancías se realiza a un ritmo diferente del de las salidas, podría darse el caso de que cuando el operador introdujese una nueva carga, encontrase el espacio ocupado.

4.4 Almacenamiento de las mercancías

El almacén central debe disponer de los medios mecánicos suficientes y necesarios para realizar un correcto almacenaje de las mercancías. Si éstas se reciben paletizadas, cabrá contar con los elementos de manutención descritos en los apartados anteriores u otros más sofisticados, como carretillas de mástil retráctil, carretillas trilaterales o transelevadores, para manejar las cargas con comodidad y seguridad e introducirlas en la zona de almacenamiento.

Si por el contrario la mercancía se recibe a granel, tal vez se precise contar con recursos para su envasado. Para ello se deberá disponer de tolvas, cucharas u otros elementos mecánicos, como minicargadoras o palas cargadoras, si el volumen y las características de los graneles lo requirieran.

En general no se puede efectuar un almacenamiento correcto ni tampoco exigir una determinada rentabilidad al almacén si no se le dota de los medios técnicos y humanos adecuados.

4.5 Preparación de pedidos de almacenes regionales

Como se dijo al inicio de este capítulo, una de las misiones de un almacén central es servir de reserva de los almacenes regionales o locales y, por tanto, una de sus funciones es la preparación de los pedidos que éstos le efectúen periódicamente; esta preparación, según sea el volumen del pedido o de la naturaleza de los productos de que se componga, puede ser diaria, semanal, mensual, bimensual, etc.

El aspecto más importante para lograr que un almacén central ejecute una óptima preparación de pedidos es realizar un almacenamiento correcto, con amplitud de espacios para que aquélla se pueda realizar, ya sea en estanterías o en el suelo.

Preferentemente, la preparación de pedidos en un almacén central se debe realizar en el suelo. Ello proporciona una doble ventaja: mayor capacidad de almacenamiento y más facilidad y rapidez en la preparación, ya que, en primer lugar, la posibilidad de llenar los huecos de las estanterías aumenta la capacidad de almacenamiento. Contrariamente, la preparación en estanterías hace que los huecos destinados a tal efecto estén la mayor parte del tiempo semivacíos.

En segundo lugar, la preparación de pedidos en el suelo permite que ésta se efectúe a una altura más idónea para que el personal desarrolle su trabajo; así se acrecienta su rendimiento y rapidez, y se reduce el número de errores. Esto se logra al cien por cien cuando los pedidos se programan adecuadamente; para ello es muy importante que:

- los pedidos se realicen, en la medida de lo posible, por unidades de carga completa;
- el almacén central conozca permanentemente las necesidades del resto de almacenes de la cadena de distribución y, por tanto, prevea los pedidos que éstos realizarán.

Figura 4.5. Zona de preparación de pedidos en un almacén.

¿Cómo se alcanza esa situación de excelencia? Sólo hay un sistema eficaz para lograrlo: la información. Cuanto más ágil y precisa sea la información, mejores serán los resultados.

Para ello es preciso mantener una comunicación en tiempo real entre todos los lugares de la cadena de distribución, desde el punto último de consumo final, que podemos establecer en el comercio que expende los productos, hasta el ordenador del centro de producción de los mismos.

El enlace entre estos puntos se podra efectuar a través de:

1. La comunicación desde el comercio al almacén regulador, vía ordenador a ordenador, mediante red de comunicación propia, internet o línea telefónica.
2. La comunicación desde el almacén regulador al selector de pedidos, vía operador a ordenador, mediante escáner u ondas de radio.
3. La comunicación desde el almacén regulador al almacén central, vía ordenador a ordenador, mediante red de comunicación propia, internet o línea telefónica.

Este sistema puede tener multitud de variaciones, que las empresas especializadas en sistemas de comunicación son las más adecuadas para facilitar.

4.6 Expedición rápida de los pedidos

En la expedición de pedidos el tiempo es fundamental para evitar roturas en las cadenas de distribución. Por ello decimos que una de las funciones básicas de un almacén central es la rápida expedición de los pedidos.

Ahora bien, esta rapidez es consecuencia directa de una correcta organización de los aspectos tratados en los apartados anteriores.

Si todas las funciones se han desarrollado correctamente, la expedición de pedidos será una cuestión sencilla y rápida. Por el contrario, si se producen atascos o «cuellos de botella» en algún punto, la expedición será un caos y, por tanto, adolecerá de lentitud.

Por ello es fundamental que el almacén central se gestione interiormente de forma coordinada. Ésa es con seguridad la responsabilidad más importante de un jefe de almacén.

5   Diseño de un almacén central

Una vez determinadas las necesidades exactas que requieren la localización, el volumen que se debe almacenar y los medios mecánicos que se van a utilizar, se gestiona la asignación de los espacios y, por ende, el diseño propiamente dicho del almacén.

Un almacén central debe estar formado por las siguientes secciones:

– Recepción.
– Control de calidad.
– Adaptación de unidades de carga.
– Almacenamiento.
– Preparación de pedidos.
– Expediciones.

Estas seis secciones o departamentos se agrupan en tres zonas:

- *Zona de recepción,* que engloba la recepción de las mercancías, el control de la calidad y la adaptación de las unidades de carga.

- *Zona de almacenamiento,* con o sin preparación de pedidos, en función de que ésta se realice o no en las estanterías.

- *Zona de expediciones,* en la cual estarán los departamentos de preparación de pedidos –tanto si ésta se realiza en el suelo o en las estanterías– y de expedición.

5.1 Zona de recepción

La zona de recepción estará situada inmediatamente contigua a la de muelles de descarga, y debe tener las dimensiones adecuadas para la recepción de las mercancías que se puedan recibir en una jornada completa de trabajo normal. Es conveniente disponer de una zona adicional suficientemente amplia para situaciones de incremento no programado de la recepción.

En el caso de que sea necesario efectuar adaptaciones de las unidades de carga recibidas, será preciso incrementar la superficie y los medios para efectuar esta tarea, lo que incluye:

– El personal.
– Los bancos de trabajo.
– Los útiles.
– La zona de almacenamiento de envases vacíos.
– El sistema de eliminación o modificación de envases primitivos.

5.2 Zona de almacenamiento

La zona de almacenamiento de un almacén central puede estar formada por una sola sección o segmentarse en varias secciones.

Como el objeto de este libro es facilitar al lector la mayor información posible acerca de las diferentes posibilidades, consideraremos que el almacén utópico del que hablamos recibe diversos tipos de productos, en diferentes cantidades y con índices de rotación distintos.

Para efectuar el diseño de un almacén de estas características, lo primero que se debe realizar es un estudio de los índices de rotación de los productos que se deben almacenar, clasificándolos en tres categorías:

- Productos con bajo índice de rotación.
- Productos con índice de rotación medio.
- Productos con alta rotación.

La determinación de estas tres categorías quizá no sea tan precisa como desearíamos, pero en cualquier caso se debe efectuar designando un índice medio. Los productos que se encuentren en su entorno se considerarán como de rotación media, los que se alejen mucho por debajo, de baja rotación, y los que se alejen muy por encima, de alta rotación.

Una vez determinados los productos y sus volúmenes, se procederá a la ubicación de los mismos en el almacén. Para ello consideraremos:

- *Las mercancías de baja rotación,* que suelen ser aquellas que se consumen por grandes volúmenes y que pocas veces se solicitan en grandes cantidades. Por tanto, este tipo de mercancías suele requerir un gran volumen de almacenamiento, aunque normalmente no precisa de una gran accesibilidad.

- *Las mercancías de rotación media,* que presentan la peculiaridad de que a la frecuencia media de su solicitud se une también la cantidad media por pedido. Por tanto, asimismo necesitan de una rapidez media de salida y requieren de una gran accesibilidad.

- En *las mercancías de alta rotación* lo que prima es precisamente su accesibilidad, ya que estos productos se suelen solicitar muchas veces. No obstante, en la mayoría de las ocasiones esta solicitud está más motivada por la falta de almacenamiento de reserva en el almacén regional que por una excesiva demanda, ya que cuando esto último se produce suele pasar a la categoría de producto de baja rotación. Por tanto, en estos productos lo más importante es conseguir un almacenamiento con alta velocidad de extracción.

Así pues, en un almacén central de estas características se debe instalar:

- Una *zona de almacenamiento en bloque* para los productos de baja rotación, en los que prima más el volumen que la accesibilidad o la velocidad de extracción.

  Este almacenamiento, en función de la cantidad de producto que se debe almacenar y del volumen de almacén disponible, se podrá realizar bien mediante bloques puros, o mediante alguno de los sistemas de almacenamiento en bloque con estanterías, tipo *drivers* o dinámicas.

- Una *zona de almacenamiento con estanterías* que, en función de la cantidad de productos de alta rotación que existan, podrá ser bien de almacenamiento simple o de almacenamiento mixto, es decir, con estanterías de preparación de pedidos incorporadas.

  Si el almacenamiento es simple se puede elegir entre un almacén con carretillas convencionales (necesitan pasillos entre 3,5 y 4 m), carretillas retráctiles (pasillos entre 2,5 y 3 m), carretillas trilaterales (pasillos entre 1,6 y 2,2 m) o transelevadores (pasillos inferiores a 1,7 m).

Figura 4.6. Zona de almacenamiento con estanterías y medios mecánicos de manutención.

Ahora bien, la elección entre unos u otros medios no estará sólo en función del pasillo que éstos necesiten, sino principalmente en la relación que exista entre el volumen de almacenamiento que se precise y del que se disponga. También será necesario tener en cuenta las diferentes capacidades de elevación de cada uno de estos tipos de máquinas:

- Carretillas convencionales, máximo entre 6 y 7 m.
- Carretillas retráctiles, máximo entre 8,5 y 9,5 m.
- Carretillas trilaterales, máximo entre 14 y 15 m.
- Transelevadores, sin límite aparente.

Otro factor muy importante para tener en cuenta es el costo de la inversión, pues cuanto más sofisticado sea el sistema, mayor será su costo.

Si el número de productos con un índice de rotación alto es muy elevado, conviene diseñar una zona de almacenamiento mixta, es decir, con estanterías de *picking*. Sin embargo, dado que la preparación de pedidos más rápida se suele efectuar a la altura más baja posible, mientras que el almacenamiento más rentable se produce a la mayor altura posible, es conveniente disponer de un almacén con *picking* hasta media altura y de almacenamiento en el resto.

5.3 *Zona de expediciones*

La última zona de un almacén central, aunque no por ello la menos importante, es la de expediciones. En ella se debe efectuar la preparación y el embalaje, si procede, de los pedidos del resto de los almacenes de la cadena y, por ello, ha de contar con los medios adecuados. Además, esta zona será la que ofrecerá la imagen exterior del almacén y, por tanto, no conviene escatimar dichos medios bajo ningún concepto.

Si la preparación de pedidos previa se efectua en las estanterías, el trabajo de esta zona se simplifica en gran medida. En cualquier caso, el personal de preparación debe depender del departamento de expediciones, ya que éste será el encargado de regular sus actividades, en función de la demanda externa.

Si el almacén central ha sido suficiente y eficientemente informatizado, el trabajo de preparación de pedidos se reducirá a la colocación de los productos por lotes en una zona adecuada.

Por ello, esta zona debe estar bien dimensionada para alojar todos los pedidos que se expidan en una jornada normal, aunque de nuevo será preciso disponer de una zona de posible expansión para absorber la demanda no programada que se pueda producir en un momento dado.

Esta zona deberá estar ubicada lo más próxima posible a los muelles de carga.

6   La distribución física

No se puede concebir la distribución física como una única actividad individual, ni de almacenaje ni de transporte, ya que ambas están íntimamente unidas. Por eso, día a día los responsables de las empresas de distribución son más conscientes de la importancia que tienen en su negocio tanto el almacenaje como el transporte, de forma tan interrelacionada que si una de las dos actividades falla el negocio se va a pique. Con el fin de reducir costes tratan de organizar mejor ambos aspectos, y mejorar así la calidad de sus servicios, especialmente en lo que atañe a la cumplimentación de los pedidos y a su entrega a los clientes.

Pero el problema de mejorar los sistemas de distribución siempre es complicado, ya que en la distribución física intervienen muchos factores. Unos son inherentes a la distribución en sí: las variaciones diarias y estacionarias, los cambios en la estructura de los clientes, etc. Pero otros, a pesar de ser ajenos, tambien afectan a la distribución, como ocurre por ejemplo con las fluctuaciones de orden económico y los cambios en la legislación, ya sea ésta autonómica, nacional o supranacional, especialmente la que se refiere a las características y peso de los camiones.

Los avances en el terreno de la informática, las comunicaciones y el almacenaje industrial, han ayudado en gran medida a la distribución física en aspectos como:

– La organización y estructuración de los almacenes de distribución.
– El dimensionado de los parques de vehículos.
– La organización de los turnos de reparto.

Figura 4.7. Zona de expediciones de un almacén.

Ni que decir tiene que el desarrollo de todos estos ámbitos requiere personal perfectamente preparado y experimentado en la aplicación de las nuevas técnicas de gestión.

Por otra parte, no existe ningún libro capaz de aclarar a cada uno de los responsables del área de distribución cuáles son los métodos más acertados que se deben utilizar para resolver sus problemas; sin embargo, será muy útil la exposición de algunos métodos sobre el modo de:

- definir el sistema de distribución óptimo;
- organizar la distribución dentro del almacen; y
- mejorar los sistemas de manutención.

7   Organización y estructuración de un almacén de distribución

Para organizar y estructurar un almacén de distribución, lo primero que hay que tener en cuenta es la variedad de artículos que confluirán en ese centro.

En un almacén de distribución es imprescindible disponer de los espacios necesarios para el almacenaje de articulos diversos, con índices de rotación muy variables, tamaños distintos y, sobre todo, que requieren un número de existencias previsibles diferentes.

7.1 Pasos previos para el diseño de un centro de distribución

En el momento de diseñar un almacén o centro de distribución, a tenor de los aspectos antes expuestos, es necesario efectuar un análisis previo de los artículos que se han de almacenar.

Este análisis debe tener en cuenta dos factores principales:

- El índice de rotación de los productos.
- La cantidad media de productos por pedido.

7.1.1 Índices de rotación

El estudio del primero de estos factores nos depara tres categorías de productos:

- Mercancías con bajo índice de rotación.
- Mercancías con índice de rotación medio.
- Mercancías con alta rotación.

7.1.1.1 Mercancías con bajo índice de rotación

En el ámbito de la distribución se considera que una mercancía tiene un bajo índice de rotación cuando el número de pedidos por cliente y período que se producen es inferior al 10 % de los pedidos totales que dicho cliente efectúa durante ese período.

7.1.1.2 Mercancías con índice de rotación medio

Cuando el número de pedidos en los que aparece la mercancía que se debe analizar supera el 10 % pero es inferior al 50 % de los pedidos medios de un cliente durante un período de tiempo determinado, se dice que dicha mercancía tiene un índice de rotación medio.

7.1.1.3 Mercancías de alta rotación

Se consideran mercancías de alta rotación las que intervienen en más del 50 % de los pedidos.

7.1.2 Cantidad media por pedido

El segundo factor de análisis lo representa la cantidad media por pedido, que ofrece una clasificación de mercancías que cabe considerar:

- Mercancías de poco volumen.
- Mercancías de volumen medio.
- Mercancías de gran volumen.

7.1.2.1 Mercancías de poco volumen

Son aquellas que se incluyen en el promedio de pedidos en pequeñas cantidades y pueden alcanzar desde una sola unidad hasta no más de diez unidades por pedido.

7.1.2.2 Mercancías de volumen medio

Son las que se incluyen en los pedidos en una cantidad media. Su número se obtiene mediante la división de la cantidad total de todas las mercancías pedidas en un período dado por el número de pedidos recibidos en el mismo, sin que este período deba ser inferior a un mes ni superior a seis.

Toda mercancía que tenga una cantidad media por pedido comprendida entre el 70 y el 150 % de la cifra media anteriormente obtenida, siempre y cuando el extremo inferior de ésta sea igual o superior a diez unidades, se debe considerar como de volumen medio. Para la consideración numérica de la misma, es preciso tener en cuenta un entorno mínimo y máximo, en función de la cantidad mínima y máxima de mercancía solicitada en dicho período.

7.1.2.3 Mercancías de gran volumen

Toda mercancía cuya cantidad media por pedido supere el 150 % de la media de todos los pedidos recibidos en el período anteriormente considerado, debe ser clasificada como mercancía de gran volumen.

El análisis de estos dos aspectos muestra que generalmente, salvo raras excepciones, las mercancías de bajo índice de rotación se encuentran en la clasificación de las de gran volumen, es decir, son mercancías que se piden pocas veces pero cada pedido incluye una gran cantidad.

Un análisis histórico de este tipo de mercancías indica que si una mercancía permanece durante mucho tiempo en esta categoría, acaba por transformarse en mercancía de rotación y volumen medio, ya que dicha permanencia demuestra un consumo estable y esta estabilidad es precisamente la que produce ese cambio de clasificación.

Por esta razón, las mercancías de rotación media suelen estar incluidas también en las de volumen medio y, al igual que ocurre con las anteriores, la estabilidad en el consumo es lo que las hace estar en estas categorías. Si dicho consumo se desestabiliza suelen pasar casi automáticamente a la categoría de poca rotación, e incluso a la de gran volumen.

Las mercancías de alta rotación son aquellas que poseen una demanda de consumo muy elevado y generalmente suelen estar incluidas también en la categoría de poco volumen, es decir, son mercancías que se piden muy frecuentemente pero en pequeñas cantidades; asimismo son muy inestables y suelen pasar muy rápidamente a la categoría de medio volumen y rotación media, pues los almacenes y centros de consumo, a la vista de la gran demanda que tienen, suelen aprovisionarse en mayor medida con el fin de tener una menor dependencia del centro de distribución.

Una vez estudiado y analizado el comportamiento de cada uno de los productos que se pueden almacenar en el centro de distribución, es preciso tener presente que en el mismo se han de realizar dos trabajos muy distintos, pero a la vez estrechamente interrelacionados: el almacenamiento y la preparación de pedidos.

8 El almacenamiento en la distribución

El almacenamiento es uno de los aspectos más importantes de la distribución, por cuanto el objetivo de un almacén de distribución debe ser doble:

– Conseguir el espacio suficiente.
– Conseguir la accesibilidad máxima.

8.1 Cómo conseguir espacio suficiente

Conseguir el espacio suficiente para que el almacén sea capaz de alojar en todo momento las mercancías que reciba es uno de los objetivos más difíciles de alcanzar. Para ello, la única opción posible es elegir adecuadamente el sistema de almacenamiento que cabe emplear.

Recordando apartados anteriores, la clasificación de los métodos de almacenamiento existentes, ordenados de mejor a peor aprovechamiento del espacio, la recoge el apartado 8.1.1.

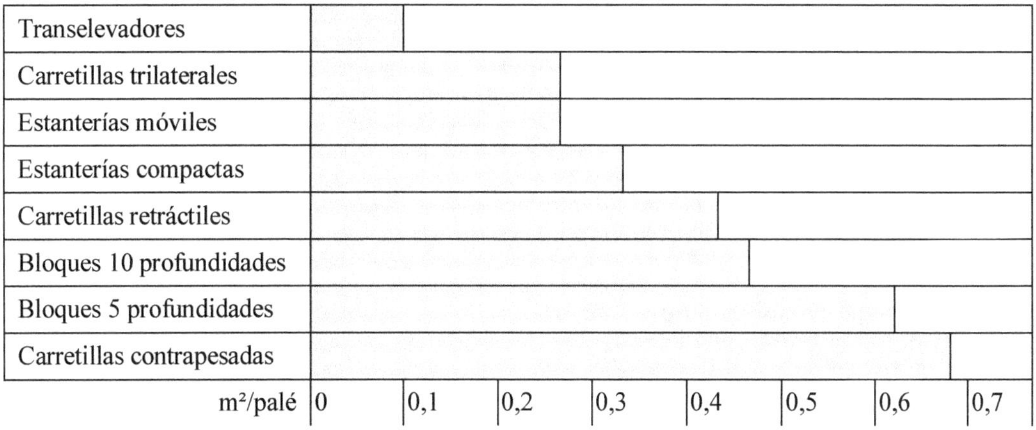

Sistema	m²/palé (barra)
Transelevadores	■
Carretillas trilaterales	■■■
Estanterías móviles	■■■
Estanterías compactas	■■■■
Carretillas retráctiles	■■■■■
Bloques 10 profundidades	■■■■■■
Bloques 5 profundidades	■■■■■■■
Carretillas contrapesadas	■■■■■■■■

Escala m²/palé: 0 — 0,1 — 0,2 — 0,3 — 0,4 — 0,5 — 0,6 — 0,7

Tabla 4.1 .Cuadro comparativo de utilización del espacio,
según los diferentes sistemas de almacenamiento.

8.1.1 Utilización del espacio

1. Almacenamiento en bloque compacto.
2. Almacenamiento en bloque sobre estanterías.
3. Almacenamiento en bloque mediante estanterías móviles.
4. Almacenamiento con pasillos, utilizando transelevadores.

5. Almacenamiento con pasillos, utilizando carretillas trilaterales.
6. Almacenamiento con pasillos, utilizando carretillas elevadoras retráctiles.
7. Almacenamiento con pasillos, utilizando apiladores con conductor sentado.
8. Almacenamiento con pasillos, utilizando apiladores con conductor acompañante.
9. Almacenamiento con pasillos, utilizando carretillas elevadoras contrapesadas.

Esta clasificación se refiere exclusivamente al aprovechamiento de la superficie, pero se trata sólo de uno de los factores que influyen en la optimización del almacenaje. El otro factor, más importante incluso que éste, es el aprovechamiento del volumen.

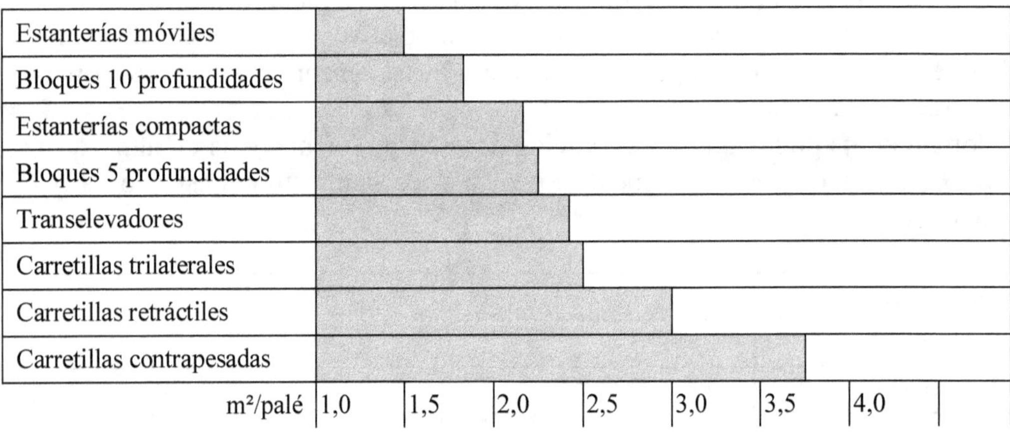

*Tabla 4.2. Cuadro comparativo de utilización del volumen de los distintos
sistemas de almacenamiento.*

8.1.2 Utilización del volumen

Para aprovechar al máximo el volumen se deben combinar varios métodos, los cuales se podrían clasificar como sigue:

1. Almacenamiento con estanterías móviles.
2. Almacenamiento en bloques de diez profundidades.
3. Almacenamiento en estanterías compactas.
4. Almacenamiento en bloques de cinco profundidades.
5. Almacenamiento con transelevadores.
6. Almacenamiento con carretillas trilaterales.
7. Almacenamiento con carretillas retráctiles.
8. Almacenamiento con carretillas contrapesadas.

Las tablas 4.1 y 4.2 muestran cuál es la mejor utilización del espacio y el volumen, respectivamente, en los diferentes métodos citados.

8.2 Cómo conseguir la maxima accesibilidad

Como ya se dijo, en un almacén de distribución también es preciso conseguir un segundo objetivo: el mejor acceso posible a todos los productos.

En este sentido, la tabla 4.3 muestra cuál es el grado de eficacia de cada uno de los sistemas utilizados.

GRADO DE EFICACIA ALMACENAMIENTO	SISTEMA DE ALMACENAMIENTO					
	Bloque puro	*Estanterías compactas*	*Estanterías convencionales*	*Estanterías pasillos estrechos*	*Estanterías dinámicas*	*Estanterías móviles*
Utilización del volumen	100 %	65 %	50 %	55-80 %	80 %	80 %
Utilización efectiva	75 %	75 %	100 %	90 %	70 %	100 %
Preparación de pedidos	10 %	30 %	100 %	100 %	40 %	100 %
Velocidad movimiento palés	Muy alta	Escasa	Buena	Buena	Alta	Buena
Aplastamiento mercancía	Mucho	Ninguno	Ninguno	Ninguno	Poco	Ninguno
Estabilidad de la carga	Pobre	Buena	Buena	Buena	Regular	Buena
Flexibilidad instalación	–	Regular	Buena	Regular	Escasa	Difícil
Rotación existencias	Pobre	Pobre	Buena	Buena	Excelente	Buena
Acceso carga individual	Mala	Mala	Excelente	Buena	Mala	Buena

Tabla 4.3. Tabla comparativa del grado de eficacia en los distintos sistemas de almacenamiento.

8.2.1 Grado de accesibilidad

1. Almacenamiento en estanterías convencionales, utilizando carretillas elevadoras contrapesadas y retráctiles.
2. Almacenamiento en estanterías móviles, utilizando carretillas elevadoras contrapesadas y retráctiles.
3. Almacenamiento en estanterías de pasillos estrechos, utilizando carretillas trilaterales.
4. Almacenamiento en estanterías de pasillos estrechos, utilizando transelevadores.
5. Almacenamiento en estanterías dinámicas.

6. Almacenamiento en estanterías compactas sistema *drive-trought*.
7. Almacenamiento en estanterías compactas sistema *drive-in*.
8. Almacenamiento en bloques.

Figura 4.8. Almacenamiento en bloque de mercancías de referencia única.

Conviene recordar, sin embargo, que la accesibilidad a que nos estamos refiriendo corresponde a una carga determinada y puede ser diferente a otra relativa a cualquier otro producto, siempre y cuando éste se pueda retirar en bloque.

Por tanto, no existe un sistema de almacenamiento ideal para un centro o almacén de distribución. Así, lo más recomendable es conjugar las distintas opciones disponibles en función de las características de cada producto.

9   Ubicación de las mercancías

9.1 Ubicación de las mercancías de baja rotación

Como ya se indicó en apartados anteriores, las mercancías de baja rotación poseen la peculiaridad de que a pesar de que el número de veces que se las solicita es muy

bajo, el número de unidades que se pide en cada pedido suele ser muy alto. Ello obliga a disponer de un gran volumen para su almacenamiento.

Dadas estas peculiaridades, resulta conveniente agrupar dichas mercancías en una zona que permita un acceso rápido en un momento dado, es decir, cuando se produce el pedido, sin que dificulten la gestión normal del resto del almacén.

Así pues, para este tipo de mercancías están perfectamente indicados los diversos sistemas de almacenamiento en bloque.

Si la naturaleza de las mercancías lo permite, es decir, si ofrece la suficiente resistencia y estabilidad –por estar debidamente paletizada y embalada en cajas de madera o cartón resistente, por ejemplo–, se puede efectuar incluso un almacenaje en bloque simple. Sin embargo, a menos que el embalaje sea de madera, las cargas que se deben apilar nunca serán mas de tres.

Si la resistencia de las mercancías no es muy grande o si la cantidad de mercancías para almacenar es excesiva, es conveniente recurrir a la utilización de alguno de los sistemas de estanterías compactas ampliamente descritos en los capítulos anteriores, tales como los *drivers* o los dinámicos.

9.2 Ubicación de las mercancías de rotación media

El principal problema que presenta la ubicación de las mercancías de rotación media es que, además de precisar de un gran volumen de almacén –ya que este tipo de mercancías suele ser mayoritario–, necesitan una accesibilidad plena a cada una de las cargas individuales.

Figura 4.9. Almacenamiento con pasillos de mercancías de referencia única.

Para alcanzar este elevado grado de accesibilidad, ya se dijo que es necesario utilizar estanterías convencionales o móviles que, además, deben estar atendidas por carretillas elevadoras de cualquier tipo que eviten que se produzca el colapso de algún pasillo en determinadas circunstancias.

9.3 Ubicación de las mercancías de alta rotación

El problema de este tipo de mercancías es significativo, ya que su principal característica es que apenas pueden permanecer almacenadas. Así pues, el factor primordial para elegir la ubicación de dichas mercancías es la accesibilidad, conjugada con la facilidad de salida.

Recordemos que este tipo de mercancías suele poseer la peculiaridad de estar incluido en la categoría de mercancías de pequeño volumen, por lo que generalmente también son muy abundantes.

Dadas estas características, la forma ideal de almacenarlas es dentro de una zona específica para preparación de pedidos manual, en la que se podrán ubicar en pequeñas cantidades y donde la accesibilidad será máxima en todo momento.

10 La zona de preparación de pedidos

El siguiente aspecto que cabe contemplar en un almacén o centro de distribución es el de la preparación de pedidos. El almacén debe estar perfectamente preparado para realizar esta función, que puede ser tanto o más importante que la del propio almacenamiento.

Cada mercancía posee sus propias particularidades en cuanto a su preparación como pedido, de modo que la doble clasificación que hicimos anteriormente respecto a los índices de rotación y al volumen, también nos es válida ahora, para el estudio de su preparación.

En la preparación de pedidos consideramos dos variantes:

- Pedidos de cargas completas.
- Pedidos de elementos individuales.

La preparación de pedidos por medio de cargas completas se realiza con facilidad: basta con extraer las cargas de la zona de almacenamiento y trasladarlas a la zona de expediciones.

La clasificación efectuada páginas atrás respecto a los tipos de mercancías según su rotación también es aplicable para determinar el sistema más adecuado en la preparación de pedidos de un centro de distribución.

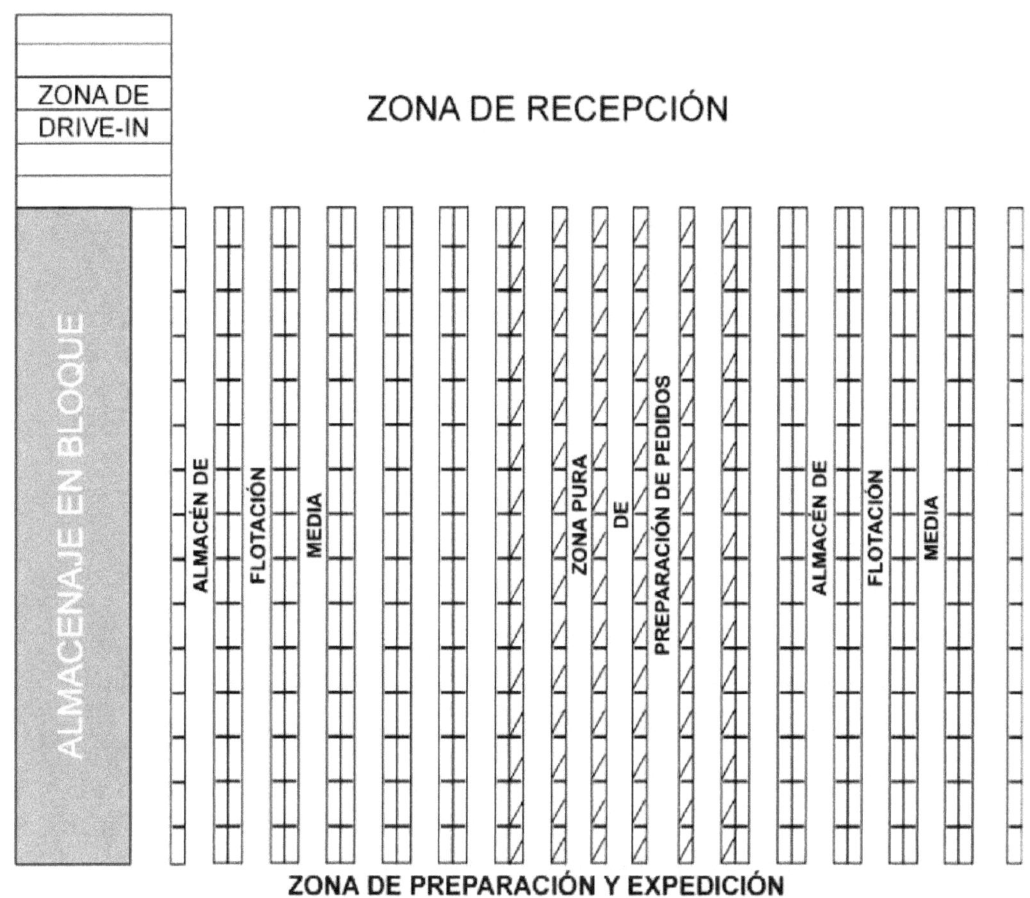

Figura 4.10. Almacén de distribución diseñado según el principio « fi-fo».

Las mercancías de baja rotación están incluidas asimismo en la clasificación de mercancías de gran volumen, por lo que se pueden considerar, y de hecho así se hace, como mercancías que salen del almacén como cargas completas y que, por tanto, no necesitan de ninguna preparación.

El mayor problema de la preparación de pedidos se presenta en las mercancías de rotación media y, sobre todo, en las de alta rotación. Estas últimas se deben almacenar directamente en estanterías de *picking* manual, dada su altísima velocidad de salida. Por su parte, las mercancías de rotación media, que suelen requerir un mayor volumen de almacenaje, también precisan de una buena velocidad de salida, dado que intervienen en más del 50 % de los pedidos.

Así pues, el diseño del almacén de distribución debe aglutinar tres sistemas fundamentales de almacenaje: en bloque, con estanterías convencionales y con estanterías de *picking* manual, en las proporciones que requiera cada una de las clasificaciones de las mercancías.

La figura 4.10 muestra una posibilidad del tipo de almacén de distribución que se puede gestionar. Este almacén responde al principio «fi-fo»; por ello tiene separadas y opuestas las zonas de recepción y expedición, de forma que las mercancías entran al almacén por un frente y salen por el opuesto, siendo almacenadas en el centro.

El almacén de la figura 4.10 tiene dos zonas de almacenamiento compacto, una con estanterías tipo *drive-in* y otra con almacenamiento puro en bloques, para alojar a las mercancías de baja rotación y gran volumen.

La zona de almacenamiento simple está dividida en dos partes separadas por otra zona de preparación de pedidos, que actua de centro de recolección de las otras dos. Esta zona de preparación está formada por estanterías de cuerpos sencillos, de forma que para conseguir una alta velocidad de extracción se cargan por un pasillo y se extrae la mercancía por el otro.

11 Transporte y reparto de las mercancías

En la distribución física existe otro aspecto íntimamente ligado al almacenaje y que, por tanto, hay que considerar al definir los parámetros que la componen. Hablamos del transporte y del reparto de las mercancías.

Se entiende por transporte de mercancías la operación de proceder a su traslado desde el centro de distribución al almacén secundario o al punto de consumo final.

Las mercancías se transportan a dichos lugares mediante pequeños camiones, dado que las legislaciones urbanas impiden el tránsito de camiones de gran tonelaje por las ciudades. Ya que las dimensiones de los camiones son pequeñas, es importante aprovechar el espacio al máximo. Para ello es fundamental efectuar de forma adecuada la carga del camión.

Existen diferentes sistemas de carga de los camiones de reparto. Una primera clasificación sería:

– Carga desde el suelo.
– Carga desde el muelle.

11.1 Carga desde el suelo

Cargar un camión desde el suelo supone elevar la mercancía hasta su nivel y, posteriormente, introducirla en el mismo. Elevar la carga al nivel del camión se puede realizar de dos formas diferentes:

– Mediante equipos mecánicos independientes.
– Mediante equipos mecánicos incorporados.

Llamamos equipos mecánicos independientes a todos aquellos que se mueven por sí solos y cuya utilización no está reservada exclusivamente a la carga de un camión determinado. En este tipo de equipos podemos encontrar los apiladores, ya sean con conductor acompañante o montado, y las carretillas elevadoras contrapesadas o retráctiles.

Estos equipos trasladan las mercancías desde el interior del almacén hasta el pie del camión y, una vez alcanzado éste, la elevan para su introducción en el vehículo. Se puede acceder al mismo por los laterales o, indistintamente, por la parte trasera.

Por el contrario, llamamos equipos mecánicos incorporados a aquellos dispuestos en determinados camiones de reparto, cuya utilización está limitada al mismo y requiere del accionamiento del propio camión. Entre estos equipos se encuentran las plataformas elevadoras y las grúas mecánicas sobre camión. Las primeras, colocadas en la parte trasera del camión sustituyendo a la trampilla clásica, elevan hasta el nivel del camión una carga depositada sobre ellas. Las segundas van montadas en la parte inmediatamente posterior a la cabina del camión, entre ésta y la caja o directamente en la caja, y están provistas de un gancho con el cual elevan las mercancías para depositarlas sobre la plataforma del camión.

Una vez alcanzada la altura del piso del camión, el siguiente paso es la introducción y colocación de las cargas en el interior del mismo. Para ello pueden utilizarse tres métodos:

1. Introducción y colocación mediante raíles.
2. Introducción y colocación mediante transpalés.
3. Utilización de *roll-tainers*.

11.1.1 Introducción y colocación mediante raíles

Este método consiste en depositar las cargas sobre unos raíles integrados en la plataforma del camión, ya sea en sentido longitudinal, para carga posterior, o en sentido transversal, para carga lateral. Una vez depositadas las cargas en ellos, basta con empujarlas manualmente o mediante la carga siguiente para conseguir su perfecta colocación.

11.1.2 Colocación mediante transpalés

Es muy habitual la utilización de transpalés, generalmente manuales, en el interior de los camiones para la introducción y colocación de las cargas. Los transpalés recogen las mercancías tan pronto son puestas al nivel de la plataforma de carga del vehículo, las introducen y las colocan adecuadamente en la caja del mismo.

11.1.3 Uso de roll-tainers

El *roll-tainer es* una especie de cestón no apilable, muy utilizado en distribución. Está configurado por dos laterales de rejilla metálica, que pueden ser desmontables o fijos, unidos a una plataforma de carga montada sobre ruedas. Los roll-tainer se elevan a la plataforma del camión y, una vez sobre ella, se colocan en él fácilmente.

11.2 Carga desde el muelle

Se realiza mediante el acoplamiento del camión al muelle de carga. En el capítulo 2 se describen los distintos tipos de muelles de carga existentes y sus aplicaciones.

Una vez acoplado el camión al muelle, se utilizan dos medios para la introducción de las cargas:

- Con el uso de material rodante.
- Mediante plataformas deslizantes.

11.2.1 Con el uso de material rodante

La introducción mediante material rodante consiste en la utilización de transpalés, ya sean manuales o autopropulsados, o de carretillas elevadoras.

Si las cargas que se van a introducir son de altura completa, es decir, tienen una altura total próxima a la altura libre del camión, la introducción en el mismo puede efectuarse indistintamente con uno u otro medio.

Si, por el contrario, las cargas tienen una altura intermedia, será preciso recurrir a carretillas elevadoras provistas de un mástil especial, con elevación libre total, para poder depositar la segunda carga encima de la primera.

Si se utilizan *roll-tainers,* éstos se pueden introducir y colocar en el camión simplemente empujándolos, bien sea a mano o con cualquier medio mecánico existente.

11.2.2 Mediante plataformas deslizantes

Un segundo método para cargar los camiones desde el muelle consiste en la utilización de plataformas deslizantes.

Estas plataformas tienen las dimensiones exactas de los camiones y se instalan en los muelles de carga, de tal forma que puedan introducirse directamente en ellos. Se cargan antes de la llegada de los camiones; así, de esta manera, cuando el camión llega al muelle, en pocos segundos se puede realizar su carga.

El uso de estas plataformas está restringido a los camiones de reparto propios con características idénticas en cuanto a dimensiones y altura de la plataforma, ya que la configuración de éstas impide su utilización en otros muelles distintos a los totalmente horizontales.

12 La preparación de pedidos

En un almacén, la «preparación de pedidos» consiste en la recogida y combinación de cargas no unitarias que conforman el pedido de un cliente. Esto es habitual en casi cualquier tipo de almacén, cuando se agrupan productos o materiales para proceder a su traslado.

La preparación de pedidos y la manipulación de cargas unitarias están directamente relacionados con el ciclo de reposición de existencias y con el proceso de envío de pedidos preparados.

Los pedidos se preparan de diferentes maneras; a veces lo hace un operario que simplemente agrupa los elementos del pedido moviéndose a pie por el almacén, y otras se utilizan sofisticados sistemas automáticos de preparación mecanizada. Cada uno de los métodos de preparación tiene una aplicación ideal y unas limitaciones propias.

12.1 Métodos de preparación de pedidos

La metodología para la preparación de pedidos establece, en primer lugar, que éstos se pueden realizar a diferentes niveles:

– Preparación a nivel del suelo.
– Preparación a nivel bajo.
– Preparación a nivel medio.
– Preparación a nivel alto.

Como cada uno de estos niveles tiene su propia metodología, a continuación se detallan uno a uno.

12.1.1 Preparación de pedidos a nivel del suelo

Es la que se realiza cuando se sitúa en el suelo una serie de cargas completas, que servirán para la formación de los pedidos finales.

*Figura 4.11. Pedidos preparados a nivel de suelo para su expedición en
un almacén de distribución.*

12.1.1.1 Sistemas para su realización

El sistema más adecuado para la preparación de pedidos a nivel del suelo consiste
en agrupar las cargas completas en un reducto o zona acondicionada, para que la
preparación sea lo más rápida posible. Con este objetivo, podemos disponer las
cargas de las siguientes maneras:

- **En una sola fila**
  Si el número de componentes del pedido medio no es demasiado elevado, se
  sitúan las cargas en una sola fila, de modo que el preparador pueda realizar
  su trabajo con el menor esfuerzo y en un tiempo prudencial. Esta disposición
  también es aplicable cuando el espacio disponible lo exige, por ejemplo
  cuando la zona de preparación es alargada.

- **En dos o varias filas paralelas**
  Cuando el número de cargas para colocar es elevado o bien cuando existe la
  posibilidad de duplicar o multiplicar la zona de preparación, deben disponerse las cargas en filas paralelas, dejando entre ellas un pasillo para el tránsito
  de los preparadores.

- **Formando una «U»**
  Otro modo de situar las cargas, que puede aplicarse tanto si hay muchas como pocas, es la disposición en forma de «U», que ofrece la ventaja sustancial de que permite una preparación muy rápida, aunque adolece del inconveniente de necesitar más espacio para su realización.

En cualesquiera de las tres disposiciones enunciadas lo principal es procurar que, con el fin de agilizar el trabajo, en la zona de preparación de pedidos pueda trabajar simultáneamente más de un preparador.

12.1.1.2 Razones para escoger la preparación de pedidos a nivel del suelo

Es la que menor inversión requiere. Esto podría ser un motivo suficiente para elegir esta opción; sin embargo, existen otros factores para recomendarla:

- **Velocidad de preparación**
  La disposición de las cargas unitarias en el suelo exige menor tiempo para efectuar la búsqueda de piezas o elementos que conforman el pedido, con lo que se reduce el tiempo de preparación del mismo.

- **Facilidad de acceso**
  Siempre es más fácil acceder a una mercancía colocada ordenadamente en el suelo que a mercancías situadas a diferentes niveles.

- **Menor posibilidad de error**
  Poder aproximarse físicamente a la parte o pieza que se debe recoger facilita su identificación y, por tanto, su control es más exacto. Esto reduce sensiblemente la posibilidad de errores, tanto en la recogida como en el control inmediato.
  Conviene recordar que este sistema presenta una dificultad esencial. Si no se dispone de espacio suficiente, su aplicación debe limitarse a un pequeño número de referencias.

12.1.1.3 Medios más adecuados para la preparación de pedidos a nivel del suelo

Son, básicamente, los siguientes:

- Transpalés manuales.
- Transpalés autopropulsados con conductor a pie.

– Transpalés autopropulsados con conductor montado.

En general, tanto los transpalés en todas sus versiones como un simple carro manual pueden ser válidos para la preparación de pedidos a nivel del suelo, pero el vehículo ideal, diseñado para realizar la preparación de varios pedidos al mismo tiempo, es el selector o preparador de pedidos a nivel bajo.

El selector de pedidos a nivel bajo es un transpalé de horquillas extralargas, de 1,60 a 2,40 m de longitud. Existen diversas versiones de esta máquina, aunque para una preparación de pedidos a nivel del suelo sólo es recomendable la más sencilla, es decir, aquella que tiene su origen en un transpalé simple con horquillas alargadas.

En este aparato las horquillas de gran longitud permiten la realización simultánea de varios pedidos –que en algunos casos pueden llegar hasta tres– utilizando una sola máquina y, por tanto, un solo operador.

Dado que normalmente para la preparación de pedidos se utilizan los palés, los contenedores o los *roll-tainers* sobre palés, en todos los casos de normativa europea (de 800 × 1.000 o 1.200 mm), es posible colocar hasta 3 × 800 mm = 2.400 mm.

12.1.2 Preparación de pedidos a nivel bajo

Así se denomina la preparación de pedidos que se realiza a niveles superiores al del suelo, pero que puede llevarla a cabo un operario de pie o, como máximo, subido a la parte más alta del cuerpo de un transpalé autopropulsado.

La preparación de pedidos a nivel bajo se puede efectuar mediante la toma de piezas o paquetes individuales previamente almacenados en forma de unidades de carga, o bien de alvéolos de estanterías cargados previamente con estas unidades.

Así pues, esta preparación se diferencia de la que se efectúa en el suelo, que consiste invariablemente en la toma de partes de una unidad de carga, mientras que la preparación a nivel bajo no requiere esta condición, ya que se puede realizar mediante la toma de piezas o partes sueltas previamente separadas y colocadas en los huecos de una estantería especial para *picking* manual.

12.1.2.1 Cuándo se debe utilizar el sistema de preparación a nivel bajo

La elección del sistema más adecuado para la preparación de pedidos está relacionada directamente con el número de pedidos/jornada que se deben preparar. Por ello, los factores que influyen para escoger este sistema son: espacio y tiempo.

- **Influencia del factor espacio**
  Cuando el número de referencias que se van a utilizar en el pedido medio su-

pera la capacidad del espacio destinado a la preparación y, por tanto, ésta no se puede efectuar a nivel del suelo, se puede instalar en la zona de preparación un sistema de estanterías, con dos o más niveles de carga.

La elección del número de niveles de carga y su tamaño depende del volumen de las unidades de carga o de las partes individuales que se han de manejar.

- **Influencia del factor tiempo**

  Siempre que la ejecución de un número de pedidos/jornada excesivamente alto comporte que la secuencia de preparación clásica «toma de la unidad de carga-colocación en el pedido» resulte demasiado lenta, es conveniente recurrir a un sistema de estanterías de *picking* manual a nivel bajo.

  Con este tipo de estantería la forma de trabajo cambia drásticamente y la preparación se realiza en dos fases:

  1. Carga de las estanterías.
  2. Preparación de los pedidos propiamente dicha.

  En la primera fase se procede a cargar las estanterías con piezas y partes sueltas, extraídas bien de la zona de reserva o de otra zona de preparación a nivel del suelo, mientras que en la segunda fase la preparación se lleva a cabo tomando las piezas de los huecos de esas estanterías.

  Para un buen funcionamiento del sistema, es conveniente establecer turnos diferentes para cada fase. Según los pedidos que se deban preparar y el tamaño de las estanterías, esos turnos podrán ser de jornada completa cada uno, aunque también se puede subdividir la jornada en dos o más partes.

12.1.2.2 Medios para la preparación de pedidos a nivel bajo.
     Los recogepedidos de nivel bajo

Estas máquinas, adecuadas para efectuar el trabajo de preparación de pedidos a nivel bajo, no son sino un desarrollo de los clásicos transpalés autopropulsados, a los que se han realizado las siguientes modificaciones:

- En primer lugar se necesita que el transpalé sea capaz de transportar al operador. Para ello se ha separado el conjunto del cuerpo de la máquina de las horquillas de carga, colocando entre ambos una plataforma de reducido tamaño, donde puede subir el operador.
- Se ha girado la posición del timón a 180° con el fin de que el operador pueda manejar el transpalé desde su lugar.

Figura 4.12. Transpalé autopropulsado con plataforma para la preparación de pedidos a nivel bajo.

– En un desarrollo posterior se constató la necesidad de que el operador subiese un poco más alto, y para ello se diseñaron diversas variantes:

Plataforma superior antideslizante. Es la más sencilla de todas las opciones. Consiste en dotar al transpalé de una superficie antideslizante en la parte superior del cuerpo de la máquina. Dado que éste es normalmente bastante alto, es preciso instalar además un pequeño escalón intermedio que puede ser fijo o abatible.

Plataforma del operador elevable. Esta opción es algo más costosa que la anterior. Consiste en que la plataforma donde sube el operador esté provista de un sistema de elevación electrohidráulico que le permita elevarse a voluntad.

Este tipo de máquinas es básicamente el mismo que el utilizado para la preparación a nivel del suelo, con la diferencia de que mientras que en dicha preparación normalmente se usan transpalés con operador acompañante y horquillas alargadas, en la preparación a nivel bajo, como ya hemos indicado, se utilizan transpalés con conductor montado, lo que permite mayor rapidez de desplazamiento y alcance en altura.

En este ámbito de aplicación también es conveniente, aunque no imprescindible, acudir a las máquinas de horquillas extralargas, entre 1.600 y 2.400 mm, con el fin de aprovechar su longitud para efectuar la preparación simultánea de dos o más pedidos.

12.1.2.3 Estanterías de preparación de pedidos manual

El sistema más rápido para la preparación de pedidos es el que se efectúa de la forma más manual posible, es decir, cuando una persona a pie, si el espacio que se debe recorrer es corto, o subida en un transpalé autopropulsado, cuando el espacio es largo, puede recoger las piezas y partes que conforman los pedidos, sin necesidad de subir ni bajar con ninguna o a ninguna máquina.

Sin embargo, cuando el número de referencias almacenadas en una instalación es muy alto, se debe recurrir a la utilización de estanterías y, por consiguiente, a las máquinas.

Al efectuar el diseño de la instalación de estanterías para la realización de la preparación de pedidos, existen dos opciones:

a) Efectuar la preparación de pedidos en las mismas estanterías de almacenamiento general.

b) Instalar unas estanterías exclusivamente dedicadas a la preparación de pedidos manual, es decir, como ya se dijo, sin que el operario tenga que subir o bajar con ninguna ni a ninguna máquina.

Figura 4.13. Sistema de estanterías con transportadores para la preparación manual de pedidos.

Cuando el proyectista decide la opción *b)*, hay que tener en cuenta que estas estanterías deben reunir unas características especiales:

- Se deben cargar manualmente.
- La altura del último nivel de carga no debe superar la altura media de los hombros del preparador.
- El peso máximo de los paquetes que se coloquen en ellas no debe sobrepasar los 30 kg.

Estas características producen un diseño muy especial, ya que:

- Al tener que cargarse manualmente, los alvéolos o huecos no necesitan ser muy grandes. Basta con que sean capaces de contener la cantidad media de piezas que se han de separar en cada turno de extracción.
- Dado que la altura es limitada, si el número de referencias es muy grande y el espacio en superficie relativamente pequeño, se debe habilitar una sección de preparación en dos o más niveles, utilizando para ello entreplantas enlazadas entre sí por medio de escaleras.
- Puesto que el peso de los paquetes ha de limitarse a un máximo de 30 kg, los perfiles de la estantería no han de ser muy gruesos; normalmente, un perfil ranurado comercial es más que suficiente. Además, es conveniente disponer las piezas y los paquetes más pesados en los niveles más bajos, y los más ligeros en los más altos, lo que redundará en un mayor rendimiento en la preparación.

Figura 4.14. Estanterías para la preparación manual de pedidos.

12.1.3 Preparación de pedidos a nivel medio

Es la que se realiza siempre en estanterías, tanto de almacenamiento general como exclusivamente de *picking* a niveles intermedios, esto es, hasta alturas no superiores a los 3,5 o 4 m.

Este sistema de preparación es un método intermedio entre la preparación a nivel bajo y la de nivel alto, y su utilidad nace de una evolución de la preparación de este último tipo. Surgió por la velocidad que se alcanza en la preparación, mucho más rápida y ágil por cuanto se ocupa menos tiempo en subir y bajar por entre las estanterías. Por ello, aunque la preparación a nivel alto aproveche mejor el volumen, siempre conviene dedicar una zona a nivel medio o, mejor dicho, algunos productos de mucho movimiento a la zona de nivel bajo-medio en las estanterías, y efectuar en ella la preparación de los pedidos.

12.1.3.1 Utilización de la preparación de pedidos a nivel medio

Se distinguen dos situaciones en las cuales está recomendada la utilización de la preparación de pedidos a nivel medio:

- En almacenes o zonas de almacén dedicadas exclusivamente a *picking*, con un alto número de pedidos para preparar por jornada.

Figura 4.15. Preparación de pedidos a nivel medio.

– En almacenes de distribución con un gran volumen de pedidos concentrados en un número limitado de referencias.

Cuando se ha de diseñar un almacén o una zona del almacén general dedicada exclusivamente a la preparación de pedidos y el número de éstos es muy alto, está indicada la instalación de un sistema de preparación a nivel medio, que ofrecerá la rapidez requerida.

Esta zona o almacén debe estar formada, preferentemente, por estanterías de *picking* manual, es decir, con carga y descarga manual, realizable en turnos alternativos. Si la rapidez de preparación lo requiere, el sistema se puede complementar con diversas máquinas preparadoras de pedidos a nivel bajo, siempre procurando que sobresalgan lo menos posible del pasillo para producir un rendimiento óptimo. Cuando la rapidez lo exija, se puede utilizar una máquina por cada pasillo de preparación de pedidos, con lo que el rendimiento es máximo.

Cuando se efectúa este diseño, se situará en el pasillo frontal de las estanterías un sistema de transporte horizontal movido por cintas transportadoras, caminos de rodillos o vehículos automáticos, de forma que los preparadores únicamente tengan que descargar sus pedidos una vez preparados sobre estos elementos de manutención, evitando así la más mínima pérdida de tiempo.

Figura 4.16. Preparador de pedidos para nivel medio en actividad entre los pasillos de un almacén.

En los almacenes de distribución con un elevado número de pedidos concentrado en unas determinadas referencias, éstas se deben acomodar en la zona intermedia del almacén, de forma que las pueda recoger un preparador de nivel medio. Con ello se evita la pérdida de tiempo que se produciría si la preparación de estos pedidos se realizase con preparadores de nivel alto. Además, dado que el coste de los recogepedidos de nivel medio es sustancialmente inferior de los de nivel alto, se reduce sensiblemente la inversión necesaria.

12.1.3.2 Medios mecánicos para la preparación de pedidos a nivel medio. Los recogepedidos de nivel medio

Los recogepedidos de nivel medio son máquinas accionadas eléctricamente por baterías y diseñadas como un desarrollo de los recogepedidos de nivel alto. Estas máquinas están formadas por un cuerpo que contiene el motor de tracción, la bomba hidráulica, la batería y los órganos de control de la máquina.

Figura 4.17. Preparador de pedidos para nivel medio-alto.

El cuerpo de la máquina está unido a dos patas denominadas de apoyo o carga, montadas sobre ruedas de pequeño tamaño, y un mástil elevador. Por ese mástil sube una cabina en la que el operador se instala de pie.

Dicha cabina lleva dos horquillas soldadas en su parte frontal, de modo que la altura de elevación queda limitada a la que alcanza el piso de la cabina del operador (ello implica un trabajo de preparación bastante incómodo). Las horquillas también pueden ir montadas sobre el carro de un segundo mástil elevador, incorporado a su vez a la cabina, de forma que el operador pueda elevar o hacer descender la carga a la altura que le resulte más cómoda. Este segundo mástil permite una elevación suplementaria de hasta 1,5 a 2 m.

Las normas de seguridad de numerosos países obligan a que este tipo de máquinas dispongan de un doble sistema de seguridad:

a) Las puertas o barreras de la cabina deben tener un microinterruptor, de forma que la máquina no pueda funcionar si aquéllas no están perfectamente cerradas.

b) Para que la máquina pueda ponerse en funcionamiento el operador debe mantener siempre apretado un pulsador testigo de su presencia. Generalmente este pulsador se acciona con el pie y actúa a su vez como freno electromagnético de la máquina.

12.1.4 Preparación de pedidos a nivel alto.
Aparatos destinados a su realización

La preparación de pedidos a nivel alto es una extensión de la realización de estas labores a toda la altura disponible de las estanterías. Es decir, se trata de utilizar la altura total de la estantería para la preparación de pedidos. Su mecánica consiste en conjuntar un pedido tomando elemento a elemento las partes que lo componen hasta su totalización; hay que tener en cuenta que cada referencia debe encontrarse en un solo alvéolo.

Los diferentes métodos de preparación de pedidos a nivel alto son:

1. Un solo hueco para una sola referencia.
2. Varios huecos para la misma referencia, en un solo pasillo.
3. Varios huecos para la misma referencia, en varios pasillos.
4. Un pasillo para la preparación completa.
5. Distintas zonas de preparación, con las referencias agrupadas por lotes y varios pasillos.

- **Un solo hueco para una sola referencia**
  Para la preparación de pedidos dispondremos el almacén de forma que cada referencia tenga un solo hueco en el mismo. Ello produce un efecto de rutina que facilita la preparación.
  Si se lograse unificar el almacén de modo que la relación referencia-hueco fuese constante, la preparación de los pedidos se podría realizar de manera casi automática.

  Aunque esto casi nunca puede lograrse por completo, la memorización de la referencia-hueco por parte del preparador ayuda a reducir los tiempos de preparación, dado que éste acude mecánicamente a una localización con sólo leer la referencia, sin necesidad de buscar el hueco donde está ubicada.

- **Varios huecos para la misma referencia, en un solo pasillo**
  El sistema de varios huecos en el mismo pasillo para una misma referencia también reduce el tiempo de preparación, ya que disponer de la misma referencia en diferentes huecos facilita los desplazamientos, especialmente cuando por la altura o la longitud del pasillo se agrupa un elevado número de huecos.

  Sin embargo, esto sólo es posible si se dispone de un sistema de comunicación en línea, es decir en tiempo real, entre el operador y el ordenador central. Aunque éste emita la orden de extracción de una determinada referencia, el operador será quien tome la decisión de extraerla de uno u otro hueco, debiendo comunicarlo inmediatamente al ordenador para que éste programe la reposición de esa referencia en el mismo hueco de donde se ha extraído y no en otro distinto.

- **Varios huecos para la misma referencia, en varios pasillos**
  Este sistema supone mayor facilidad operativa, aunque sólo es adecuado cuando se trabaja con varios preparadores al mismo tiempo. Tiene por finalidad evitar los desplazamientos de éstos a lo largo y alto de los pasillos.

  En este caso se recomienda aplicar un sistema de comunicación en tiempo real entre los preparadores y el ordenador central.

- **Un pasillo para la preparación completa**
  Cuando el volumen de preparación, es decir, la relación entre número de pedidos que se deben preparar y número de referencias, es muy alto, se necesita aumentar más aún la rapidez. Para ello se puede optar por dos sistemas. El primero consiste en separar las cantidades almacenadas que se van a preparar por pasillos, de forma que cada uno de ellos contenga todas las referencias necesarias para la preparación de un pedido.

  Con ello se evita que el preparador tenga que salir de su pasillo de acción y gracias a esto se puede efectuar una preparación de nivel alto en muy poco tiempo. Su único inconveniente es la fatiga acumulada por el operador, lo cual conllevará que se le haya de relevar con una determinada frecuencia.

- **Distintas zonas, con las referencias agrupadas por lotes, y varios pasillos**
  El segundo sistema consiste en agrupar las referencias en diferentes zonas, de forma que cada una permita consolidar un pedido, independientemente de las otras. De este modo los preparadores trabajan en una única zona, aunque ello les obligue a cambiar de pasillo con alguna frecuencia.

  Este sistema resulta algo más lento que el anterior pero, al no requerir un cambio de personal tan continuado, su efectividad es casi tan alta como la de aquél y resulta más económico por precisar de menos personal.

12.1.4.1 Aparatos para la preparación de pedidos a nivel alto

En esta preparación son precisos tres tipos de aparatos o máquinas diferentes:

- **Preparadores de pedidos de nivel alto**
  Son máquinas construidas de forma muy parecida a los recogepedidos de nivel medio. Su base principal está constituida por un cuerpo de máquina que contiene el motor de tracción, la bomba hidráulica, el sistema eléctrico, los órganos de control y la batería, y va sólidamente unido a dos brazos o patas de carga de mayor o menor longitud, en función de las cargas que se han de manejar y la altura que se deba alcanzar.

  A este cuerpo o chasis se une un mástil que puede ser de dos o tres etapas, por el cual discurre una plataforma elevadora en forma de cabina que acoge al operador, de manera que éste asciende por el mástil junto con la cabina. A esta cabina generalmente se le adosa un segundo mástil que permite la elevación adicional de un tablero o carro portador, que lleva incorporadas dos horquillas de carga, normalmente soldadas a él.

  Esta elevación adicional, como sucede en los recogepedidos de nivel medio, facilita la operación de preparación, ya que permite al operador posicionar el palé o cesta donde ha de colocar las piezas o partes que va recogiendo a la altura que le es más comoda. La altura útil de estas máquinas se encuentra en torno a los 9-10 m.

- **Carretillas trilaterales, tipo combi**
  Otra máquina también muy utilizada para la preparación de pedidos es la carretilla trilateral con hombre montado, también conocida con el nombre de «combi».

Figura 4.18. Transelevador para la preparación de pedidos y almacenamiento a todos los niveles.

Esta carretilla posee una configuración similar a la de los recogepedidos de nivel alto, con la única aunque sensible diferencia de que en lugar de llevar unas simples horquillas incorporadas a un tablero que discurre por el mástil secundario, lleva un cabezal giratorio dotado de unas auténticas horquillas de carga. En algunos casos el propio mástil secundario es giratorio. Ambos dispositivos tienen la finalidad de permitir a la máquina tomar y depositar cargas a ambos lados de la estantería. De este modo se realiza una doble función: preparación de pedidos y almacenamiento o reposición de unidades de carga completa. Estas carretillas poseen, además, la ventaja de que pueden alcanzar alturas de hasta 13-14 m.

- **Transelevadores**
  Los transelevadores (de los cuales se ofrece más información en el capítulo 12) son aparatos muy utilizados en la preparación de pedidos a nivel alto, más indicados para los almacenes que se dedican en exclusiva a esta actividad que para los de tipo mixto, dado que alcanzan su mayor efectividad cuando se utilizan para circular en el interior de los pasillos de las estanterías de *picking*.

Atendiendo a razones de *presupuesto* o inversión, es preciso analizar muy bien todas las opciones disponibles y en razón del coste unitario del pedido preparado, en el cual intervienen los siguientes factores:

- **Coste del hueco**
  Formado por el coste de la edificación, de las estanterías y de los equipos.
  Una vez obtenido el coste del hueco se debe dividir éste entre el número de huecos obtenidos.

- **Coste del personal**
  Reducido a coste por jornada de trabajo.

- **Coste del proceso informático**
  Reducido a coste por jornada de trabajo.

Con estos costes unitarios especificados, se debe dividir la suma de los mismos entre el número de pedidos preparados; así se obtiene el coste unitario del pedido en cuestión. Con este dato, analizado en función de las distintas variables, se podrá elegir el sistema más ajustado a cada necesidad.

Capítulo 5
El control, la información y la gestión de almacenes

Uno de los factores clave para el funcionamiento de un almacén es establecer un sistema de control adecuado.

Recordemos una vez más que el almacén es un elemento vivo e influyente en la actividad de todo tipo de industrias. Por ello, es sumamente importante lograr un control preciso del mismo.

Para controlar las existencias de un almacén se necesita tener una información precisa, no sólo del número de entradas y salidas de las mercancías, sino también, lo que es muy significativo desde el punto de vista logístico, de la ubicación de éstas en el interior del almacén y de la disponibilidad de espacios en el mismo.

Hoy este control puede efectuarse de una forma muy pormenorizada, gracias a los sistemas informáticos. Existen numerosas empresas dedicadas a la informática aplicada, capaces de desarrollar programas integrales adaptables a la gestión de casi cualquier tipo de actividad.

Sin embargo, por muy completos que sean esos programas, siempre resulta necesario que el cliente, es decir, el futuro usuario del sistema, tenga plena conciencia de qué elementos se necesitan en su empresa. En función de las necesidades de cada actividad, la empresa informática debe adaptar y desarrollar el programa más adecuado.

1   Elementos de control de un almacén

Todo sistema informático para el control de un almacén debe ser capaz de controlar con una eficacia del cien por cien los siguientes elementos básicos:

1. Recepción-revisión de mercancías.
2. Almacenaje de la mercancía.
3. Mapa del almacén.
4. Gestión de existencias.
5. Reaprovisionamiento.
6. Gestión de salidas.
7. Expedición de la mercancía.

Pero además, en función de las necesidades de cada usuario, el sistema informático debe ser capaz de controlar y equilibrar los siguientes aspectos adicionales:

1. Reubicación de las mercancías.
2. Gestión de operarios.
3. Estadísticas del almacén.

Por último, es posible que para algunas aplicaciones sea útil disponer de las siguientes posibilidades:

1. Subsistemas de consignaciones.
2. Gestión de la seguridad del sistema.

1.1 Datos maestros

Todo sistema informático ha de estar basado en una gestión precisa de lo que se denominan «datos maestros», es decir, de la información primaria que debe estar introducida en el ordenador para que éste inicie el control del almacén.

Bajo la denominación «datos maestros» se engloba una serie de informaciones, variables según cada tipo de actividad pero que pueden clasificarse de este modo:

1. Artículos.
2. Variables logísticas.
3. Lugares de entrega o clientes.
4. Proveedores.
5. Transportistas.

1.1.1 Artículos

En el apartado «artículos» se incluyen no sólo los datos referentes a sus propias características, sino también y de forma significativa los que atañen a:

– Su ubicación dentro del almacén.
– Su referenciación.
– Su pertenencia o no a un determinado conjunto.
– La forma de efectuar su medición, ya sea por unidades, longitud, peso, etc.
– Su identificación por códigos de barras.

1.1.2 Variables logísticas

Llamamos variables logísticas a todos aquellos datos concretos que influyen directamente en la gestión y control de cada artículo, tales como:

- Número de unidades de consumo.
- Número de unidades de consumo por capa.
- Número de capas existentes.
- Indicador de la unidad de medida.
- Dimensiones específicas de la unidad de manejo.
- Peso de la unidad de manejo.

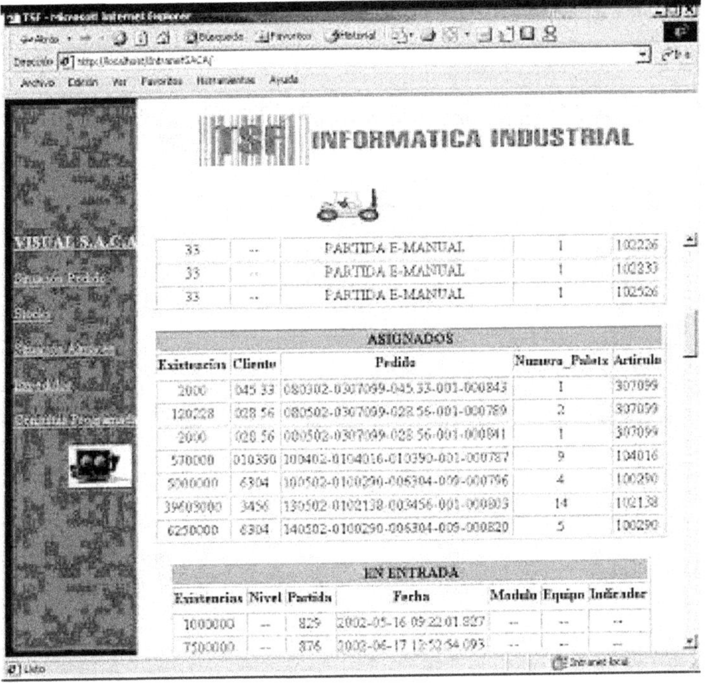

Figura 5.1. Ficha básica de información sobre artículos.

1.1.3 Lugares de entrega-clientes

Ésta es una variable que debe estar introducida en el ordenador, aunque se trate de un almacén de uso interno exclusivamente. En este caso, el lugar de entrega o cliente será el propio usuario, el taller o la industria de que se trate.

Los datos que se deben introducir en este apartado serán:

- Nombre, dirección, teléfono, fax, sitio web, correo electrónico, etc., actualizados, de todos y cada uno de los puntos o clientes en donde se pueden entregar las mercancías.
- Definición o clasificación del lugar de entrega, bien sea consignatario, cliente, centro de distribución, almacén propio, tienda propia, franquicia, etc.

– Determinación de las condiciones de entrega para cada uno de los lugares de la misma (unidad de manipulación específica, ya sea palé, *roll-tainer,* cestón, contenedor, etc.; entrega con o sin factura y albarán, entrega de lista de bultos, documentaciones especiales, etc.).

– Definición de los servicios necesarios para cada lugar de entrega, es decir, etiquetado sí o no, colocación sí o no, cobro, etc.

– Definición de rutas semanales, diarias, mensuales y centro de distribución de procedencia y destino.

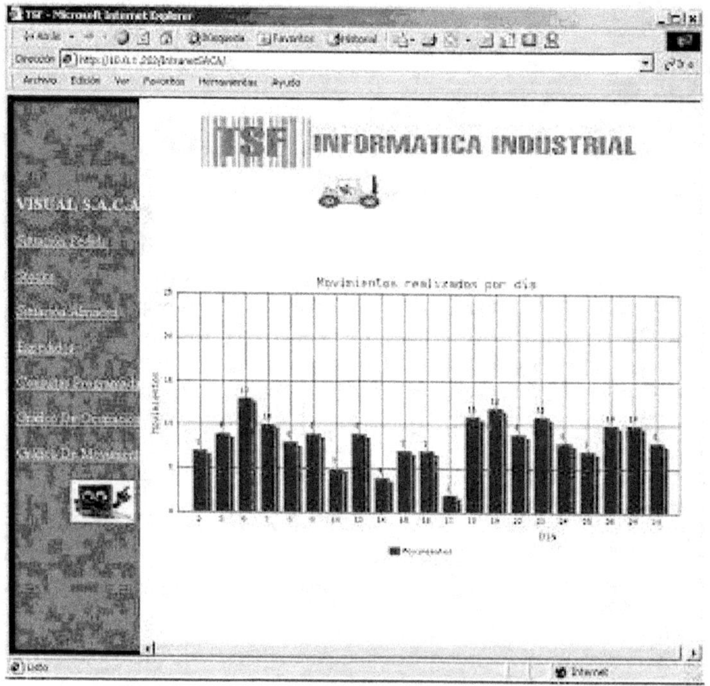

Figura 5.2. Ficha básica de control de movimientos.

1.1.4 Proveedores

En este apartado han de estar incorporados todos los datos relativos a los proveedores, destacando como mínimo los siguientes:

– Nombre, dirección, teléfonos, fax, sitio web, correo electrónico, etc., actualizados, de todos y cada uno de ellos.

– Índices de devoluciones, ya sea por capacidad, ubicación en el almacén, clase de artículo, tipos de albarán, etc.

1.1.5 Transportistas

El fichero de transportistas debe reunir todos los datos actualizados de los transportistas usuales y, como mínimo, otros como:

- Tiempo promedio de entrega y reparto.
- Coste promedio por unidad de transporte.
- Volumen de facturación mensual, anual e incluso diaria, si fuera posible.

1.2 Gestión de la recepción y revisión de las mercancías

La recepción de las mercancías se puede segmentar en tres fases:

1. Recepción de la mercancía.
2. Revisión de la mercancía.
3. Control de calidad.

Cada una de estas fases ha de estar debidamente controlada por un sistema que incluya la capacidad de tomar los siguientes datos:

1.2.1 Recepción de la mercancía

- **Control de pedidos**
  El sistema ha de poder incorporar los datos necesarios respecto a: número de pedido, nombre y código del proveedor, pedidos pendientes, cantidades entregadas, precio unitario de la mercancía, número de albarán, importe total del albarán, etc.

- **Control de bultos**
  En este apartado se introducirán los datos relativos a la cantidad de bultos, número de unidades por bulto, peso del mismo, etc.

- **Transportista**
  Indicación del nombre del transportista, matrícula del camión en el caso de cargas completas, nombre del conductor si fuera preciso, etc.

1.2.2 Revisión de la mercancía

- **Control por unidades**
  Cuenteo de las unidades.

- **Control de lotes**
  Recuento del número de lotes y del número de unidades por lote.

- **Devolución al proveedor**
  Devolución al proveedor, incluyendo la confección del albarán de los productos rechazados.

- **Etiquetado de la mercancía**
  Confección de etiquetas incluyendo la referencia, el precio unitario, etc.

1.2.3 Control de calidad

- **Dictamen**
  Informe emitido por el recepcionista sobre el estado de la mercancía en el momento de su recepción.

- **Devolución al proveedor**
  Entrada del dato referente a la cantidad y la referencia de los materiales devueltos por ser defectuosos o no corresponder por algún motivo.

- **Entrada a rotos**
  Dato referente a aquellos artículos que se admiten temporal o definitivamente bajo la indicación de «rotos», y que serán repuestos o reparados por el proveedor.

1.2.4 Beneficios del control de entrada de mercancías

Un correcto control de entrada de las mercancías produce un sinnúmero de beneficios en un almacén, entre los que cabe detallar:

- Posibilidad de tener un control sobre los materiales pendientes de recibir y de hacer una correcta planificación en el tiempo.
- Permite realizar un adecuado control físico de los materiales en su recepción.
- Posibilidad de tener un control real sobre la cantidad de existencias que está pendiente de guardar y de pasar el control de calidad, el cual puede extenderse a cada tipo de artículo.
- Permite disponer de un verdadero control sobre la propiedad de la mercancía depositada en el almacén.
- Hace posible comunicar las diferencias observadas en la recepción mediante:

a) carta al proveedor con las diferencias notadas; *b)* comunicación vía enlace informático al departamento de administración.

– Introduce la posibilidad de llevar un control flexible para evitar las entregas adelantadas y las demoras, así como los excesos de cantidad, mediante la introducción de algunos datos como: fecha de entrega prevista, fecha límite de entrega, sobrantes aceptados, porcentaje de material aceptable, reparto de sobrantes, días de adelanto sobre la fecha prevista, días de demora, etc.

Figura 5.3. Ficha básica de creación de consultas.

Todos estos beneficios repercuten en un control en tiempo real de la información, una reducción del trabajo administrativo, menos errores en la entrada de la mercancía, un menor movimiento de la mercancía y una mayor fiabilidad del control de las existencias.

1.3 Almacenaje de la mercancía

La informatización para el control del almacenaje de la mercancía incluye los parámetros que recogen los apartados siguientes:

1.3.1 Paletización de entrada

El sistema informático debe permitir la realización de las siguientes funciones, con el fin de que todo el material que se incorpore al almacén se encuentre debidamente paletizado:

– Paletización automática o manual.
– Introducción de datos vía pantalla y por radiofrecuencia.
– Momento de separación entre bultos de una misma expedición, con distinción de si se hace al final del albarán o indicándolo mediante líneas parciales.
– Posibilidad de mezclar albaranes.
– Control del peso por palé, con indicación de peso bruto y neto.
– Etiquetado del palé.

1.3.2 Asignación de ubicación

Una vez realizada la correcta paletización según los datos anteriormente introducidos, para su ubicación en el almacén el sistema informático debe realizar las siguientes funciones:

– Asignación de ubicación automática o manual.
– Diferenciación entre asignación de hueco por palé o por referencia.
– Asignación a rellenado por preparación de pedidos y control de la existencia de picos.

El almacenaje de mercancías debe permitir una serie de características, como son:

– Posibilidad de formar palés de manera automática o manual.
– Uso de diferentes tecnologías.
– Posibilidad de mezclar la mercancía procedente de distintos albaranes en un mismo palé.
– Control de artículos de peso variable.
– Posibilidad de almacenaje parcial.
– Control de palés creados en el almacén o procedentes del exterior.
– Facturación de movimientos vía enlace informático.
– Búsqueda de huecos en distintos momentos de manera automática y manual.
– Búsqueda de huecos por referencia o por palé.
– Posibilidad de mezcla de artículos en un hueco.
– Posibilidad de enviar palés incompletos a la preparación de pedidos.

- Asignación de distintas técnicas de almacenaje: por zonas, por grupos, por palé, por proximidad a un pasillo, etc.
- Información en tiempo real de palés pendientes de guardar y estado de la mercancía disponible.

1.4 Definición del mapa del almacén

La definición del mapa del almacén pasa por una necesaria concreción de las zonas, lo que comporta:

- Recepción y revisión.
- Pulmón de entrada.
- Zona de estanterías de almacenaje y preparación.
- Zona de apilado en bloque.
- Zona de preparación exclusiva.
- Zona de *drive-in.*
- Zona de rotos.
- Zona de expediciones.
- Pulmón de salida.

El sistema ha de poder gestionar todos estos tipos de zona, determinando las características físicas de cada una de ellas:

- número de alturas por pasillo,
- número de posiciones por pasillo,
- número de palés por hueco,
- anchura del pasillo, etc.;

estableciendo las estrategias de:

- dimensionado de las ubicaciones (limitadas o ilimitadas),
- capacidad de cada ubicación,
- estrategia de salida («fi-fo», «fi-lo» o ninguna),
- reubicaciones y traspasos,
- reaprovisionamiento por punto de reposición,
- origen,
- destino, etc.,

así como las prioridades para entradas y salidas.

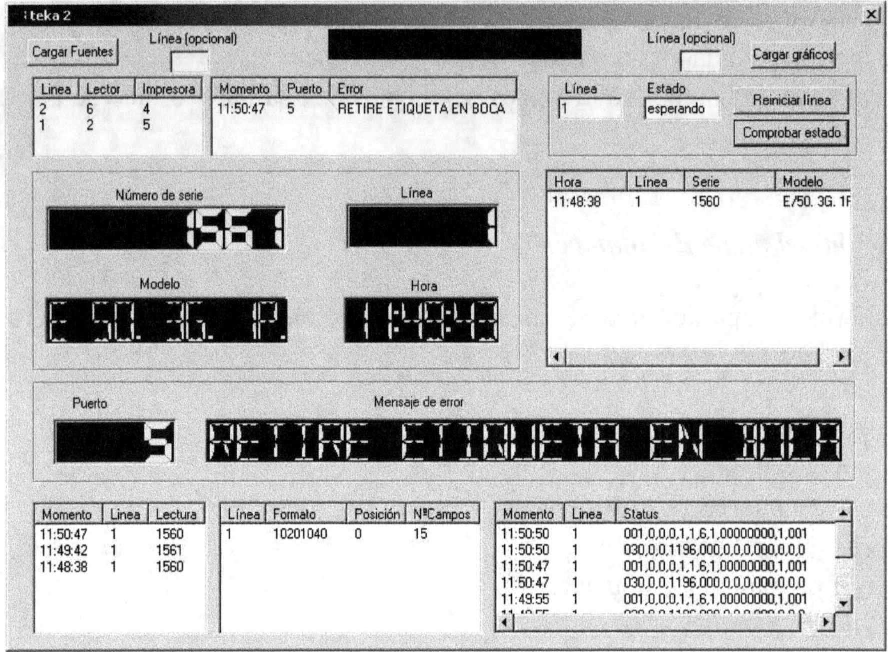

Figura 5.4. Modelo básico de etiqueta de salida.

Para la definición de las ubicaciones, el sistema debe ser capaz de realizar una codificación simultánea que incluya los siguientes datos:

– número de pasillo,
– número de hueco,
– dígito de control,
– nivel de carga,
– posición del hueco.

Igualmente debe controlar las dimensiones físicas del hueco y sus limitaciones, es decir, el peso y el volumen máximos admisibles.

Asimismo, debe poder controlar la propiedad de la ubicación, en cuanto a determinar si ésta es del tipo totalmente libre o si está asignada de forma fija a un tipo de producto o a una referencia concreta.

En el mismo sentido, puede efectuarse un control del estado del hueco –es decir, vacío, asignado, ocupado parcialmente, totalmente ocupado o inutilizado–, así como del tipo de existencia contenida o que se habrá de instalar en cada ubicación.

Por otro lado, se debe disponer de un sistema de gestión de los recuentos, que serán de tres tipos:

- **Por incidencia**
  Esta gestión debe disponer de dos posibilidades de actuación, ya sea en relación con el hueco (sólo en el hueco de la incidencia o en todos los huecos de la misma) o bien en relación con el artículo (sólo en el artículo de la incidencia o en todos los artículos del hueco).

- **Cíclico**
  El programa debe definir los ciclos del recuento, diferenciando entre éstos por medio de fechas de ubicaciones.

- **A petición**
  Ha de ser posible efectuar el recuento a petición de cualesquiera de las ubicaciones del almacén.

Los recuentos por incidencia se deben generar de forma automática cuando se produzca una desviación, ya sea en la cantidad pedida o en la suministrada.

Si existiese alguna diferencia de inventario, positiva o negativa, se efectuará una planificación automática de las salidas.

1.5 Gestión de existencias

El paquete de programas de gestión de existencias es el más importante de todo el sistema, ya que el buen o mal diseño del mismo significan la posibilidad o no de disponer de un *stock* físico fiable y de los controles que lo garanticen.

Un buen paquete debe garantizar la plena integridad referencial, es decir, la posibilidad de comunicación de cualquier actualización del *stock* en tiempo real. Al mismo tiempo, ha de ser una herramienta útil para visualizar y confrontar las existencias en cualquier momento. Debe disponer, además, de la posibilidad de efectuar un cierre de inventario a voluntad del usuario y de obtener informaciones históricas del movimiento de las existencias.

El paquete informático deberá incorporar, por lo menos, los siguientes programas:

- Gestión del *stock* físico y del disponible.
- Diferenciación entre el *stock* averiado (no disponible) y el no averiado (disponible).
- Gestión de distintos códigos de existencias y su asociación a los diversos tipos de trabajo (entrada, salida, control de calidad, recuento, etc.).
- Existencia física fiable, mediante controles de garantía, unidades, pesos, mermas, lotes, cambios de propiedad, etc.

- Gestión de las existencias de reserva, con o sin asignación de la propiedad (consignatarios, zonas, rutas, lugares de entrega, etc.).
- Informaciones históricas del movimiento de las existencias.

1.6 Reaprovisionamiento. Movimientos internos

El control de un almacén debe incluir no sólo el control de los movimientos de entrada y salida, que reciben el nombre de «movimientos externos», sino también el de los movimientos de reaprovisionamiento y colocación-descolocación, que se denominan «movimientos internos».

En el reaprovisionamiento existen dos funciones que cabe controlar:

1. *Tipo de reaprovisionamiento*
   - Por previsión de salida (totales de surtidos).
   - Por punto de pedido *(on-line)*.

2. *Número de operarios que ocupan cada uno de los pasillos.*

Figura 5.5. Control de inventario mediante la lectura de código de barras por escáner.

Para ello el sistema debe disponer de las siguientes posibilidades:

- Uso de las diferentes tecnologías (radiofrecuencia, *data collector,* papel, etc.).
- Aprovechamiento de los desplazamientos para evitar que los pasillos estén ocupados por más de *n* operarios.

– Imposibilidad de rotura de palé de reserva mientras exista material disponible.
– Control del estado del hueco, libre o no.
– Ubicación automática en zona de preparación de pedidos.
– Asignación automática de mercancías en existencia a pedidos pendientes, por orden de prioridad.
– Información en tiempo real de la situación de todos los servicios de reaprovisionamiento.

Un buen programa de control de los movimientos internos elimina errores, si se hace un uso correcto de los códigos de barras, evita desplazamientos indebidos de los operarios, disminuyendo el número de veces que se acude a los huecos, y mantiene el nivel de existencias en la zona de preparación de pedidos de forma automática.

El control de los movimientos internos debe incluir no sólo el de los reaprovisionamientos, sino también el de los traspasos y reubicaciones dentro del almacén, bien sea entre zonas o en la misma zona.

1.7 Gestión de salidas

Un paquete de programas de control de almacén estaría incompleto si no dispusiera de un buen gestionador de las salidas, entendiendo con ello las salidas físicas y las entregas de mercancías a su destino final.

La correcta gestión de las salidas brinda una serie de beneficios adicionales en la gestión global del almacén, que podríamos resumir así:

– Gestión integrada de las rutas de distribución.
– Reducción del tiempo de preparación del trabajo.
– Flexibilidad en la asignación de las existencias.
– Mejora en la gestión de pedidos.

La gestión de salidas puede agruparse en tres grandes objetivos:

- **Gestión de las rutas de distribución**
  Este programa incluirá la posibilidad de gestionar las rutas de forma extrema, su definición, asociaciones con diferentes tipos de rutas, asignación de máximos y mínimos de número de servicios por día o ruta y la posibilidad de asignar automáticamente rutas alternativas y forzadas.

- **Planificación de pedidos y asignación de existencias**
  El programa ha de permitir que la planificación se realice de forma automática, sin intervención del jefe de almacén, así como la selección manual o au-

tomática de los pedidos que se deben planificar, con indicación del orden de asignación de existencias.

- **La gestión de salida física del material**

1.8 Expedición de la mercancía

Enlazando con el apartado anterior, existe el control de las expediciones, que incluye:

- Control de las expediciones por centro de distribución, incluyendo el de la reutilización de camiones para todos ellos.
- Recomendación del orden de carga, a fin de que ésta se produzca por orden inverso al de la descarga.
- Control del contenido de los camiones, para poder determinar en todo momento qué mercancía se encuentra en camino, qué contiene cada camión y cuál es el peso de la mercancía contenida en cada uno.
- Control de la facturación de los transportistas, con el fin de poder efectuar la conformación de la misma.

1.9 Estadísticas del almacén

Un buen paquete de gestión del almacén debe permitir la obtención de un determinado volumen de estadísticas sobre la actividad del mismo. En función de la actividad de cada almacén, las estadísticas sobre su evolución que pueden ser útiles en un momento dado, son:

- **Por artículos**
  - Datos de *stock* medio, entradas medias, salidas medias, etc.
  - Datos de cobertura actual y cobertura media.
  - Estadística de referencias sin movimiento.
  - Analítica de referencias, con desgloses de movimientos.

- **Por movimientos**
  - Estadísticas de movimientos, incluyendo información sobre documentos, líneas, unidades, etc.

- **Por almacén (cuando existen varios)**
  - Gestión de huecos (número de reaprovisionamientos, unidades movidas, etc.).

– Estadísticas de ocupación del almacén.

- **Por operarios**
  – Estadística de movimientos realizados por cada operario (número de documentos, líneas, unidades, tiempo, etc.).

- **Por lugares de entrega**
  – Estadística de los movimientos por cada lugar de entrega (número de pedidos, líneas, unidades, lotes, etc.).

1.10 Beneficios generales de un programa de control de almacén

Los beneficios que se pueden obtener de un buen programa de control y gestión de un almacén son amplísimos. A modo de resumen, podemos agruparlos como sigue:

- Incremento de la productividad.
- Reducción de costes.
- Mejora del servicio a los clientes.
- Aumento de la capacidad real disponible del almacén.
- Reducción del número de recuentos masivos.
- Reducción de la cantidad necesaria de *stock* de seguridad.
- Eliminación de errores.
- Incremento de la fiabilidad de las existencias.
- Control de las ubicaciones totalmente fiable.
- Reducción del trabajo burocrático y administrativo.
- Optimización de los recursos del almacén.
- Eliminación de tiempos muertos.
- Control de la productividad de los operarios.
- Adecuación logística de los movimientos del almacén.
- Optimización de los desplazamientos de los operarios.
- Reducción del tiempo de preparación del trabajo.
- Introducción de ritmos de trabajo constantes.
- Mejora general en la gestión de los pedidos.
- Fiabilidad en la gestión de las entregas.

2 La transmisión de datos en el almacén

En los apartados precedentes hemos definido cada uno de los elementos necesarios para el control de un almacén. Todos ellos se deben transmitir rápida y eficazmente al ordenador central, con el fin de que éste pueda facilitar a la gerencia toda la información necesaria para efectuar una gestión correcta del mismo.

La transmisión de datos en el almacén comienza en la zona de recepción, cuando se informa al ordenador central de la entrada de mercancías, y termina en la de expediciones, comunicando la salida de las mismas.

Sin embargo, cuando se informa de la llegada de una mercancía no es posible informar con exactitud sobre cuándo se ha colocado en su correspondiente ubicación, mientras la mercancía permanece en la denominada «zona pulmón de entradas». De la misma manera, la zona de expediciones puede comunicar el momento en que la mercancía deja físicamente el almacén, pero no cuándo el material ha sido retirado de su ubicación. Como una gestión eficaz del almacén requiere conocer con exactitud en qué momento la mercancía está en su ubicación (mercancía disponible), y cuándo la misma es extraída de aquélla o es desubicada (mercancía no disponible), es preciso que el operador pueda informar de cuándo realiza exactamente esas operaciones.

2.1 Métodos utilizados para la transmisión de datos

La utilización de aparatos electrónicos en los equipos y sistemas de manejo de materiales está cada día más extendida. Algunos se encuentran incorporados en las baterías de las máquinas para su control; otros forman parte del equipo eléctrico principal, ya sea para su diagnóstico, gestión del funcionamiento, etc. Otros, como los sensores o los dispositivos de reconocimiento e identificación, se incorporan tras una exhaustiva selección y estudios en sistemas de manejo de materiales, de forma que se puedan utilizar junto con otros dispositivos informáticos, para realizar ciertas operaciones sin intervención humana.

La intervención humana no deja de ofrecer beneficios en muchas circunstancias, dado que el hombre posee la facultad de interpretar detalles de forma muy diferente a como lo hacen los dispositivos electrónicos. Un operario puede relacionar aspectos tales como los colores, las humedades, la pérdida de fijación de los palés, etc.; prever otros, como la fragilidad de un elemento o sentir su textura, sin olvidar la capacidad de adaptarse a circunstancias excepcionales.

Los seres humanos, sin embargo, no siempre somos buenos observadores y muchas veces adolecemos de algunas capacidades, como la lectura correcta de un número de muchas cifras, por ejemplo, o la de retener en la memoria detalles precisos de algo que observamos, incluso durante un tiempo tan corto como el que se necesita para registrarlos y comunicarlos.

Existe otro aspecto diferenciador entre las capacidades de los seres humanos y las de los aparatos electrónicos aplicados a sistemas de manejo de materiales, el cual se manifiesta en el uso masivo de ordenadores para la formación del plan de trabajo y la definición de las rutas de control de existencias, reposición y preparación de pedidos. Mientras que el aparato electrónico puede comunicarse directamente con los ordenadores en lenguaje digital, los métodos que utiliza el hombre habitualmente, es decir, la voz y la escritura, son todavía ininteligibles para la mayor parte de elementos informáticos. La necesidad de procesar e interpretar las comunicaciones entre operador y ordenador puede implicar algunos inconvenientes en cuanto al tiempo necesario y, sobre todo, a la precisión.

El tiempo es un factor extremadamente significativo para conocer las cantidades que se han retirado del *stock,* así como el número de posiciones pendientes de retirar. Esta importancia proviene de la definición del concepto «ahora». Cuando se examinan los archivos para comprobar si las existencias pueden satisfacer una demanda, o para decidir cuándo son necesarios nuevos suministros, si «ahora» es la situación existente hace unos segundos, las existencias están adecuadamente controladas. Por el contrario, si significa la situación de ayer, es necesario hacer una corrección, añadiendo el movimiento promedio de un día extra para evitar un mal servicio. Esto mismo, aplicado a cada una de las posiciones de suministro de un almacén, puede ocasionar una entrada insuficiente de material de reposición, que comportará una posible atención insuficiente a una demanda imprevista, o un exceso de entrada de material, con la consiguiente sobreocupación y la necesidad de habilitar un espacio extra.

En el siguiente apartado expondremos los métodos que se utilizan para mejorar la capacidad humana de comunicarse rápidamente con los ordenadores, tanto para registrar los datos de una forma fiable como para actuar en circunstancias que requieren una determinada adaptación, mientras se efectúan los exámenes necesarios y se realiza al mismo tiempo la confirmación de datos.

2.2 Uso de la radiofrecuencia en la preparación de pedidos

Un requisito básico durante las operaciones de preparación de pedidos es la interconexión entre el operador de la carretilla o selector de pedidos con el ordenador, mientras se realizan las operaciones de retirada y reemplazo de las mercancías.

Con el fin de minimizar la cantidad de datos e informaciones que se transmiten y, de esta manera, evitar los posibles errores, se sustituye la comunicación oral por la información digitalizada, que a su vez se muestra al operador en una pantalla.

La alimentación de datos al ordenador la realiza el operador mediante un tablero digital instalado en la carretilla. El elemento «radio» es, por tanto, una simple sustitución de la comunicación vía cable por ondas aéreas emitidas en una determinada longitud de onda.

Sin embargo, podrían aparecer algunas dificultades en el intento de lograr una determinada rapidez y en la supresión de errores durante el intercambio de datos, debido a las restricciones impuestas por las autoridades en cuanto a las bandas de radiofrecuencia disponibles y a la potencia de transmisión permitida.

Por este motivo, para alcanzar un nivel suficiente de fiabilidad hay que utilizar equipos de transmisión y recepción de alta calidad, además de amortiguadores y validadores de las señales entre emisor y receptor. Estos elementos necesitan un módem de telecomunicaciones, así como un programa informático que compruebe y calcule los dígitos de cada lista de caracteres enviados, capaz de detectar y rechazar errores. La comprobación de los datos mediante el programa debe producirse en ambos extremos de una transmisión; para ello se requiere un pequeño micro-computador a bordo, incorporado en la pantalla visual del operador.

Figura 5.6. Operario utilizando una pistola lectora de códigos de barras.

Los errores generados por interferencias externas sólo suelen causar una imperceptible demora, ya que las señales son captadas y automáticamente regeneradas en milisegundos durante un predeterminado número de veces. Es habitual emplear una técnica de «eco», mediante la cual cuando se recibe un mensaje se reenvía a su origen para compararlo con la transmisión original, antes de ser considerado como un mensaje «verdadero».

Los microcomputadores y las pantallas visuales en equipos deben ser robustos y, además, estar montados de forma que minimicen las vibraciones. Una transmisión-recepción aérea –de tipo y tamaño dictado por el entorno– se tiene que efectuar mediante equipos que posean baterías propias y sean capaces de suministrarles la potencia adecuada. El uso directo de la fuente de alimentación de la propia máquina no es una solución satisfactoria, a menos que ésta actúe como la fuente de carga de las baterías del equipo de comunicación (como alternativa puede utilizarse un equipo a bordo, con cambio cada 16 horas aproximadamente). El conductor de la carretilla necesita comunicarse con el lejano ordenador, y por tanto la carretilla también debe estar equipada con un tablero de mandos o un sistema similar.

La presencia de un equipo en la carretilla no debe ser demasiado intrusiva, con el fin de no interferir en la ergonomía de manejo de la misma, particularmente en lo que se refiere al campo de visión del operador. Minimizar el tamaño del equipo debe ser, pues, una prioridad de su diseñador. En cuanto a la pantalla de visualización, no obstante, su tamaño ha de tener la capacidad suficiente para que la totalidad del mensaje (número de instrucciones) sea visible para el operador. En caso contrario, éste podría interpretar las órdenes erróneamente.

Figura 5.7. Carretilla equipada con sistema informático y pantalla
para la transmisión y recepción de datos.

Para reducir la dificultad que puede producir la diferencia entre el tamaño necesario de la pantalla para toda la longitud del mensaje y el que resulta práctico para la ergonomía, puede efectuarse la transmisión del informe en bloques de mayor tamaño de lo que permite la pantalla del conductor, pero por el sistema «página a página», es decir, por partes y a voluntad del operador. Éste es un sistema que puede ser razonable, pero no es ideal y se debe evitar en la medida de lo posible.

Tanto el ordenador de control o receptor (que puede formar parte de un amplio paquete informático de manejo de materiales) como las unidades móviles, necesitan de una entidad intermedia conocida usualmente como «estación base». En este punto se comprueban las señales del ordenador y las procedentes de las unidades móviles y, además, se modifican y organizan. En esta estación base se suele encontrar también el transmisor maestro de radio.

La estación base puede estar físicamente separada del ordenador hasta por una distancia de unos 300 m. Esta posibilidad permite que la estación esté situada cerca de un supervisor del almacén.

Por norma general, la estación base tendrá su propia pantalla y teclado para permitir al supervisor acceder a los informes estándar y controlar la situación de los monitores y los procesos en cualquier momento. A la estación base se le puede incorporar una impresora para obtener una lista escrita de las tomas que cabe realizar –para entregarla al próximo turno de trabajo, por ejemplo–, e incluso para uso directo de los operadores del almacén, quienes utilizarán el enlace por radio para realimentar el ordenador y también para servicio del supervisor.

El supervisor puede utilizar la lista para decidir cómo debe repartir el trabajo entre las carretillas, e incluso modificar sobre la marcha las rutas de trabajo de los carretilleros cuando, por ejemplo, se produce un pedido de emergencia no previsto.

La radiocomunicación no es económicamente ventajosa en todas las ocasiones y, por tanto, su viabilidad necesita ser comprobada por el método del ensayo y error.

En muchas zonas se puede obtener una adecuada cobertura por medio de una simple estación base, especialmente si esa estación está situada en el entorno de los 150 m que unen los extremos de las operaciones. En superficies mayores tal vez se necesite el trabajo conjunto de dos o más estaciones base para lograr una buena cobertura.

La tendencia es utilizar los equipos de radiofrecuencia en almacenes menores, cada vez más pequeños, y así lograr menores errores. Si en las operaciones de un almacén están involucradas diez o más carretillas, la mayor eficacia de su uso podría obligar a disminuir su número.

Los sistemas que emplean muchas carretillas requieren una estrecha atención, ya que pueden producirse acumulaciones de mensajes. Los diferentes métodos para resolver las posibles congestiones varían según su mejor o peor adecuación en función de la longitud de los mensajes y la frecuencia de los contactos.

Estas mismas técnicas de comunicación se pueden aplicar en operaciones pedestres usando diferentes variantes del mismo equipo, bien con equipos montados en un carro o con equipos manuales que posean un sistema de grabación.

El uso de una grabadora para registrar este tipo de informaciones, que se han de transmitir posteriormente a un ordenador, hace que se pierdan algunos de los beneficios que se obtienen con la inmediatez, pero se puede combinar para que la transmisión se efectúe rápidamente.

Algunos fabricantes consultados aseguran que la operación de transmisión por medio de símbolos y dígitos de comunicación entre equipos móviles, tal y como hemos descrito anteriormente, también puede adaptarse para aceptar otras formas de introducción de datos.

2.3 Lectura de símbolos y comprobación de lecturas

Los humanos tenemos la tendencia a ver lo que esperamos ver cuando vemos una lista de caracteres, incluso antes de tenerla delante. Un ejemplo típico de esto se produce cuando en una operación de almacenaje se requiere recordar el número de ubicación después de depositar una carga. Como es usual que en un almacén tanto los pasillos como las posiciones y los niveles se identifiquen por medio de números, es muy frecuente que el operador tenga una idea equivocada sobre el lugar en que se encuentra en cada momento, y confíe en que esa convicción sea más segura que la realidad de lo que él está viendo.

Para la instalación física y la numeración limitada de identificaciones como las ubicaciones de un almacén, no es necesaria la utilización de ninguna tecnología especial. Basta con colocar letras o números en la ubicación para que ésta pueda ser identificada como verdadera o falsa.

Es frecuente la adición de símbolos o dígitos identificativos en los productos para la realimentación de las existencias (estos productos pueden ser, por supuesto, variables y muy numerosos), y se pueden generar caracteres extra por medio del cálculo y añadirlos a los números de los productos para obtener los dígitos necesarios con objeto de efectuar los chequeos que se precisen. Los códigos de identificación tienden a ser muy largos y suelen producir lecturas falsas; éste es un asunto que conviene considerar.

2.4 Códigos de barras. Lápices ópticos y escáneres

El uso de los códigos de barras se ha visto impulsado en los últimos años, forzado por los aumentos de producción y las tendencias al desarrollo logístico de las que hablaremos más detenidamente en apartados posteriores. La existencia de un código de barras impreso en el embalaje de los productos es hoy en día un hecho prácticamente generalizado. Su utilización en toda clase de productos es tan normal que no se concibe ninguna unidad susceptible de ser manejada, manipulada o transportada, que carezca de este tipo de identificación.

Los códigos de barras pueden contener una gran cantidad de información para un operador adecuadamente equipado, y ofrecen el beneficio adicional de suministrar esa información con mucha rapidez.

Desde el punto de vista del almacenamiento y la preparación de pedidos, con la consiguiente formación de unidades de transporte interno y externo, su utilización más beneficiosa reside en la posibilidad de eliminar o, mejor dicho, reducir el número de errores, pero para ello es imprescindible la realización de una correcta lectura de la información contenida en el código de barras.

Aparentemente la lectura de los códigos de barras debería ser sumamente sencilla mediante el uso de los medios adecuados, como escáneres y otros elementos de lectura electrónica cada día más extendidos.

Aunque los códigos de barras también se pueden leer de forma incorrecta si se hace un uso inadecuado del equipo, o si existe una etiqueta que no corresponde, el proceso de eliminación de lecturas falsas es muy rápido.

La principal razón para la introducción de códigos de barras en un sistema de almacenamiento es, muy probablemente, el adelanto que supone para la identificación de los productos en existencia. La disponibilidad del equipo necesario para operar con ellos puede justificar también el uso de los códigos de barras para una buena identificación de las ubicaciones.

Figura 5.8. Etiquetas con códigos de barras para la identificación de expediciones gestionadas por un operador logístico.

Un código de barras es sencillamente una etiqueta con un número determinado de barras negras inscritas en ella. Cada barra tiene la posibilidad de representar un dígito, de acuerdo con su posición en el código total. Si el dígito está representado, la barra es ancha, y si el dígito no está presente la barra es fina.

Como la interpretación de la posición de las barras gruesas implica una tecnología básica de los ordenadores, lo más lógico sería que las representación de los dígitos se realizara por medio de los números binarios al uso.

Sin embargo, esto no es tan habitual, debido a que la importancia que se da a la seguridad o «comprobabilidad» de cada código se basa en la utilización del menor número de dígitos posible.

Podemos examinar, por ejemplo, un tipo de código muy usado para etiquetas exclusivamente digitales, en las cuales no se necesita la utilización de caracteres alfabéticos. Este tipo de código se conoce con la denominación «2 de 5» (véase la figura 5.9).

Lo primero que necesita el equipo de lectura es establecer qué es lo que está en «blanco» en la etiqueta, es decir, sin código, ya que las etiquetas pueden ser de colores o simplemente estar descoloridas o sucias. Para esto son necesarias zonas de entrada y de seguimiento sin impresión en cada extremo de la barra modelo. Estas zonas tienen que ser de una anchura como mínimo diez veces mayor que el espesor de una barra delgada o cinco veces el de las barras gruesas, el aspecto que abunde más.

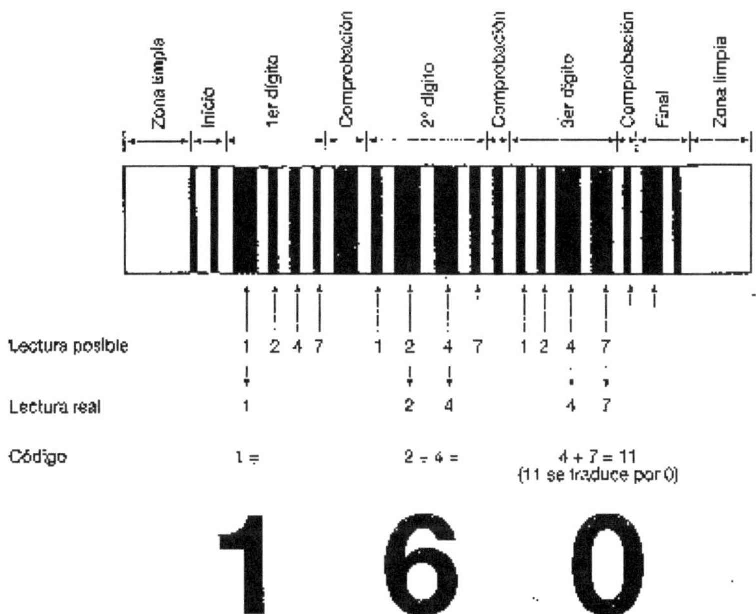

Las barras intercaladas, anchas o estrechas, son necesarias para asegurar que cada grupo de cinco contiene como máximo dos barras anchas.

Figura 5.9. Explicación del código de barras «2 de 5».

La segunda necesidad es establecer cuándo el código está empezando a aparecer y cuándo ha terminado. Para satisfacer esta necesidad se efectúa la impresión de dos barras estrechas adyacentes al principio y una gruesa más una fina, al final. Entre las señales de «principio» y «final» aparece una serie de barras que indican el número concreto. Esa serie puede ser muy larga y no estar dividida en secciones, pero cada conjunto de cinco barras consecutivas representa un dígito. Y cada dígito representado puede tener un valor entre uno y nueve, ambos inclusive.

Aquí se utiliza una variación de la serie de los números binarios normales, creada para introducir una barra de chequeo en la lectura entre cada cinco barras dígitos. Esta barra será gruesa si la barra final de la serie es fina, y fina si la barra final de la serie es gruesa. Un sistema de chequeo adicional consiste en que cada secuencia de cinco barras sólo pueda contener dos barras anchas, ni más ni menos.

Si se utilizaran los dígitos binarios habituales, 0, 1, 2, 4 y 8, en una serie formada mediante cinco barras, el número decimal 7 necesitaría tres barras anchas (1+2+4); de ahí la necesidad de utilizar un sistema digital diferente.

En la figura 5.9 se utiliza un código de cinco barras para representar (de izquierda a derecha) 1, 1, 4, 7 + «validación». Los cuatro dígitos elegidos se pueden usar de modo singular o por pares para representar cualquier número desde 1 a 9, mientras que un 0 está representado por 11. La última barra de «validación» se utiliza para asegurar que allí sólo hay dos barras anchas en el juego de cinco; es decir, habrá una barra estrecha si han sido representados dos dígitos o una barra ancha si sólo se ha representado uno.

A la etiqueta «2 de 5» descrita se le puede incorporar un código adicional, utilizando los espacios situados entre las barras, las cuales también pueden aparecer como anchas o estrechas representado nuevos dígitos para proporcionar más capacidad digital en una etiqueta de similar tamaño.

Otro código tipo es el «3 de 9» (nueve barras, tres de las cuales son anchas, con intercalado de barras y espacios). Este código es muy utilizado cuando se necesita un alfabeto completo, además de la información digital.

Existen otros tipos de simbologías para la creación de códigos de barras; entre ellas podemos enumerar las siguientes:

- **Símbolos 128**
  Sistema de simbología introducido en 1981 que se caracteriza por la utilización de elementos de alta densidad y la utilización de códigos ASCII, mediante un carácter representado por medio de tres barras y tres espacios, con once módulos unidos en grupos desde uno hasta cuatro caracteres.

- **Codabar**
  Introducido en 1972 y muy utilizado para los bancos de sangre y en la distribución de paquetería.

- **Código 93**
  Este código engloba todos los caracteres ASCII. Posee una estructura muy compleja, utiliza cuatro anchos diferentes de barras, de forma continua, tiene una longitud variable y requiere de dos dígitos de control.

Otros códigos de carácter más exclusivista son los denominados Laetus (muy utilizado en el sector farmacéutico y que está destinado a la realización de verificaciones) y el código 11, introducido en 1977. Éste es de alta densidad, aplicado principalmente en los campos de la electrónica y las telecomunicaciones.

También existen los llamados códigos bidimensionales, que manteniendo el formato de código de barras incluyen información mucho más compleja. Entre éstos podemos citar al Codablock, diseñado por ICS y que responde a la simbología 39 con una estructura de control adicional; el código 49, desarrollado por David Allais, con una estructura formada por 16 módulos con 4 anchos, y el código 16K, que codifica desde 7 hasta 114 caracteres.

2.5 Sistema de codificación EAN

Actualmente, las mercancías que se mueven en más de ochenta países están codificadas mediante el sistema de codificación EAN (European Article Number). Este sistema es el más extendido en el mundo.

El código EAN es usado en una gran diversidad de sectores y adopta un modelo de codificación específico mediante la utilización de diversas simbologías. Existe una organización internacional que regula y asesora respecto a todo lo relacionado con el código EAN.

Los dos primeros dígitos de un código de barras identifican al país originario del producto. Estos dígitos son asignados desde Bruselas.

La codificación responde a una determinada estructura, diferente para cada producto y sector, que puede contener las siguientes identificaciones:

– Identificación del fabricante.
– Número de artículo.
– Número de lote o partida.
– Fecha de producción.
– Fecha de envasado.
– Fecha de mínima duración.
– Fecha de máxima duración.
– Variante del producto.
– Número de serie.
– Cantidad variable.
– Medidas comerciales y logísticas.
– Cantidad.
– Número de pedido del cliente.
– Número de consignación.

La elección de un código requiere del asesoramiento de expertos y debe incluir consideraciones de cómo se ha de producir el código –para tener fiabilidad de definición– y cómo ha de ser leído, es decir, con qué equipo.

Los códigos de barras utilizados como identificadores para las operaciones de almacenaje se suelen leer con aparatos manuales. Estos aparatos iluminan la etiqueta por medio de una luz emitida por diodos y leen la luz reflejada mediante un receptor-comparador electroóptico.

Además del equipo de lectura se requiere un descodificador para interpretar las lecturas en caracteres alfabéticos y números decimales, así como para realizar los chequeos.

Sin embargo, es muy frecuente que el paquete que se ha de descodificar esté situado sobre una estantería, que puede ser de hasta tres metros de largo y contener docenas de diferentes productos de inventario; es decir, al operador le llevaría bastante tiempo buscarlo. El sistema se puede mejorar para reducir el tiempo de búsqueda y, probablemente, también los errores, introduciendo un sistema adicional que indique la posición del producto en la estantería.

Una forma de realizar esta indicación, por ejemplo, puede consistir en la colocación de un determinado número de luces piloto a lo largo del hueco de *picking*. Los indicadores de esas luces piloto suelen bastar cuando cada nivel está compartimentado en ubicaciones de tamaño similar, o que contienen contenedores de dimensiones parecidas. Cuando las ubicaciones varían y, particularmente, si los productos no están colocados en compartimentos, es posible utilizar un haz de luz global, que sea capaz de posicionar la señal a lo largo de cualquier punto dentro de la longitud del estante.

2.6 Codificación de voces

La codificación de voces puede ser una alternativa muy adecuada para mejorar la operativa de un carrusel o un banco de carruseles (ya sean de tipo vertical u horizontal). Éste es un sistema muy útil para cuando se está rellenando y recogiendo material del *stock*. Aunque la operación con un carrusel es relativamente estacionaria, muy a menudo las operaciones de cuenteo, chequeo y embalaje de los productos, etc., engloban una parte significativa del trabajo.

En tales casos es preciso que los ojos y manos del operador estén libres para ver la pantalla y usar el tablero o el lápiz óptico tanto como sea posible. Entonces es conveniente tener en consideración las ventajas de utilización de la voz y el oído como base de comunicación. El problema es, por supuesto, que en un extremo de la curva de comunicación tiene que haber una máquina para controlar un aparato electrónico que debe ser añadido para participar en una comunicación verbal.

Los ordenadores tienen un vocabulario, pueden activarse por mandatos orales y diferenciar entre distintos mandatos, así como simular la voz humana. Su efectividad para hacer estas tareas está relacionada con el diseño del equipo informático y del programa utilizado. Un buen paquete informático va más allá del simple uso del chequeo de números o dígitos y de la realización de sumas: calibra y examina la autenticidad de las palabras por medio de su yuxtaposición con otras y encuentra las sílabas alternativas para dar sentido aparente de salida o «casi sentido» (deberá rechazar totalmente las sinsentido). Las voces humanas son diferentes y el ordenador sólo se comunicará con una voz que tenga memorizada y analizada.

La codificación de voces genera un gran número de problemas, pero su aplicación es comparativamente pequeña, ya que se usa para los cortos mandatos digitales. El caso más extremo lo tenemos en el vocabulario típico necesario que exprese un inventario de doscientos productos de un carrusel, en el cual se tiende a adelantar mediante la repetición de comunicaciones para lograr suficiente claridad. En situaciones límite, la práctica, los ojos y la destreza propia del operador pueden constituir otra reducción que, adecuadamente empleada, sea una técnica equivalente considerable. Es indudable que desarrollos futuros pueden mejorar ampliamente el ámbito práctico de aplicación de la codificación de voces.

Capítulo 6
Almacenes logísticos

1 La concepción logística y su relación con el almacenaje

Durante la década de 1990 se introdujo paulatinamente un concepto novedoso en el mundo del almacenaje: la «logística». En realidad no se trataba de ningún elemento nuevo, pero sí lo fue su implantación en el ámbito del almacenamiento de mercancías.

La logística es el proceso que se ocupa de la planificación y el desarrollo del suministro de toda clase de elementos necesarios para la ejecución de una acción. Utilizando la lógica casi como único argumento, ese proceso se ha venido utilizando desde tiempos inmemoriales. Cuando Aníbal cruzó los Alpes para atacar a Roma, utilizaba la lógica y aplicaba criterios logísticos para trasladar su ejército y sus pertrechos a lomos de elefantes africanos. También emplearon la logística Aquiles, Ulises, Agamenón y otros héroes homéricos y reyes griegos, por ejemplo cuando utilizaron un caballo de madera para introducir sus ejércitos en la sitiada Troya, rompiendo así la feroz resistencia que los troyanos ofrecían al diez veces más numeroso ejército griego. Al igual que éstos, podemos encontrar cientos de ejemplos de uso de la logística a lo largo de la historia.

Sin embargo, otros conceptos sí han resultado novedosos, como el «justo a tiempo» *(just-in-time,* JIT) y el *Kanban,* desarrollados por la industria del automóvil japonesa en las décadas de los cincuenta y sesenta del pasado siglo. Concretamente, Toyota introdujo el JIT en 1954 y lo amplió con el sistema de información *Kanban* en 1960. Ambos sistemas son complementarios y tienen por objeto la consecución de un objetivo único: reducir el volumen de las existencias. Por tanto, mediante ellos se pretende hacer un uso lógico de los recursos, con el fin de que la industria produzca únicamente lo necesario y en el momento en que se necesita, de modo que se eliminen los *stocks* innecesarios de productos terminados y, en la medida de lo posible, las existencias de materias primas.

Ambos conceptos fueron absorbidos e implantados en los países occidentales industrializados a raíz de las sucesivas crisis del petróleo de los años setenta y ochenta del pasado siglo XX. Durante estas décadas, las industrias occidentales tuvieron que superar una fuerte competencia de la poderosísima industria japonesa, mediante la adopción en sus sistemas de fabricación de los procesos de reducción de existencias y de robotización de la producción. Este proceso trajo como consecuencia el desarrollo de nuevos y más versátiles robots de fabricación, los sistemas de carros filoguiados, la aplicación de la informática en los procesos de fabricación, el uso de los nuevos materiales desarrollados por la industria espacial en la electrónica, etc.

Uno de los objetivos de la implantación del «justo a tiempo», la difícil reducción de existencias de materias primas, ha sido el motor que ha inducido a la industria para que profundice en el desarrollo de los procesos logísticos. De ahí nace lo que en los últimos diez años se conoce como «almacenes logísticos».

2 La logística y el almacenamiento

La interrelación existente entre la logística y el almacenamiento es clara y manifiesta. La logística moderna contiene unos objetivos que podríamos resumir en:

- la planificación, el diseño, el suministro y la producción de materiales;
- el mantenimiento y el apoyo a la producción y, por último,
- la retirada y el reciclaje de materiales.

A estos objetivos se añade la misión de gestionar cada una de dichas actividades, donde tienen cabida no sólo el transporte y la manipulación de los materiales, sino también dos aspectos muy importantes en toda actividad comercial e industrial: el almacenamiento y la distribución.

Uno de los fines de la logística es el desarrollo y la gestión del flujo de materiales, comenzando por el suministro inicial de las materias primas, pasando por la producción, continuando con su almacenamiento y finalizando con la distribución de los productos destinados al consumo.

La logística se plantea como un todo integrado, de forma que cualquier actividad implicada en el flujo de materiales y de productos consumibles en cualesquiera de los ámbitos, ya sea comercial o industrial, requiere de sistemas de desarrollo, producción y distribución coordinados.

Por otro lado, los sistemas logísticos de almacenamiento están recibiendo el apoyo de las tecnologías de la información y de la comunicación (TIC), si bien el desarrollo de éstas es tan rápido que algunos sistemas quedan obsoletos en un breve período de tiempo, sin haber alcanzado su total implantación o sin satisfacer plenamente las expectativas del usuario.

3 Los operadores logísticos

A finales de los años ochenta y principios de los noventa del siglo XX, surgen los denominados operadores logísticos. Son empresas externas y ajenas a la empresa productora principal, nacidas con la misión de realizar las tareas logísticas que ésta necesita para desarrollar su actividad. Con su utilización, la empresa productora logra tres objetivos: la estandarización del coste de la logística, la reducción de existencias y la adecuación de la producción a la demanda.

Estos operadores se ocupan de resolver todas las tareas logísticas, incluyendo el transporte interno y externo, así como la distribución y el almacenamiento de materias primas, de productos semielaborados o totalmente acabados. Los operadores logísticos llegan a ocuparse incluso de la prestación del servicio posventa de los productos elaborados por la empresa principal. En todas estas actividades deben trabajar estrechamente coordinados con los departamentos de ingeniería, producción, distribución e incluso el comercial y de servicio de cada una de las empresas productoras.

Figura 6.1. La deslocalización y la subcontratación han impulsado la figura del operador logístico internacional y han hecho emerger nuevas necesidades en el aprovisionamiento, el transporte y la distribución. En la imagen, un almacén del operador logístico Christian Salvesen en el Reino Unido.

La función de operador logístico requiere un elevado grado de especialización, motivo por el que existen verdaderas especialidades para cada tarea específica. Hay operadores dedicados exclusivamente al transporte interno, que trabajan estrechamente coordinados con los departamentos de ingeniería y producción. Otros están dedicados al transporte externo, por lo que han de coordinarse con los departamentos de distribución y comercial del fabricante. Los operadores logísticos dedicados exclusivamente al almacenamiento tanto de materias primas y productos semielaborados como de productos acabados, se deben coordinar a través de los departamentos de producción y distribución, respectivamente.

Uno de los impulsos tecnológicos más relevantes en el inicio del siglo XXI es la generalización del uso de internet y el correo electrónico. Mediante ambos medios, la rapidez de las órdenes de transporte y distribución ha crecido espectacularmente, de forma que éstas se trasmiten en tiempo real, agilizando sobremanera el movimiento de las mercancías y, al mismo tiempo, reduciendo notablemente la necesidad de almacenamiento en puntos intermedios y abaratando los costes de transporte y almacenaje.

4   La distribución y la logística

No se puede concebir la logística como una actividad parcial, ni de almacenaje ni de transporte, ya que ambas están íntimamente vinculadas. Los responsables de las empresas de logística organizan ambos aspectos con el fin de reducir costes y mejorar la calidad de sus servicios, especialmente en cuanto atañe a la satisfacción de los pedidos y su entrega a los clientes.

No obstante, la mejora de los sistemas de distribución es siempre compleja, ya que intervienen muchos factores con multitud de variables. Unos son inherentes a la distribución en sí, como las variaciones diarias o estacionarias, los cambios en la estructura de los clientes, etc. Otros son ajenos pero también afectan a la distribución, como ocurre con las fluctuaciones de orden económico y los cambios en la legislación, ya sea ésta autonómica, estatal o supranacional y, particularmente, la que se refiere a las características y el peso de los camiones.

Los avances en el terreno de la informática, las comunicaciones y el almacenaje industrial, han ayudado en gran medida a la logística de distribución en aspectos de:

– Organización y estructuración de un almacen logístico.
– Dimensionado del parque de vehículos.
– Organización de los turnos de reparto.

Ni que decir tiene que el desarrollo de estos ámbitos requiere de personal perfectamente preparado y experimentado.

A pesar de que no existe ningún recetario capaz de esclarecer a los responsables de la logística de un almacén cuáles son los métodos más acertados que se deben utilizar para resolver las situaciones a las que deben enfrentarse en cada momento, pensamos que puede serles útil la exposición de algunos, como:

– Definir el sistema óptimo para la distribución logística.
– Organizar la distribución dentro del almacén.
– Mejorar los sistemas de manutención.

4.1 El almacén de distribución logística

En el apartado 7 del capítulo 4, «Organización y estructuración de un almacén de distribución», se estudiaron los elementos que intervienen en el momento de organizar un almacén de distribución logística. Recordemos que lo primero que se ha de tener en cuenta es la variedad de artículos que se agruparán en ese centro, así como disponer del espacio necesario para el almacenaje de artículos diversos, con índices de rotación muy variables, tamaños distintos y que requieren una cantidad diferente de existencias.

5　Plataformas logísticas

No existe una normativa específica que recoja cuáles son en sí las actividades incluidas dentro de una plataforma logística. Si bien la Ley de ordenación de los transportes terrestres de 1987, más conocida por las siglas LOTT, menciona explícitamente las «estaciones de transporte de mercancías», no establece unos criterios que fijen su definición.

*Figura 6.2. Almacén de distribución logística del operador
Condeminas Servicios Logísticos en Barcelona.*

No obstante, la asociación de centros de transporte de ámbito europeo, Europlatforms, ha formulado una definición de lo que es una plataforma logística:

> Una plataforma logística, también llamada centro de transportes, centro logístico, plataforma de flete, estación o centro integrado de mercancías, es una zona perfectamente delimitada en la que distintos operadores ejercen actividades relativas al transporte, la logística y la distribución de las mercancías, tanto para el tránsito nacional como para el internacional.
>
> Los operadores que actúan dentro de una plataforma logística pueden ser propietarios, inquilinos o simples usuarios de los medios e instalaciones de que éstas están dotadas, ya sean almacenes, muelles de fraccionamiento, áreas de almacenamiento, oficinas, aparcamientos, talleres, etc.
>
> Una plataforma logística ha de estar abierta, en libre competencia, a todas las empresas interesadas en este tipo de actividades. Además, debe estar dotada de todos los equipos necesarios para las explotaciones anteriormente descritas y, si es posible, constar de servicios públicos y privados para las personas, los vehículos y las empresas usuarias.
>
> Para favorecer la intermodalidad en el tratamiento de las mercancías, una plataforma logística debe comunicar con una pluralidad de modos de transporte (carretera, ferroviario, marítimo y aéreo).

Así, las plataformas logísticas se presentan como elementos fundamentales para el desarrollo de la logística en todo el proceso de almacenamiento y distribución de productos. Incorporan los requerimientos de la logística integral (concentración de servicios, informatización y técnicas de telecomunicación, etc.) y generan sinergias, reducción de costes de explotación y economías de escala en las empresas de este sector.

5.1 Origen de las plataformas logísticas y su situación actual

Las primeras plataformas logísticas se desarrollaron en Francia a principios de los años sesenta del pasado siglo XX, con los centros de Garoner y Solaris, en París. Desde entonces se ha creado una extensísima red de ellas en Francia (más de cincuenta) y en toda Europa. En España este proceso se inició en 1980 con la inauguración del Centro de Transporte Aduana de Burgos, al que se sumaron en 1983 las instalaciones de Aparcavisa, en Vizcaya, y Zaisa, en Irán. Su actividad en España se regula mediante la LOTT de julio de 1987 y su reglamento de aplicación ROTT.

Las asociaciones nacionales de plataformas logísticas de Francia, Italia y España se asociaron a su vez en 1991 constituyendo Europlatforms, a la que posteriormente se sumaron el Reino Unido, Irlanda, Noruega, Alemania y Dinamarca. Algunos países, como Alemania, poseen numerosas plataformas logísticas de tipo individual, en general creadas por las empresas productoras para atender exclusivamente a sus necesidades. Sin embargo, la tendencia actual en Europa es la creación de plataformas colectivas.

5.2 Efectos derivados de la implantación de las plataformas logísticas

Dicha inplantación ha sido un factor clave del desarrollo logístico, tanto desde el punto de vista socioeconómico como desde el del entorno urbano y medioambiental, en las grandes urbes y en las zonas que se han especializado en la recepción y expedición de mercancías.

La Asociación de Centros de Transporte de España (Acte), organización privada que aglutina a las plataformas logísticas existentes en el territorio español, desarrolló un estudio sobre estos efectos a través de las consultoras AUIA y DHV (SPIM), cuyos resultados fueron los siguientes:

5.2.1 Desde el punto de vista empresarial

Las plataformas logísticas ofrecen a las empresas los siguientes servicios:

Figura 6.3. Vista de la central integrada de mercancías CIM Vallès,
en la región metropolitana de Barcelona.

*Figura 6.4. Las plataformas logísticas son las infraestructuras nodales que reúnen
la oferta más cualificada para las empresas de transporte y la racionalización de su actividad.*

- Instalaciones físicas de diseño idóneo para el desarrollo de sus actividades.
- Áreas de maniobra y viales de acceso de gran amplitud que facilitan la entrada y salida de los vehículos, reduciendo los tiempos operativos.
- Una excelente localización con respecto a las poblaciones y centros industriales, con una alta capacidad de infraestructuras de telecomunicaciones.
- Un alto grado de vigilancia y seguridad colectiva que permite a las empresas poder prescindir de sistemas propios de seguridad.
- Prestación de servicios colectivos.
- Disponibilidad de servicios complementarios.
- Ubicación conjunta con otras empresas del sector, lo que permite su interrelación y la creación de sinergias.

Se podría objetar que estas características no son exclusivas de las plataformas logísticas, pero sí son las únicas infraestructuras nodales que las reúnen en su conjunto.

5.2.2 Desde el punto de vista de la racionalización del transporte

La situación estratégica de las plataformas ofrece la posibilidad de desarrollar nuevas estructuras comerciales y empresariales, tanto en el ámbito local, como en el nacional e internacional.

*Figura 6.5. Instalaciones de servicio de los profesionales del transporte
en la plataforma logística CIM Vallès.*

La utilización de las plataformas implica una mejora sustancial de la calidad de los servicios y ofrece la oportunidad de prestar otros nuevos. Por otro lado, la globalización de servicios incluidos en las plataformas logísticas facilita el acceso a las modernizaciones e innovaciones tecnológicas. Su integración también produce una elevación de los niveles de cualificación profesional y empresarial, especialmente para los medianos y pequeños operadores logísticos.

5.2.3 Desde el punto de vista socioeconómico y el del desarrollo regional

La existencia de las plataformas logísticas facilita el desarrollo de las inversiones y de los procesos de implantación de productores.

La ubicación de las plataformas y su integración con las regiones, ciudades y el entorno urbano de las mismas, conduce a su posicionamiento privilegiado dentro de las cadenas logísticas.

El aumento de los flujos de mercancías derivado de la existencia de esos centros de transporte produce un efecto positivo sobre la inducción de empleo y el empleo estructural y, de otro lado, los ingresos en el erario público experimentan un crecimiento por el incremento del producto interior bruto, tanto regional como nacional.

5.2.4 Desde el punto de vista del ámbito urbano y ambiental

La construcción de plataformas logísticas conlleva el efecto positivo de desocupación de suelo urbano en las ciudades, ya que se produce una relocalización de las empresas del sector logístico. Esta desocupación, a su vez, produce una revalorización del suelo, la mejora sustancial de las áreas degradadas y, en general, una considerable mejora de la calidad de vida en las ciudades.

Con la existencia de las plataformas se logra una mejor y más completa recentralización de los núcleos dispersos de transporte, tradicionalmente ubicados en las zonas de acceso privilegiado de las ciudades, con lo que se consigue una reducción de los costes generales.

Asimismo, el hecho de que los vehículos de transporte pesado no tengan que entrar en las ciudades, tiene el efecto de lograr la desaparición casi completa de éstos en las mismas.

Además de estos factores existen otros de índole estrictamente económica que avalan la creación y desarrollo de estas plataformas.

El estudio encargado por Acte abordó los criterios para la viabilidad de los centros integrados de mercancías, planteando como aspectos clave la visión integrada de los mismos, la competitividad y la globalización de efectos que produce. Dado que en la viabilidad de un centro no pueden aislarse los conceptos «hacer» y «cómo hacer», es preciso desarrollar una concepción estratégica en función de la evolución posible de la logística, combinada con un diseño funcional y societario, y un modelo de gestión basado en criterios de credibilidad, flexibilidad y operatividad, con una especial atención al control de costes.

En el estudio de Acte se establece una valoración de esos beneficios económico-empresariales, que se resume en la tabla 6.1.

VALORACIÓN DE LAS PLATAFORMAS LOGÍSTICAS Y BENEFICIOS PARA LAS EMPRESAS			
Subsector	*Factores más valorados*	*Ahorros medios sobre coste total (%)*	*Incremento máximo asumible en instalaciones (%)*
Carga fraccionada	Adquisición Accesibilidad Seguridad	10	140
Almacenaje	Adquisición Accesibilidad Seguridad Diseño naves	12	65
Grupaje	Adquisición Localización Seguridad	6-7	65
Oficinas	Adquisición Imagen de la empresa	–	–

Tabla 6.1. Valoración de los beneficios generados por las plataformas logísticas, según un estudio de Acte (Asociación de Centros de Transporte de España).

Capítulo 7
Sistemas de almacenaje

Existen diferentes sistemas para la organización de las mercancías dentro de la zona de almacenamiento de un almacén, y su elección dependerá básicamente de dos factores:

- Forma de colocación de las mercancías.
- Utilización del espacio disponible.

1 Forma de colocación de las mercancías

Los métodos que pueden utilizarse son:

- Almacenamiento ordenado.
- Almacenamiento desordenado.
- Almacenamiento en bloque.
- Almacenamiento a granel.

1.1 Almacenamiento ordenado

Lo podríamos definir como el modo de almacenamiento que otorga un único lugar para cada producto. Por tanto, en él se trata de establecer los espacios de forma que en ellos no puedan colocarse más que mercancías del mismo tipo.

Las áreas asignadas deben ofrecer la flexibilidad adecuada, en especial si existe la posibilidad de que surjan fluctuaciones estacionales en una o varias líneas de productos, lo que comporta que el aprovechamiento del espacio nunca sea el óptimo. Sin embargo, la utilización de un sistema de almacenamiento ordenado representa la mejor garantía en cuanto se refiere a la facilidad de manipulación de las mercancías, así como al control y recuento de las cantidades almacenadas.

1.2 Almacenamiento desordenado

Se dice que se trata de un almacenamiento desordenado cuando la asignación de lugares o huecos se efectúa a medida que se va recepcionando la mercancía, sin atender a ningún orden concreto, sino únicamente a la necesidad de colocación de ésta.

En el almacenamiento desordenado la flexibilidad del almacén ha de ser máxima. Las áreas deben tener unas dimensiones adecuadas para que, en cualquier momento, puedan utilizarse con cualesquiera de los productos que se reciban.

Las ventajas e inconvenientes entre el almacenamiento ordenado y el desordenado, son las siguientes:

- **Almacenamiento desordenado**

  Ventajas: flexibilidad; utilización; capacidad.
  Inconvenientes: control; inventario.

- **Almacenamiento ordenado**

  *Ventajas***:** facilidad de manejo; control; inventario.
  Inconvenientes: utilización; capacidad.

En el almacenamiento desordenado, la no designación exacta de un lugar para cada producto conlleva su mayor ventaja: la flexibilidad al cien por cien. Esta flexibilidad permite que el almacén se pueda llenar al máximo en cualquier circunstancia, cosa que impide, en la práctica, la rigidez implícita del almacenamiento ordenado.

Por el contrario, el almacenamiento ordenado posee su mayor ventaja en el orden, que permite un control preciso en cualquier momento; algo más difícil de realizar en el desordenado.

1.3 Almacenamiento en bloque

El único sistema que permite llenar completamente un almacén es el almacenamiento en bloque. Como ya vimos en el capítulo 2, apartado 7.3, en este sistema las mercancías se apilan unas junto a otras, sin dejar espacios intermedios y sin mayor orden aparente que el de su llegada.

En la práctica, cuando se realiza un almacenamiento en bloque se constituye una serie de tantos bloques como productos diferentes se deban almacenar, de forma que todos los productos de una misma referencia se almacenan juntos. De esta manera, el almacenamiento en bloque es prácticamente un almacenamiento ordenado, con las ventajas e inconvenientes del mismo. Sin embargo, al no dejar espacios intermedios entre las mercancías el ratio de ocupación en un almacén en bloque siempre es mayor que el de un simple almacén ordenado.

1.4 Almacenamiento a granel

Se trata del almacenamiento de los productos sueltos, es decir, de aquellos que no están estructurados en forma de unidades de carga.

Estos productos se almacenan formando montones o rimeras, ya sea adosados a paredes o bien en el centro de un almacén. Los almacenes utilizados pueden ser cubiertos o estar al aire libre.

La elección de uno u otro tipo de almacén depende exclusivamente de las características del material que se debe almacenar y de su capacidad de resistencia ante los efectos climatológicos.

2   Utilización del espacio disponible

Uno de los aspectos más importantes para la elección del sistema de almacenaje más adecuado reside en conseguir una óptima utilización del espacio disponible.

Para lograr un uso óptimo del espacio, éste se debe analizar previamente mediante la utilización de los dos parámetros que lo definen: superficie y volumen.

2.1 Superficie de almacenaje

Se define como superficie de almacenaje, expresada en metros cuadrados, la que se destina en un almacén para uso exclusivo del depósito de mercancías. Generalmente se obtiene de restar a la superficie total edificada las zonas destinadas a recepción, control de calidad –si lo hubiera–, empaquetado y expedición.

Una vez obtenida la superficie de almacenaje, se debe proceder a determinar la cantidad de mercancía que se necesita almacenar y, tras decidir el método de colocación de la misma, se puede iniciar el estudio de los sistemas de almacenaje que aprovechen mejor la utilización de la superficie.

2.2 Métodos basados en la optimización de la superficie utilizada

Básicamente, en el almacenaje se utilizan dos métodos: el almacenamiento sin o con pasillos.

El *almacenamiento sin pasillos* es el que normalmente se realiza formando bloques de productos, apilados con o sin palé o plataforma de apoyo, de forma que entre ellos no exista ningún espacio perdido.

Por el contrario, en el *almacenamiento con pasillos* las mercancías o productos se apilan dejando entre dos cargas unitarias un pasillo de separación y acceso, cuya anchura se establece en función del medio o método de apilado que se utilice. En este sistema, las mercancías pueden ir colocadas sobre palé o plataforma de apoyo, o pueden estar apiladas directamente unas sobre otras.

El índice de optimización del espacio empleado varía entre 100, para el almacenamiento sin pasillos en un bloque y unas mercancías totalmente regulares, almacenadas sobre palé de apoyo o directamente unas sobre otras, y poco más de 30 para el almacenamiento con pasillos de separación y acceso, utilizando para el apilado una carretilla elevadora contrapesada convencional.

La clasificación de los métodos de almacenamiento según el grado de optimización del espacio disponible, es la que se detalló anteriormente en el apartado 8.1.1 del capítulo 4, y que resumimos aquí:

1. En bloque compacto.
2. En bloque sobre estanterías.
3. En bloque mediante estanterías móviles.
4. Con pasillos, utilizando transelevadores.
5. Con pasillos, utilizando carretillas trilaterales.
6. Con pasillos, utilizando carretillas elevadoras retráctiles.
7. Con pasillos, utilizando apiladores con conductor sentado.
8. Con pasillos, utilizando apiladores con conductor acompañante.
9. Con pasillos, utilizando carretillas elevadoras contrapesadas.

Figura 7.1. Almacenamiento con estanterías y pasillos.

Esta clasificación está realizada tomando como referencia el almacenaje de unidades de carga convencionales, sobre palés de tipo europeo de 800 × 1.200 o 1.000 × 1.200 mm., con un peso comprendido entre 1.000 y 1.500 kg.

2.2.1 Almacenamiento en bloque compacto

Se denomina de esta forma el almacenamiento que se realiza mediante la superposición de cargas unitarias en forma de pilas, colocadas lateralmente unas junto a otras dentro de un almacén, sin dejar hueco alguno entre las mismas, de manera que todo el almacén quede completamente ocupado.

Esta disposición produce un aprovechamiento del cien por cien de la superficie disponible. El único inconveniente que presenta es la accesibilidad a cada una de las cargas, ya que acceder a una carga determinada puede significar apartar previamente todas las que la rodean. Para evitar esta dificultad se recurre a la formación de bloques de productos homogéneos, identificados por una misma referencia.

Su utilización está muy extendida y es recomendable en el almacenamiento de productos que no tienen una determinada caducidad, o cuando su salida del almacén se produce en ese mismo momento.

Algunos ejemplos de utilización de este sistema pueden ser:

- Almacenes de bebidas.
- Almacenes de las fábricas de transformados agrícolas: harineras, azucareras, conserveras, etc.
- Almacenes de productos agrícolas: frutas, verduras, etc.
- Almacenes de leche envasada.

- **Almacenes de bebidas**
  Los embotelladores y demás envasadores de bebidas utilizan a menudo este sistema de almacenamiento, dado que su producto no suele ser perecedero y acostumbra a estar formado por un reducido número de referencias.

  Deberíamos distinguir entre dos tipos de embotelladores y envasadores de bebidas, aunque no suelen tener diferencias en cuanto a los sistemas de almacenamiento empleados:

  Embotelladores-envasadores de bebidas alcohólicas
  Realizan casi exclusivamente almacenamientos en bloque, formando bloques diferenciados para cada una de las referencias de productos.

  La organización adecuada de sus almacenes es bastante sencilla. Se realiza asignando a cada producto un número de identificación o referencia, normalmente mediante un código de barras, sobre la base de la información que el fabricante facilita. De acuerdo con la naturaleza de estos productos, esa información la dará el tipo de producto, el grado de calidad del mismo, la fecha de envasado y la de caducidad, si la hubiera.

Entre estas variables, sólo la fecha de caducidad exige una prioridad de colocación y, por tanto, se debe tener en cuenta a la hora de fijar la ubicación de los bloques, de forma que se facilite la salida de los productos atendiendo a ella.

Figura 7.2. Almacenamiento de productos diversos en estanterías de paletización.

También la fecha de envasado, en aquellos productos menos perecederos, influye en el orden de colocación de los bloques, ya que para evitar que se produzcan obsolescencias es importante cumplir el principio «fi-fo»: primero producido, primero despachado.

Las otras dos variables, junto con otras informaciones adicionales referentes a sus pautas de consumo, sirven para indicar ubicaciones preferentes, cantidades que se deben almacenar y priorización de unas referencias sobre otras, etc.

Embotelladores-envasadores de bebidas no alcohólicas

En esta actividad existen dos ramas diferentes: por un lado los fabricantes-envasadores de bebidas refrescantes y, por otro, los fabricantes-envasadores de zumos de frutas.

En el primero de los casos, la problemática principal es la acumulación del consumo en cortos períodos de tiempo, generalmente el verano o algunos períodos muy breves en la primavera y el otoño, que se deben compensar con una fabricación casi homogénea durante todo el año.

Por el contrario, en el caso de los fabricantes-envasadores de zumos de frutas, la problemática es la contraria, es decir, existe un mayor volumen de producción en un corto período de tiempo, que se debe compensar con un consumo homogéneo a lo largo de todo el año.

Sin embargo, la problemática que presentan estas dos actividades es prácticamente la misma. Sus producciones están formadas por un corto número de referencias, lo que facilita su almacenamiento en forma de grandes bloques.

Además, la globalización está comportando un cambio significativo en estas actividades, ya que los productos básicos, tanto bebidas refrescantes como concentrado de zumos, se pueden elaborar en distintas fábricas y países, desde donde se transportan mediante grandes cisternas isotérmicas hacia los países más industrializados –aunque no necesariamente lo son–, en donde se produce el consumo. Y viceversa, los productos envasados se envían posteriormente a otros países en los que existe consumo pero no industrias envasadoras.

El corto número de referencias hace que sólo sea preciso tener en cuenta las fechas de envasado y de consumo preferente, que obligarán a facilitar la salida de los productos ateniéndose a las mismas.

- **Almacenes de las fábricas de transformados agrícolas**
Las fábricas de transformados agrícolas, tales como harineras, azucareras, almazaras, conserveras de vegetales, etc., llenan sus almacenes durante la época de producción, que en la mayoría de los casos sólo dura una corta temporada,

y los vacían durante el resto del año para abastecer al mercado. Los productos elaborados pueden estar destinados a un consumo directo, o bien a una segunda transformación para ser consumidos posteriormente.

Las harineras, las azucareras y las almazaras producen generalmente una única referencia, harina, azúcar y aceite, respectivamente. La elaboración de estos productos se realiza generalmente en un período muy corto, no más allá de tres o cuatro meses, lo que dura la recolección del grano, la remolacha o las aceitunas. Normalmente, salvo excelentes cosechas ocasionales, la producción de una temporada se consume en el período de un año.

Por ello es muy común que en estas fábricas el almacenamiento se realice en forma de bloques compactos. La harina y el azúcar se envasan en sacos de fuerte consistencia, con lo que en la práctica apenas se utilizan palés, efectuándose el almacenamiento en forma de paquetes de sacos, atados mediante ligaduras formadas por bandas de lona u otros materiales igualmente consistentes pero al mismo tiempo flexibles, como algunos tipos de cintas plásticas, que permiten una buena sujeción de los sacos y evitan la rotura de los mismos.

Las conserveras presentan una problemática muy similar a la de los embotelladores-envasadores descrita en el apartado anterior y, como en aquéllos, sólo es preciso tener en cuenta la fecha de envasado y de consumo preferente.

- **Almacenes de productos agrícolas**
  En los almacenes de productos agrícolas, como frutas, verduras, etc., se utiliza igualmente el sistema de almacenamiento en bloque, si bien, al tratarse en general de productos perecederos, es preciso utilizar almacenes especiales.

  En estos almacenes casi es de obligado cumplimiento recurrir a la utilización de cámaras de refrigeración y conservación, que permitan almacenar los productos durante cierto tiempo sin merma de su calidad.

  La utilización de cámaras reduce la necesidad de dar prioridad a la ubicación de los productos en función de su fecha de caducidad o de producción, si bien no conviene olvidar que cada producto tiene su propio período de duración y que, por tanto, el almacenamiento en la cámara ha de efectuarse teniendo en cuenta que se debe facilitar la salida de los productos más perecederos.

- **Almacenes de leche envasada**
  Las centrales lecheras han de mantener almacenado su producto durante un tiempo determinado, con el fin de permitir el asentamiento del mismo una vez que ha sido sometido al proceso industrial de pasteurización o uperización. Una vez pasado ese tiempo y realizados los análisis correspondientes, la leche puede salir al mercado para su consumo.

  Como la producción está centrada en unos pocos productos, el almacenamiento se puede realizar en forma de bloques compactos, sin más consideración que la fecha de envasado y, por tanto, de consumo preferente, al igual que hemos indicado en los apartados anteriores para el resto de los productos.

2.2.2 Almacenamiento en bloque sobre estanterías

Como comentamos en el capítulo 2, cuando la resistencia de las cargas es insuficiente para permitir un almacenamiento en bloque del tamaño necesario para la cantidad de producto que se desea acumular, es preciso acudir a la utilización de estanterías.

En el almacenamiento en bloque se usan dos tipos de estanterías:

– Estanterías tipo *driver*.
– Estanterías dinámicas.

Figura 7.3. Estanterías tipo driver.

La utilización de uno u otro de estos tipos está en función de las características del producto que se debe almacenar. Cada uno de ellos presenta unas funciones específicas, además de un grado diferente de utilización del espacio.

- **Estanterías tipo *driver***
  En las estanterías tipo driver podemos distinguir dos clasificaciones: *drive-in* y *drive-through.*
  Como avanzamos en el capítulo 3, apartado 5.1.3, las estanterías *drive-in*

permiten la entrada de vehículos apiladores o carretillas elevadoras en su interior, de forma que la carretilla entra para depositar o tomar la carga en marcha frontal, y sale vacía o con la carga en marcha atrás. Su mayor inconveniente radica en que los productos almacenados en ellas deben permitir el uso del proceso «fi-lo», es decir, el primero que entra es el último que sale.

En las estanterías drive-through, los vehículos apiladores o carretillas elevadoras pueden pasar a su través, de forma que la carga-descarga se puede realizar por ambos extremos. Su ventaja es que facilita la salida de la mercancía respondiendo al proceso «fi-fo», es decir, el primero que entra es el primero que sale.

Ambos tipos de estanterías están formados por pilares rectos, anclados al suelo mediante zapatas y arriostrados entre sí lateralmente y por su parte superior. El soporte de las cargas se hace a través de sendas vigas corridas, en ambos laterales del pasillo, soportadas por ménsulas en cada uno de los pilares.

La carga de esas estanterías se debe realizar colocando los palés en posición transversal, con el fin de procurar el mayor espacio posible para el paso de las carretillas elevadoras y otros vehículos apiladores.

Como las vigas de carga sobresalen 100-150 mm, es preciso tener en cuenta que las carretillas elevadoras tendrán una restricción de paso de 300 mm, aproximadamente, lo que sólo afecta a la estructura del tejadillo protector para el operador; por eso éste se debe modificar casi con seguridad, con el fin de permitir el paso de las carretillas a través de los pasillos.

La separación entre los pilares debe ser igual al ancho de la carga que se tenga que posicionar, más 100 mm de margen a cada lado, es decir 200 mm en total. En ningún caso este margen debe ser inferior a 75 mm por lado, lo que hace un total de 150 mm.

Entre cada uno de los niveles de carga se debe dejar también una separación, nunca inferior a 150 mm de altura, aunque se recomienda que sea de 200 mm, para permitir la toma de una carga situada debajo de otra sin tener que quitar previamente la de encima.

La utilización de ambos tipos de estanterías está en función del producto y el espacio disponible. La extensión de su uso en los almacenes de productos terminados tuvo un crecimiento exponencial desde principios del presente siglo.

- **Estanterías dinámicas**
Al contrario de las estanterías tipo *drivers* enunciadas anteriormente, las estanterías dinámicas (véase también el capítulo 3, apartado 5.1.4) no permiten el paso de las carretillas y, por tanto, se deben cargar forzosamente desde el exterior.

Existen igualmente dos tipos principales de estanterías dinámicas, que son:

Figura 7.4. Estanterías dinámicas por gravedad.

- Estanterías dinámicas de acuerdo con el principio «fi-lo».
- Estanterías dinámicas bajo el concepto «fi-fo».

Las estanterías dinámicas tipo «fi-lo» se construyen apoyadas sobre una pared y son cargadas-descargadas por el frente, empujando la carga ya introducida con la que se quiere introducir en ese momento, durante el proceso de llenado de la estantería. En la fase de vaciado, el operador va tomando la carga que se encuentra apoyada sobre los frenos o topes mecánicos, de modo que la inclinación del lecho de rodillos hará que la siguiente carga caiga hasta los topes para ser recogida en la operación siguiente.

La inclinación del lecho de rodillos no ha de ser excesiva, sólo la que permita la longitud y peso de las cargas, de forma que facilite su deslizamiento sin impedir el empuje de una carga entrante. Su instalación únicamente requiere, al igual que en los *drive-in,* de un pasillo frontal, necesario para la maniobra y circulación de las carretillas.

En las estanterías dinámicas tipo «fi-fo» la carga se realiza por un frente y la descarga por el opuesto. Su instalación requiere la disposición de dos pasillos, uno en cada frente, con el fin de facilitar las maniobras de las carretillas.

En estas estanterías los márgenes laterales de las cargas son exactamente iguales que en las estanterías convencionales de manutención: 100 mm a cada lado recomendables, con un mínimo de 75 mm. En el apartado de altura hay que tener en cuenta la inclinación de los lechos de rodillos, pero como la salida se produce mediante deslizamiento pueden ser suficientes 50 mm de margen, si las cargas son de dimensiones regulares y fijas.

Figura 7.5. Estanterías móviles para el almacenamiento en bloque.

2.2.3 Almacenamiento en bloque mediante estanterías móviles

Las estanterías móviles son muy similares a las clásicas estanterías de paletización. Como ellas, están formadas por pilares paralelos que forman las denominadas «escaleras», que unidas entre sí por medio de largueros de carga forman unidades compactas. Estas estanterías, en lugar de estar ancladas en el suelo se montan sobre raíles, de forma que se pueden deslizar sobre ellos para unirlas o separarlas a voluntad.

Con este sistema se obtienen casi todas las ventajas del almacenamiento en forma de bloques, incorporando además las del almacenamiento en estanterías convencionales, por lo que respecta a la accesibilidad a cada una de las cargas. Las estanterías se pueden unir unas con otras, formando así un bloque compacto sin pasillos intermedios, e igualmente se pueden separar para tener accesibilidad a la carga que se desee en un momento dado.

Este sistema únicamente tiene un inconveniente y es su alto coste comparativo.

Por otro lado, presenta algunas limitaciones de aplicación, como que no puede sobrepasar alturas de más de 7-8 m y que su capacidad de carga es inferior a otros sistemas. El accionamiento de las estanterías se puede realizar de forma manual o eléctrica.

En las estanterías móviles accionadas manualmente, esta acción se realiza por medio de un volante adosado en el lateral de cada una de las estanterías. Este volante está unido a su vez a un sistema de tornillo sin fin situado en los raíles, que normalmente están empotrados en el pavimento.

Los sistemas de estanterías móviles con accionamiento eléctrico o automático están provistos de motores eléctricos, instalados en las propias estanterías o en los raíles. En todos los casos, esos motores mueven un sistema de tornillo sin fin que produce el movimiento de las estanterías.

Para la colocación de las cargas en este tipo de estanterías se deben prever los mismos márgenes que los utilizados en las estanterías normales de paletización a media-baja altura, que son:

- Margen entre carga y pilar de la estantería: 100 mm.
- Margen entre carga y carga: 100 mm.
- Margen entre la parte superior de la carga y el travesaño de la carga siguiente: 200 mm.

Estos márgenes se pueden reducir en casos extremos en un 25 %, siempre y cuando las cargas sean muy estables, de dimensiones que no varíen y que la altura del último nivel de depósito de las cargas no sobrepase los 6 m.

2.2.4 Almacenamiento con pasillos utilizando transelevadores

El sistema de almacenamiento que mejores resultados ofrece en la óptima utilización de la superficie disponible, manteniendo una accesibilidad máxima hacia todas las cargas es, sin lugar a dudas, el transelevador (más información sobre el mismo en el capítulo 12).

Los transelevadores utilizan preferentemente estanterías convencionales de paletización, adosadas de dos en dos, de forma que entre cada pareja de estanterías queda un pasillo que es utilizado por el transelevador para trasladarse entre las mismas.

Para su movimiento el transelevador necesita un pasillo de sólo el ancho de la carga que transporta más unos pocos milímetros –generalmente 100 a cada lado–, para permitir el paso holgado de la carga por el pasillo. El margen en altura entre la carga y el siguiente nivel debe ser, como en todos los casos anteriores, superior a 150 mm, con un nivel óptimo de 200 mm.

Figura 7.6. Almacén automático equipado con transelevador.

2.2.5 Almacenamiento con pasillos utilizando carretillas trilaterales

La utilización de carretillas trilaterales brinda excelentes resultados para el aprovechamiento de la superficie disponible en un almacén. (Para más información, véase el capítulo 12.)

Las carretillas trilaterales son vehículos especialmente concebidos para trabajar en pasillos estrechos. Su optimización se consigue con el uso del denominado cabezal trilateral. Este elemento está formado por dos horquillas convencionales montadas sobre un tablero articulado con capacidad de giro de 90° a derecha o izquierda. Este giro lateral se efectúa mediante un mecanismo que puede ser hidráulico, eléctrico o electrohidráulico, con capacidad para desplazarse transversalmente sobre un segundo tablero provisto de una cremallera dentada, gracias a un piñón accionado.

Mediante este cabezal montado sobre un mástil convencional, reforzado para soportar los esfuerzos transversales que realiza –debidos al vaivén que provocan las irregularidades del pavimento o al propio desplazamiento del carro– la carretilla puede tomar y depositar las cargas en cualesquiera de los dos laterales, izquierdo o derecho, de la estantería. Estas carretillas también son capaces de tomar las cargas frontalmente, y de ahí proviene su nombre de «trilateral».

Las carretillas trilaterales trabajan igualmente en el interior de estanterías de paletización convencionales, también adosadas en parejas, con un pasillo intermedio. La dimensión de este pasillo debe ser igual al ancho del cabezal desplazable o al de la máquina –si éste fuera superior al del cabezal– más el ancho de la carga, añadiendo todavía un margen de 75 mm como mínimo a cada lado (100 mm sería lo recomendable) para el paso de la carga. Si las dimensiones del almacén requieren poder girar la carga en el interior del pasillo, al ancho del cabezal o de la máquina se le habrán de añadir la diagonal de la base de la carga.

2.2.6 Almacenamiento con pasillos utilizando carretillas retráctiles

Las carretillas retráctiles permiten realizar el almacenamiento convencional con pasillos que facilitan el acceso a cada una de las cargas y con un aprovechamiento racional del espacio disponible. (Para mayor información sobre estas carretillas, véase el capítulo 12.)

Las carretillas retráctiles son máquinas elevadoras que transportan y apilan las cargas de forma frontal, sin necesitar, por tanto, otro medio de carga diferente a las horquillas convencionales. Se denominan retráctiles porque tienen la facultad de que el elemento de carga o bien el mástil se pueden extender o recoger, retrayéndose sobre sí mismos, con lo que se acorta considerablemente el recorrido del pasillo de apilado.

Existen dos tipos diferenciados de carretillas retráctiles:

– Carretilla de mástil retráctil.
– Carretilla de horquillas retráctiles.

2.2.7 Almacenamiento con pasillos utilizando apiladores de conductor sentado

Los apiladores con conductor sentado son máquinas de poca capacidad de carga y de altura de elevación, lo que les confiere unas dimensiones reducidas. Su configuración es una evolución de los transpalés autopropulsados, combinados con las carretillas retráctiles. Todo ello hace que su radio de giro sea bastante pequeño y que, por tanto, con el pasillo que necesitan para el apilado se evite el espacio inútil.

Al igual que en las carretillas retráctiles, el pasillo de apilado se calcula sumando al radio de giro la distancia desde el punto de giro hasta la parte prominente de la carga, añadiendo 100 mm a cada lado como margen de seguridad.

2.2.8 Almacenamiento con pasillos y apiladores de conductor acompañante

Los apiladores de conductor acompañante son transpalés autopropulsados provistos de un mástil telescópico, con el pasillo de apilado y maniobra relativo a este tipo de transpalé. Por tanto se debe tener en cuenta que para maniobrar necesitan que el timón de mando se encuentre en una posición inclinada, es decir, no totalmente vertical. Esta posición varía en función de los distintos fabricantes, pero suele oscilar entre 200 mm y 300 mm. A esta distancia es necesario añadir un espacio suficiente para que el operador se desenvuelva con seguridad.

Así pues, para efectuar el cálculo del pasillo necesario para apilar a 90° con este tipo de máquinas sumaremos:

- el radio de giro de la máquina;
- la distancia medida desde el punto de giro al más distante de la carga;
- la inclinación del timón;
- los 100mm + 100 mm de margen de seguridad;
- una distancia para que el operador se desenvuelva seguro no inferior a 500 mm.

2.2.9 Almacenamiento con pasillos y carretillas elevadoras contrapesadas

Estas carretillas son los elementos de manutención más utilizados en los almacenes convencionales por su buena relación entre precio y prestaciones, si bien también son las que peor aprovechan el espacio disponible.

Para el apilado, una carretilla elevadora contrapesada utiliza un pasillo cuya dimensión se obtiene de sumar dos parámetros a su radio de giro:

1. La distancia desde su punto de giro, situado en el centro del eje delantero, hasta el frontal de apoyo de la carga, generalmente la cara delantera del talón de las horquillas; y
2. la longitud de la carga. A esta dimensión hay que añadir el margen de seguridad que, como siempre, se establece en un mínimo de 100 mm a cada lado del pasillo, es decir, un total de 200 mm.

Los diversos tipos de máquinas, mástiles, tableros, accesorios, etc., relacionados con la utilización de estos elementos de manutención, se encuentran más detallados en el capítulo 12.

Capítulo 8
Tipos de estanterías.
El almacén autoportante

Los muy diversos tipos de estanterías para el almacenamiento de materiales, se clasifican como sigue:

- Estanterías para cargas ligeras.
- Estanterías para paletización compacta.
- Estanterías para paletización convencional.
- Estanterías para paletización dinámica por gravedad.
- Estanterías para preparación de pedidos manual.
- Estanterías para preparación de pedidos dinámica.
- Estanterías en *cantilever.*

1   Estanterías para cargas ligeras

Se trata de estanterías destinadas al almacenaje de cargas pequeñas, generalmente de forma manual, sin paletizar y dispuestas en estantes a varias alturas.

Su utilización está muy extendida, ya que sus características la hacen muy versátil. Su estructura facilita su instalación en altillos y entreplantas, así como la posibilidad de utilizar multitud de pequeños accesorios, como separadores, cajones, puertas, tabiques, etc., que permiten la configuración de un almacén a la medida de las necesidades de cada usuario.

Este tipo de estanterías se puede utilizar también en el almacenamiento automático, en función del peso de las cargas.

2   Estanterías para paletización compacta

Son bloques de estanterías que se disponen formando calles interiores, con carriles donde se apoyan los palés. Las carretillas entran por esas calles depositando y tomando las cargas de los carriles. Antes de acceder al interior de la calle, la carretilla eleva las horquillas por encima de la altura del carril donde ha de depositar o tomar la carga, de forma que el espacio que ocupe sea el mínimo posible.

Estas estanterías permiten una utilización máxima del espacio disponible, que oscila entre un 60 y un 80 %.

Son muy utilizadas cuando se debe almacenar cargas homogéneas. Su único inconveniente es la accesibilidad a una carga determinada, por lo que sólo son recomendables cuando la rotación de los productos no es un factor fundamental.

Como ya se ha dicho en páginas anteriores, con estas estanterías se pueden formar dos tipos de almacenes, los *drive-in* (entrada en el interior de los bloques) y los *drive-through* (circulación por el interior de los bloques).

Figura 8.1. Estantería tipo drive-in.

Figura 8.2. Almacenamiento en bloque.

3   Estanterías para paletización convencional

Se trata de estanterías diseñadas para el almacenamiento de cargas paletizadas o dispuestas en contenedores, aunque también se pueden utilizar para alojar cargas destinadas a la preparación de pedidos.

La estantería está compuesta de dos elementos básicos: los bastidores laterales, que se fijan o anclan en el suelo, y las vigas transversales. Su montaje se realiza con gran facilidad, y el resultado es una estructura muy estable.

Normalmente estas estanterías se disponen de dos en dos en paralelo, con calles intermedias, de manera que se puede acceder a todas las cargas directamente, sin necesidad de realizar antes ningún tipo de maniobra. Las calles intermedias se disponen en función del tipo de carretilla empleado (frontal, retráctil, trilateral, transelevador, etc.), formando pasillos de diferente anchura, adecuados al tamaño y las características de las carretillas.

Este tipo de estanterías se puede utilizar tanto con el sistema denominado caótico o de hueco vacío, como con un sistema informatizado con huecos predeterminados.

Figura 8.3. Estanterías para paletización.

Figura 8.4. Estanterías sin carga.

4   Estanterías para paletización dinámica por gravedad

Este tipo de estanterías está diseñado para el almacenaje en sistema «fi-fo» (el primero que entra es el primero que sale) y permite una utilización total de la superficie de almacenamiento disponible.

Se trata de estructuras compactas a las que se incorporan sistemas de rodillos, con una determinada inclinación, que permiten el deslizamiento por gravedad de los palés cargados sobre aquéllos.

Su funcionamiento consiste en depositar los palés en la parte más alta de los caminos de rodillos y así, mediante un sistema controlado de deslizamiento, la carga llega hasta el extremo contrario de la estantería, donde se produce la extracción.

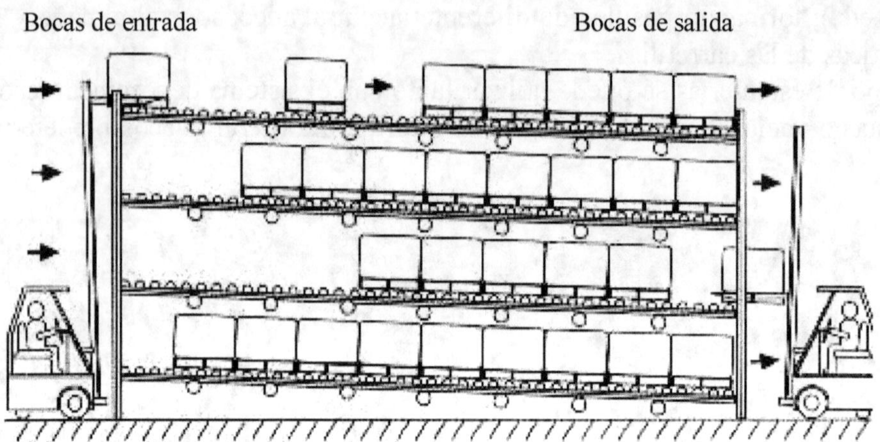

Figura 8.5. Esquema de estantería dinámica.

*Figura 8.6. Vista de la cama de rodillos
de una estantería dinámica.*

5   Estanterías para preparación de pedidos manual

Son estanterías ligeras, en las que la carga deposita y retira manualmente. Se pueden disponer ocupando toda la altura disponible del almacén, y se accede a los niveles altos por medio de selectores de pedido de nivel medio o alto, carretillas trilaterales combinadas, transelevadores, etc.

Otra prestación que permiten estas estanterías, para tomar o depositar las mercancías, es la disposición de pasarelas colocadas entre las mismas, de forma que se pueda acceder a pie a cada uno de los alvéolos.

La capacidad de carga de estas estanterías es de unos 350 kg, lo que se considera suficiente para este tipo de actividad, y las medidas suelen ser de alrededor de los 2 m de alto, por módulo, con una profundidad entre 400 y 1200 mm.

6   Estanterías para preparación de pedidos dinámica

Se trata de un sistema de estanterías dinámicas, semejantes a las utilizadas para el almacemiento dinámico, es decir, dotadas de rodillos montados sobre un plano inclinado.

Figura 8.7. Preparación de pedidos dinámica.

Al igual que ocurre con los palés en ese tipo de almacenamiento, las mercancías depositadas en la parte superior mediante cualquier elemento mecánico caen, por efecto de la gravedad, hasta una altura que permite que sean retiradas manualmente por los operarios encargados de la preparación de pedidos.

Las ventajas de su uso en almacenes donde se realice preparación de pedidos continuada son muchas. Responden al criterio «mercancía hacia el hombre», en lugar del de «hombre hacia la mercancía», con el consiguiente ahorro de tiempo y la posibilidad de tener un mayor número de referencias al alcance de la mano.

7 Estanterías en *cantilever*

Estas estanterías especialmente diseñadas para el almacenamiento de cargas largas, como barras metálicas, están constituidas por pilares capaces de soportar grandes pesos, formados por perfiles laminados en forma de «U» o doble «T», fuertemente anclados al suelo por medio de zapatas de apoyo y arriostrados entre sí. Estos pilares están provistos de ménsulas voladas de forma triangular, con lo que se consigue la máxima resistencia en la zona más cercana al pilar y la menor en la más alejada del mismo, de modo que se reduce el peso de las ménsulas sin merma de su capacidad de carga. Las ménsulas suelen ir ancladas a los pilares mediante tornillos con el fin de facilitar su montaje y recambio si fuera necesario.

Los pilares de las estanterías en *cantilever* están espaciados para conseguir una doble función:

- procurar a los perfiles un soporte adecuado que evite su flexión y deformación, y
- permitir la colocación sobre las ménsulas de cargas de distintas longitudes.

Para calcular la carga soportada por las estanterías en *cantilever* se ha de multiplicar la carga individual aplicada a cada pilar por el número de pilares instalados. La carga soportada por cada pilar se obtiene multiplicando la carga de cada ménsula por el número de ménsulas que soporta el pilar.

La capacidad de carga de las estanterías en *cantilever* tiene relación directa con el tamaño y la sección de las ménsulas, y la salida o voladizo de las mismas es un factor determinante. Cuanto menor sea el voladizo, menor será el momento que el peso de la carga soportada ejerza sobre el apoyo y viceversa, a mayor salida mayor momento y por lo tanto la capacidad de carga será más reducida. La capacidad de carga de las ménsulas que se encuentran en el mercado oscila entre 250 y 2.500 kg para voladizos de 1 m, y de 750 a 5.000 kg para voladizos de 500 mm, en función de las diferentes secciones de los perfiles empleados.

La configuración de este tipo de estanterías hace que su altura adolezca de cierta limitación. En los casos de cargas muy ligeras no pueden sobrepasar 8 m de altura, siempre y cuando el número de niveles de carga no sea mayor de ocho. Para alturas y cargas superiores es necesario instalar pilares formados por perfiles combinados, a pesar de lo cual, como el peligro de pandeo no se puede evitar totalmente, no es aconsejable sobrepasar dicha altura.

Figura 8.8. Estanterías en cantilever.

8   Almacenes autoportantes

Los almacenes autoportantes están construidos de forma que la estructura del edificio está compuesta única y exclusivamente por estanterías, lo que convierte su instalación en una auténtica obra de ingeniería.

Los elevados precios del suelo han llevado a la construcción de almacenes de altura superior a los treinta metros, casi siempre automatizados o semiautomatizados, que conllevan condiciones estructurales sumamente complicadas. Aunque con estas grandes alturas incluso se pueden construir almacenes de tipo convencional, es decir, con estanterías independientes, la estabilidad de dichas estanterías puede ser un inconveniente que obligue a utilizar perfiles estructurales de gran sección, lo que haría que el coste llegara a ser prohibitivo.

La alternativa más económica para los almacenes de gran altura es, pues, la integración de la estructura de almacenaje y la del edificio en un solo elemento, con lo que la estabilidad de las estanterías queda garantizada por la del propio almacén.

Todo ello redunda en un ahorro de costes que puede valorarse en más de un 30 % en almacenes de más de 15 m de altura.

Sin embargo, no siempre se pueden utilizar estanterías autoportantes en un almacén de gran altura, ya que existen algunos factores que limitan esa posibilidad. Los más significativos en el momento de decidir su utilización son los siguientes:

- ¿Se pueden utilizar aparatos de recorrido fijo?
- ¿Cómo se pueden apoyar los aparatos de recorrido fijo?
- ¿Qué tolerancias se deben considerar cuando se instalan aparatos de recorrido fijo?
- ¿Es más conveniente utilizar aparatos de recorrido libre?
- ¿Cómo se pueden apoyar los aparatos de recorrido libre?
- ¿Qué tolerancias se pueden utilizar en aparatos de recorrido libre?

Figura 8.9. Imagen virtual de un almacén autoportante.

8.1 Utilización de aparatos de recorrido fijo

Se denominan aparatos de recorrido fijo los dispositivos o máquinas, normalmente de tipo automático, que se utilizan en un almacén y que realizan permanentemente un mismo recorrido en un circuito prefijado.

Figura 8.10. Dispositivo de toma de carga de un transelevador.

En esta categoría se incluyen los caminos de rodillos, los vehículos de guiado automático (AGV) y, por supuesto, los transelevadores, tanto automáticos como semiautomáticos.

No pueden incluirse en ella los demás vehículos utilizados en un almacén, como las carretillas, incluidas las trilaterales guiadas o filoguiadas, ya que aunque estas máquinas realicen recorridos regulares en el interior del almacén, también pueden circular libremente por éste.

A la pregunta de si se pueden utilizar aparatos de recorrido fijo en un almacén de estanterías autoportantes, la respuesta inmediata es sí. Sin embargo, es conveniente precisar de qué manera, ya que los aparatos de recorrido fijo presentan algunas dificultades que es preciso tener en cuenta a la hora de diseñar este tipo de almacenes.

8.1.1 Defectos de precisión

En primer lugar, hay que tener en cuenta el grado de precisión. Independientemente del tipo que se utilice, estos aparatos tienen un grado de precisión relativo en los puntos de parada para la toma y depósito de las unidades de carga.

Dicho grado de precisión mantiene una relación inversa a su velocidad de parada, de forma que los aparatos más precisos son los que disponen de algún sistema de ralentización, eléctrico o mecánico, para producir una parada controlada.

También se suelen utilizar sistemas ópticos de parada, mediante células fotoeléctricas que «leen» un sistema de marcas reflectantes instaladas en las estanterías y en el suelo. Este sistema necesita un mantenimiento que asegure que las marcas permanezcan bien fijadas (en ocasiones, es más conveniente que las marcas estén pintadas en lugar de simplemente pegadas) y libres de suciedad, ya que la pérdida de una de ellas ocasionaría un gravísimo perjuicio en la fiabilidad de la instalación. Igualmente, una marca sucia la podría leer de forma incorrecta el sistema óptico, lo que produciría un fallo en todo el sistema.

La precisión de los sistemas automáticos utilizados en los almacenes es uno de los factores clave de su diseño. Cualquier fallo puede provocar el descontrol de las mercaderías almacenadas y graves riesgos para la seguridad de la instalación y las personas que trabajan en ella. Imaginemos qué ocurriría en un almacén equipado con varios transelevadores, si por un fallo en el sistema de control del puente de transbordo se permitiera la entrada en un mismo pasillo a dos de esos aparatos. El pasillo quedaría bloqueado y todo el trabajo en el almacén sufriría un tremendo descontrol. Por eso en los almacenes automatizados se debe cuidar la precisión con esmero, aun a costa de una merma en la rapidez de funcionamiento.

8.1.2 Impactos en las estanterías y los soportes

Otro aspecto que cabe considerar en los aparatos de recorrido fijo es la fuerza dinámica que pueden producir en el momento de parada, que ha de ser necesaria y exclusivamente soportada por la estructura autoportante, formada por las estanterías.

Cuando un aparato, lanzado a una determinada velocidad a través de una estantería autoportante, es detenido bruscamente mediante los topes mecánicos instalados en la misma, se produce una fuerza dinámica de impacto que se transmite desde el punto donde se encuentra situado el tope hasta los de anclaje de la estantería. Si la velocidad alcanzada por el aparato es elevada –hecho bastante habitual en los aparatos de recorrido fijo y, especialmente, en los transelevadores–, el impacto transmitido puede ser de tal calibre que puede hacer peligrar toda la estructura del almacén.

Los transelevadores actuales incorporan sistemas de frenado controlados electrónicamente, con lo que este peligro se ha reducido a los casos en que el transelevador se ha de frenar por medios mecánicos al final del pasillo, caso que únicamente puede ocurrir cuando se ha producido un fallo en el sistema principal.

Figura 8.11. Transelevador automático.

Normalmente la frenada se realiza por medio de frenos de disco instalados en los motores eléctricos que accionan el transelevador; motores que a su vez frenan automáticamente cuando dejar de recibir energía eléctrica, de forma que los frenos mecánicos sólo tienen la misión de asegurar la frenada en el punto deseado, con lo cual es sumamente difícil que el fallo llegue a producirse.

Los transelevadores pueden tener uno o dos carriles de rodadura, uno superior y otro inferior, y en ellos se suelen instalar los topes mecánicos que pueden evitar que un aparato incontrolado salga del carril y produzca un accidente. Algunos transelevadores utilizan además carriles de apoyo sobre las estanterías. Si se produce un fallo en los dos sistemas de freno habituales, estos dos o tres puntos de apoyo serán los que soporten el impacto de la fuerza de detención del aparato, que puede ser muy intenso y hacer peligrar la estructura del almacén. Por tanto, estos puntos deben estar convenientemente asegurados para evitar dicho riesgo.

Otro factor que se debe considerar es el impacto que puedan producir en las estanterías las horquillas de los transelevadores automáticos. Cuando éstos, por un fallo de precisión en el posicionamiento, no se encuentran en la posición correcta y extienden las horquillas para tomar o depositar un palé, pueden producir un fuerte golpe sobre las estanterías, haciendo peligrar la rigidez estructural de las mismas.

Figura 8.12. Construcción de un almacén autoportante.

Para el posicionamiento de las horquillas también se recurre al uso de lectores ópticos, con marcas reflectantes. En este caso, al igual que cuando tratamos los sistemas de parada, es preciso asegurar una colocación precisa y segura de las marcas, así como un correcto mantenimiento de las mismas, para evitar la posibilidad de fallos en su lectura.

8.1.3 Efecto combinado

El efecto combinado de un fallo de precisión en el punto de parada para la toma de mercancías con un impacto producido por alguna otra disfunción del transelevador automático, es un riesgo que debe calcular y asumir el diseñador de las estanterías en los almacenes de tipo autoportante. Como ya dijimos, dicho impacto puede derivar tanto de la fuerza dinámica de los vehículos en movimiento frenados por un tope mecánico, como por el golpe de las horquillas contra las estanterías.

Los almacenes autoportantes aprovechan la rigidez de las estanterías y eliminan toda la estructura periférica de los almacenes convencionales. Para lograr esa rigidez estructural los pasillos han de estar arriostrados transversalmente y con ese fin se utilizan tanto los cerramientos exteriores del edificio como los soportes de los raíles, inferiores o superiores, por donde han de circular y apoyarse los transelevadores.

Por estos motivos, el efecto combinado de los factores descritos puede hacer peligrar esa rigidez estructural y, con ella, la del conjunto del edificio.

8.1.4 Apoyo de los aparatos de recorrido fijo

Estos apoyos están diseñados en función de sus propias características. Los transportadores de rodillos se apoyan sobre caballetes anclados en el pavimento; los transelevadores lo hacen sobre uno o dos raíles, en función de la altura, que van anclados al suelo en el caso de raíl único, y en el arriostramiento superior de las estanterías; por el contrario, los vehículos de guiado automático AGV circulan directamente sobre el pavimento.

8.1.5 Apoyo de los transportadores de rodillos

Los transportadores de rodillos se fabrican en tramos normalizados con longitudes variables entre 2,5 y 3 m. En función de las características del pavimento y el peso del tramo-carga se instalan, al menos en los extremos de cada uno de estos tramos, sendos caballetes de soporte anclados al suelo mediante zapatas atornilladas a los mismos.

Los transportadores de rodillos se adaptan a las características del ciclo de trabajo y al recorrido fijo que se ha de efectuar. Con ese fin, están formados por tramos rectos y curvos, y pueden bifurcarse mediante diferentes tipos de derivaciones estandarizadas. Tanto en los extremos de los tramos curvos como en los puntos de bifurcación se han de establecer caballetes de soporte y anclaje.

En ocasiones los caminos de rodillos se reúnen en lugares concretos, donde se concentran cargas procedentes de diversos puntos del almacén. Entonces se precisa un anclaje específico, en función del peso total de la conjunción y de las cargas.

Figura 8.13. Transportador de rodillos en un sistema
de almacenamiento automatizado.

En otros casos, los transportadores de rodillos suben o bajan alguna pendiente o cambian de nivel, para lo que se suelen utilizar tramos de longitudes especiales e incluso de estructura reforzada. Para superar el gradiente formado se utilizan caballetes de altura variable con estructura también reforzada.

Los perfiles utilizados se adaptan a las necesidades específicas de cada caso, desde la simple pletina hasta la resistente doble «T», pasando por los distintos tipos de angulares y la muy común en «U».

8.1.6 Apoyo de los transelevadores

Los transelevadores se apoyan, en función de su alcance, sobre un único raíl anclado en el pavimento, o sobre éste más un segundo raíl anclado al arriostramiento superior de los pasillos de las estanterías.

El raíl que se debe instalar en el suelo para servir de soporte a un transelevador ha de ser muy resistente, teniendo en cuenta que el peso por rueda de carga en un aparato de este tipo es de unas 18 t, aproximadamente.

Se utilizan raíles de unos 150 mm de altura, provistos de zapatas soldadas de 250 x 150 mm, instaladas cada 450 mm de longitud del raíl. Estas zapatas se anclan al suelo por medio de dos tornillos fijos y dos niveladores, estos últimos dotados de tuerca y contratuerca, con un recorrido por debajo del nivel del suelo de unos 150 mm, aproximadamente, con lo que permiten corregir desniveles de varios centímetros.

Para la instalación del raíl guía superior en los transelevadores de gran alcance, que son los habitualmente utilizados en los almacenes con estanterías autoportantes, se recurre a las propias estanterías. Al no existir ninguna otra estructura superior en el almacén, ya que la cubierta también va fijada sobre las estanterías, se han de habilitar los arriostramientos superiores entre los pasillos, para instalar sobre ellos el raíl.

Antes de instalarlo y teniendo en cuenta que las estanterías únicamente están calculadas para soportar el peso de las cargas, además del de la cubierta, es preciso proceder al reforzamiento de dicha estructura. Para ello se sueldan al final de los pasillos y entre cada dos o tres módulos sendos pórticos de refuerzo, a los cuales se suelda a su vez el raíl guía superior.

El ajuste entre el raíl superior y el inferior se realiza automáticamente, ya que las ruedas guías superiores de los transelevadores incorporan un dispositivo de ajuste vertical flotante que se adapta constantemente al raíl superior.

8.1.7 Tolerancias para los aparatos de recorrido fijo

En los almacenes autoportantes, como en todos los de alta densidad, los márgenes de trabajo son muy reducidos –prácticamente se trabaja al milímetro– y por ello es muy importante precisar las tolerancias mínimas que el diseñador debe tener en cuenta.

Los aspectos clave en cuanto a tolerancias se refiere son:

- Pasillos de trabajo.
- Niveles de carga.
- Posicionamiento longitudinal de las cargas.

8.1.7.1 Pasillos de trabajo en almacenes autoportantes

En un almacén autoportante el pasillo de trabajo está definido por el espacio de circulación que necesitan los transelevadores, automáticos o semiautomáticos, que alimentan las estanterías y por el ancho de las cargas que transportan los mismos.

Como ya hemos indicado, estos aparatos van guiados tanto por arriba como por abajo, con lo que las posibilidades de desviarse de su trayectoria son prácticamente nulas.

Existe un riesgo calculado de pandeo, producido por la altura que alcanzan estos aparatos, pero que debe haber sido previamente estudiado por el fabricante para garantizar que dicho riesgo sea inexistente.

El riesgo que más frecuentemente tiende a producirse, como apuntábamos al principio de este capítulo, es una posible falta de precisión en el posicionamiento de las cargas, con el resultado de que alguna de ellas sobresalga de la estantería.

Ante esa eventualidad, es recomendable dejar un margen de 100 mm a cada lado del transelevador. Lógicamente, si se instala un aparato con un alto nivel de tecnificación y, por tanto, también con un alto grado de precisión, este margen puede ser sensiblemente reducido y bastará sólo con uno de 50 mm a cada lado, siempre y cuando el fabricante del aparato garantice su plena fiabilidad.

En otras ocasiones, sin embargo, el peligro del sistema no reside en la fiabilidad del aparato sino en la regularidad de las dimensiones de las mismas cargas. Ya sea por deficiencias en el empaquetado o por malformaciones producidas por golpes u otras causas, se deben extremar las precauciones mediante un sistema de inspección y control previo para asegurar que no acceda al mecanismo principal ninguna unidad de carga que sobresalga de la estantería. Este aspecto es especialmente importante cuando la dimensión de la carga se utiliza como referencia para fijar el ancho del pasillo de trabajo.

8.1.7.2 Niveles de carga

En el momento de fijar los niveles de carga interviene de nuevo la fiabilidad del aparato en cuanto a la precisión de su parada, tanto para la toma como para el depósito de los palés.

De hecho, el aparato ha de tener una precisión mínima de uno por diez mil, con el fin de asegurar que la variación máxima en una altura de 30 m no sobrepase los 3 mm.

La parada para la toma de la carga debe estar fijada en una cota de 25 mm más el grosor de la horquilla, por encima de la posición del travesaño de la estantería. Con esta altura, el aparato puede introducir la horquilla sin dificultad en el alojamiento del palé. Recordemos que el palé de tipo europeo posee una altura mínima interior libre de 100 mm; así, teniendo en cuenta que las horquillas suelen tener 50 mm de grosor, esta altura proporciona 25 mm de margen tanto por encima como por debajo.

Para depositar la carga, la altura de parada debe estar situada a un mínimo de 50 mm por encima de la posición de toma, con el fin de poder introducir el palé en el alvéolo de la estantería sin peligro de golpeo y, a continuación, hacer descender la carga para depositar el palé.

El aparato ha de tener un recorrido mínimo libre de 50 mm para poder levantar y extraer el palé, con lo que el alvéolo tendrá un mínimo de 75 mm de tolerancia entre la carga y la parte inferior del siguiente travesaño.

El travesaño de la estantería suele tener entre 100 y 150 mm de grosor; así, el modulo de cálculo será, pues, de una altura igual a la del palé (150 mm), más la de la carga (variable), más el margen de seguridad (75 mm como mínimo), más el grosor del travesaño (100-150 mm).

8.1.7.3 Posicionamiento longitudinal de las cargas

En función del peso de las cargas y del grosor de los travesaños se puede optar entre colocar dos o tres cargas, en sentido longitudinal, dentro de cada alvéolo.

Sin embargo, se debe tener en cuenta que en un almacén automatizado es conveniente alejar al máximo los puntos de parada entre sí, por lo que es recomendable escoger la instalación de sólo dos palés por alvéolo.

Las tolerancias entre cargas están definidas en función de la fiabilidad de dos parámetros: la dimensión de las cargas y el grado de precisión en la parada del transelevador. Cuando estos parámetros ofrecen un grado de fiabilidad muy elevado, se puede diseñar un almacén con sólo 50 mm de tolerancia entre la carga y el pilar de la estantería. Cuando dicha fiabilidad es menor, la tolerancia no debe ser inferior a 75 mm y, en el caso de que la fiabilidad sea relativamente corta, lo habitual es dejar una separación de 100 mm entre el pilar y la carga más próxima.

La separación entre las cargas suele ser de 100 mm. No obstante, si es necesario, en casos puntuales puede reducirse a 75 e incluso a 70 mm, si bien es preciso tener una seguridad mínima del 90 % respecto a que las medidas de las cargas no sufrirán ninguna modificación durante su manipulación.

En todas las tolerancias que hemos considerado a lo largo de los tres apartados anteriores hemos reiterado la necesidad de contar con un alto grado de confianza y fiabilidad en dos parámetros esenciales: las dimensiones de las cargas y la precisión de la parada del transelevador. Pero también es preciso considerar una tercera variable que puede influir en ambos parámetros: la nivelación del raíl inferior por donde circula el transelevador.

Dado el tremendo peso que se ejerce sobre las ruedas de carga del transelevador –no inferior a 18 t–, con el paso del tiempo se producen graves deterioros en el pavimento, los cuales motivan que el terreno ceda y se produzcan desniveles en el raíl.

Si estos desniveles no son corregidos pueden afectar de dos maneras al funcionamiento del transelevador:

– Actúan como un freno adicional, que no sólo produce retrasos en el ciclo de trabajo, sino también adelantos sobre las posiciones de parada, con el consiguiente riesgo de impacto sobre las cargas y las estanterías.

– Pueden ocasionar en algún punto una variación de nivel, con lo que el trans-elevador y, sobre todo, su sistema de preselección de alturas –basado en el alcance del carro transportador desde un carril situado a un nivel supuestamente invariable–, puede detenerse en un nivel erróneo a la hora de tomar o depositar una carga, lo que también implica un riesgo de impacto sobre la estantería.

8.2 Utilización de aparatos de recorrido libre

La pregunta de si es más o menos conveniente utilizar aparatos de recorrido libre –que en este tipo de almacenes prácticamente sólo pueden ser carretillas trilaterales, tipo torre o combi, selectores de pedidos de medio y alto nivel, y vehículos no guiados– no tiene una respuesta sencilla. En primer lugar, es conveniente responder a una serie de cuestiones:

– *¿Existe una unificación, al menos sectorial, de las cargas?*
Si la respuesta a esta cuestión es positiva y se puede garantizar que las cargas son exactamente iguales en cuanto a dimensiones y pesos, o que se pueden agrupar de una forma concreta, pasamos a la siguiente pregunta.

– *¿Es muy elevado el número de palés que se deben almacenar en relación con el tamaño de la superficie del almacén?*
Si la respuesta vuelve a ser positiva, se debe seguir investigando. Si es negativa, la solución es sencilla: será mejor utilizar aparatos de recorrido libre.

La siguiente pregunta será:

– *Considerando una altura de almacén de 15 m, ¿la superficie disponible permite una ocupación superior a 2,5 m³/palé?*
Si la respuesta es positiva, se debe buscar una solución mediante aparatos de recorrido libre. Si es negativa, resulta imprescindible recurrir a aparatos de recorrido fijo, ya que los de recorrido libre difícilmente pueden superar los 15 m de altura de elevación, y los que lo hacen no ofrecen un elevado índice de precisión.

Entre los diferentes tipos de aparatos de recorrido libre existen notables diferencias y no se puede simplificar a la hora de seleccionar el uso de uno u otro. Muchos de ellos compiten a nivel de igualdad con otros de recorrido fijo y, hasta alturas no superiores a 15 m, es difícil delimitar cuál es más conveniente. Si bien los de recorrido libre requieren de algo más de espacio de utilización y maniobra, así como la presencia de un operador a bordo, tienen a su favor que su menor grado de automatización los hace más versátiles e incluso a veces más fiables. Por otro lado, el hecho de no utilizar un recorrido fijo permite su fácil sustitución en caso de avería y, lo que es más importante, hacen mucho más sencillo y rentable el cambio del *layout* del almacén.

8.2.1 Apoyo de los aparatos de recorrido libre

Los aparatos de recorrido libre se apoyan directamente sobre el suelo y, para un funcionamiento más rápido dentro de los pasillos, únicamente precisan un sistema de guiado, mecánico o automático.

El guiado mecánico es muy sencillo y requiere de unos sistemas de apoyo que describiremos a continuación.

El guiado mecánico de las carretillas de tipo trilateral y de los recogepedidos de medio y alto nivel –aparatos de recorrido libre que se suelen utilizar en este tipo de almacenes–, se realiza mediante su apoyo en dos raíles guía laterales y paralelos, los cuales se instalan en los pasillos de circulación anclados al suelo o, si las circunstancias del almacén y la carga lo permiten, a las estanterías.

Estos raíles guía suelen estar formados por perfiles laminados comerciales, ya sea en forma angular o en «U»; más raramente se utiliza la forma en «Z». El perfil en «Z», además de su misión principal de servir de guía dentro del pasillo, tiene la ventaja adicional de ofrecer cierto grado de seguridad a la máquina, dado que puede absorber el posible movimiento de cabeceo que este tipo de aparatos padece en el momento de frenado.

Para el correcto guiado de la máquina sobre estos apoyos, ésta incorpora rodillos guía, generalmente cuatro, dos en cada lateral. Estos rodillos han de estar perfectamente ajustados a los raíles guía para evitar la posible marcha en zigzag, la cual se produciría en caso de existir una gran tolerancia entre rodillos y raíles. Por ello las tolerancias que se suelen fijar en la distancia entre raíles suele ser de +0/–5, es decir, se exige que la distancia entre raíles sea exactamente igual a la distancia entre rodillos de la máquina. En el caso de que exista una variación, ésta debe ser siempre negativa, con un valor máximo de 5 mm, pero en ningún caso positiva.

La altura del perfil es variable, ya que depende de la altura a que estén instalados los rodillos guía en la máquina, y ésta depende a su vez de las características del aparato. Sin embargo, la altura del perfil en ningún caso será inferior a 80 mm, siendo más recomendable la altura de 100 mm, con alguna excepción que puede llegar a 125 e incluso 150 mm, si la máquina así lo requiere.

Un factor muy importante es el grosor del perfil del carril guía. Dado que debe ser capaz de absorber fuertes impactos, es recomendable utilizar un grosor de 5 mm y, en cualquier caso, nunca menor de 4 mm. El ala inferior del perfil no ha de ser inferior a 50 mm y, para permitir un perfecto anclaje al suelo se debe utilizar un ala equivalente al 50 % de la altura del perfil. Se debe evitar el uso de pletinas adicionales soldadas en los puntos de anclaje, muy utilizadas en carriles con menos de 50 mm de ala inferior, ya que no ofrecen una adecuada resistencia continua en la zona entre anclajes, y ésta, por tanto, sufre constantes deformaciones que afectan a la correcta circulación de la máquina). En el caso de que se utilicen perfiles en «Z», el ala superior debe tener una anchura equivalente al 75 % de la inferior, es decir, no menos de 35 mm si la inferior es de 50 mm, y de 50 mm cuando ésta tenga 75 mm (50 % de la altura del perfil de 150 mm).

Dada la longitud de los pasillos –normalmente entre 20 y 30 m–, los perfiles deben configurarse sobre la base de diversos tramos que han de soldarse *in situ,* ya que no se permiten uniones por medio de piezas atornilladas ni soldadas, dado que estos sistemas producen inevitables resaltes que dañan a los rodillos guía de las máquinas.

Estos raíles han de estar asegurados al pavimento que, por otra parte, debe estar perfectamente nivelado mediante tornillos de anclaje situados a una distancia no superior a un metro (500 mm en los extremos). Además, hay que diseñar una prolongación no inferior a 500 mm que sirva de embocadura al pasillo. Dicha embocadura debe tener un ángulo de entrada no inferior a 150°. También es admisible una embocadura redondeada en sustitución de la angulada, en cuyo caso el arco de entrada debe tener un radio mínimo de 250 mm.

En máquinas de considerable altura de elevación, puede considerarse la posibilidad de instalar un guiado adicional para el mástil, instalando para ello sendos raíles en la estantería y a la altura adecuada. Normalmente estos raíles se instalan mediante soldadura sobre el travesaño más próximo a la altura del mástil de la máquina.

8.2.2 Tolerancias en los aparatos de recorrido libre

Las tolerancias para los aparatos de recorrido libre son muy similares a las descritas para los aparatos de recorrido fijo, si bien hay que tener en cuenta que el método de toma y depósito de las cargas que utilizan los primeros difieren en algo respecto a los utilizados por los segundos.

Por regla general, los aparatos de recorrido libre utilizan cabezales giratorios para poder tomar y depositar la carga, en el lado izquierdo o derecho de la estantería, mientras que los de recorrido fijo utilizan cabezales con horquillas telescópicas.

Esta diferente concepción hace que las necesidades de anchura de pasillo sean profundamente diferentes. Así, se puede decir que una carretilla trilateral requiere de un pasillo entre 1.700 y 1.900 mm de ancho, en función de las prestaciones que se precisen de la máquina, mientras que un transelevador sólo precisa de 1.400-

1.500 mm de ancho, siempre que se trate del almacenamiento de palés europeos de 1.200 mm de profundidad.

En el momento de especificar las tolerancias en un almacén diseñado para ser operado con una carretilla de tipo trilateral, se deben tener en cuenta, además, tres dimensiones en cuanto a la anchura de los pasillos:

a) Distancia entre frentes de raíles guía.
b) Distancia entre frentes de cargas.
c) Distancia entre frentes de estanterías.

Resulta bastante habitual la práctica de integrar el raíl guía en la parte inferior de la estantería, con lo que a veces se puede hacer coincidir las cotas *a)* y *c),* salvo en el caso de que se dispongan placas de soporte sobre los travesaños. En todos los niveles de carga es preciso tener en cuenta que normalmente las cargas sobresalen de las estanterías, por lo cual la cota *a)* es siempre menor que la *c),* y ésta tal vez no sea suficiente para la máquina en cuestión. Es importante, pues, fijarse en estas tres cotas a la hora de diseñar los pasillos de un almacén de este tipo.

Figura 8.14. Cerramiento de un almacén autoportante.

8.3 Características constructivas de los almacenes autoportantes

Desde el punto de vista de su diseño y construcción, dos de los aspectos más importantes de los almacenes que se basan en la utilización de un grupo de estanterías autoportantes son, sin duda, el cerramiento y la cubierta de los mismos.

8.3.1 Cubiertas

Para el montaje de la cubierta de los almacenes autoportantes se recurre con frecuencia al uso de planchas de acero atornilladas o soldadas a un armazón, a su vez soldado a la superestructura de las estanterías. Este armazón puede construirse en vertiente a dos o cuatro aguas, e incluso con techo plano, dependiendo de la climatología del lugar.

Se debe prestar especial atención al uso de impermeabilizantes cuando sus capas asfálticas no están cubiertas, ya que éstos han de estar recubiertos de material reflectante para evitar que la acción del calor acumulado sobre la cubierta pueda deformar la estructura superior de las estanterías.

8.3.2 Cerramientos laterales

El cerramiento lateral de los almacenes autoportantes se suele realizar por medio de paneles, que pueden sujetarse de diversas maneras:

a) Directamente a la estructura de las estanterías.
b) Por medio de un armazón intermedio sujeto, a su vez, a la estructura de las estanterías.
c) Sujetos a un armazón independiente.

También se puede recurrir a un cerramiento lateral con de muro de hormigón, hecho bastante frecuente cuando existen construcciones anexas al almacén principal y utilizadas por los servicios auxiliares del mismo.

La elección de uno u otro sistema está en función de la altura del edificio, de la fuerza del viento predominante en el lugar de la instalación, de la posible exposición a factores térmicos y climatológicos, y del material utilizado en el revestimiento.

Existen otra serie de cuestiones inherentes a la edificación de los almacenes autoportantes referidas a la estructura e instalaciones del edificio, pero son más propias de la arquitectura que del diseño industrial y, por tanto, escapan del ámbito de este libro.

Otros aspectos referentes a su construcción que, sin embargo, también afectan al funcionamiento del almacén, como son la pavimentación, el cerramiento y la seguridad, se tratan en otros capítulos de este libro.

Capítulo 9
Almacenes de productos especiales

En los capítulos anteriores nos hemos ocupado de los sistemas de almacenaje que se suelen aplicar a los diversos tipos de mercancías de carácter convencional. Sin embargo, existen muchas otras mercancías que requieren condiciones especiales de almacenaje, bien sea por su volumen, peso e incluso forma.

El estudio de los métodos de almacenaje de estas mercancías, que podríamos denominar atípicas, requiere realizar un agrupamiento previo de las mismas, atendiendo únicamente a su forma, en las siguientes categorías:

- Mercancías de tipo laminar.
- Mercancías de tipo tubular.
- Mercancías cilíndricas.
- Cargas largas.

Este agrupamiento no es limitativo, ya que en esta clasificación se pueden introducir muchas otras variables atendiendo a otros factores, como:

- la fragilidad,
- la seguridad,
- la peligrosidad y, especialmente,
- el volumen y
- el peso.

Sin embargo, para el estudio del almacenaje esta primera agrupación resulta esencial, ya que aunque esté influida por las otras características, la forma o configuración de una mercancía incide directamente sobre los métodos que cabe utilizar para su manejo y, en consecuencia, para su almacenamiento.

Hagamos, pues, un análisis de las cuatro categorías mencionadas, atendiendo a las otras características más limitativas que hemos indicado.

1 Mercancías de tipo laminar

Entre las mercancías de tipo laminar se debe establecer una subdivisión atendiendo al primero de los factores indicados, esto es, la fragilidad. De esta manera obtenemos, clasificándolas de menor a mayor grado de fragilidad, las siguientes clases de mercancías de tipo laminar:

- Láminas de chapa metálica.
- Láminas de plástico.
- Láminas de vidrio o *float-glass.*
- Láminas de amianto.

En el manejo de estas cuatro clases de mercancía se ha de tener en cuenta el factor clasificatorio que ahora hemos empleado, así como los otros anteriormente mencionados, con el fin de establecer la forma más adecuada de manejarlas y almacenarlas.

1.1 Manejo y almacenamiento de láminas de chapa de acero

Para saber cuál es el método de manejo más adecuado para las láminas de chapa de acero, en primer lugar es preciso tener en cuenta un factor característico de este tipo de mercancía, como es el grado de flexión y deformación de las láminas.

Este grado depende de dos parámetros: las dimensiones y el grosor de la lámina. A mayores dimensiones, la flexión y deformación será mayor, pero a mayor grosor la flexión será menor y, por tanto, también lo será su grado de deformación.

Cuando se trata de manejar láminas de chapa cortadas en pequeñas dimensiones, la mejor solución es agruparlas sobre una plataforma de madera o palé, para flejarlas y así confeccionar una sólida e indeformable unidad de carga, la cual se podrá manejar y almacenar con los sistemas habituales de manejo y almacenamiento de materiales que hemos descrito a lo largo de los capítulos precedentes.

Figura 9.1. Manejo de placas de vidrio.

Si por el contrario se trata de manejar y almacenar chapas de grandes dimensiones, con un grosor normalmente pequeño en relación con su tamaño, el problema resulta completamente diferente.

En primer lugar, es preciso calibrar cuál es el daño que una manipulación directa puede ocasionar a la chapa. Los daños que se pueden producir en una chapa de acero a la hora de su manipulación y almacenamiento son de dos tipos:

a) Deformación

Si una chapa metálica no se manipula de forma adecuada, se puede producir una flexión de tal calibre que sobrepase el límite de elasticidad del material y, con ello, una deformación permanente de la chapa.

b) Marcas

Cuando las chapas se manipulan de forma incorrecta, de tal forma que se produzcan golpes al situar las horquillas de las carretillas debajo de las chapas, es muy habitual que se produzcan marcas en ellas. En ciertos tipos de chapa, como los destinados a la industria del automóvil y a la conservera, estas marcas merman su calidad hasta el punto de hacerlas inservibles para su función final, con el consiguiente perjuicio económico.

1.1.1 Cómo reducir el efecto de la flexión de las chapas de acero

Para reducir ese efecto es fundamental acortar la distancia entre los apoyos de los elementos de elevación y los voladizos de las cargas situados fuera de los mismos. Para ello se pueden adoptar dos opciones:

Figura 9.2. Manejo de chapas de acero.

a) Utilizar un mayor número de horquillas.

b) Manejar las chapas sobre una plataforma.

1.1.1.1 Manejo con horquillas múltiples

Para habilitar un sistema de manejo altamente fiable y cuidadoso con los materiales, es preciso conseguir que la distancia entre los apoyos quede reducida hasta que el punto flector de la carga sea inferior al límite elástico del material. Para ello se debe colocar un determinado número de horquillas, cuatro o seis, sobre el tablero portahorquillas de una carretilla elevadora de dimensiones idóneas, especialmente ensanchado hasta el máximo que permita la carretilla.

El tamaño del tablero portahorquillas de la máquina no tiene por qué limitarse al ancho total de la máquina, medido generalmente sobre el eje delantero. La anchura máxima admisible de este tablero debe estar limitada por el fabricante de la carretilla y definida por el grado de estabilidad lateral de la máquina, la cual es mayor o menor en función de la altura de elevación que sea necesaria.

Para manejar cargas de este tipo, es decir con tablero de ancho superior a lo normal, es recomendable el uso de máquinas que tengan las mayores dimensiones posibles, provistas de dobles ruedas delanteras que proporcionarán una estabilidad lateral adicional

En los casos en que se utilicen tableros de ancho superior a lo habitual deberá limitarse no sólo la capacidad de carga de la carretilla, sino también la de maniobra (no es aconsejable circular con la carga elevada).

No existe un límite específico recomendable en la anchura de los tableros de las carretillas elevadoras. Este límite, como hemos dicho, debe ser fijado por el fabricante en función de los criterios de estabilidad transversal preestablecidos. Como norma general, se recomienda no sobrepasar por cada lado el 25-30 % del ancho de la carretilla.

Es importante tener en cuenta que el voladizo entre la horquilla más externa y el extremo de la carga debe ser el menor posible, con el fin de evitar una flexión en los bordes de las chapas.

1.1.1.2 Manejo de chapas de acero sobre plataforma

El uso de plataformas es una forma ideal de manejar las chapas de acero, ya que cuando se colocan sobre una plataforma, bien sea de madera o de cualquier otro material rígido, el efecto flector queda totalmente eliminado. Esto, sin embargo, puede encarecer el manejo y no es una forma muy habitual de efectuarlo.

El manejo de este tipo de mercancías resulta más conveniente mediante carretillas de carga lateral, las cuales están provistas de una plataforma de carga sobre la que se apoyan las mercancías, de forma que éstas no sufran ningún momento flector durante su transporte. Sin embargo, no podrá evitarse que lo sufran si no se aplica un sistema de tablero ancho y horquillas múltiples cuando se esté realizando la elevación o descenso de la carga, es decir, durante las maniobras de apilado y desapilado.

La ventaja adicional de las carretillas de carga lateral en este tipo de manipulación es que, al ser de mayores dimensiones longitudinales que las de carga frontal, permiten la adaptación de tableros más anchos, sin merma de la estabilidad transversal de la máquina. De esta forma, los tableros provistos de cuatro o más horquillas reducen significativamente el punto flector conjugando los dos métodos de manejo descritos anteriormente, y se logra que durante el transporte no exista flexión, excepto la que se puede producir durante el transporte por los voladizos situados entre la plataforma y el extremo de las chapas, o entre las horquillas más externas –cuando éstas sobresalen de la plataforma– y el extremo de las chapas.

Figura 9.3. Almacenamiento de chapas de acero con carretillas de carga lateral.

1.1.1.3 El efecto del contacto de las horquillas con las chapas de aceros especiales

Para solucionar el problema que se produce por el contacto de las horquillas de las carretillas elevadoras con las láminas de aceros especiales, como galvanizados, aceros inoxidables, etc., se debe recurrir al recubrimiento de las horquillas. Para ello se utilizan elementos rígidos como el teflón, la goma vulcanizada, los plásticos duros, etc. Estos elementos, a pesar de su rigidez, poseen una dureza inferior a la del acero y permiten la absorción de impactos y rozamientos; es decir, se deforman en su contacto y evitan así la deformación del propio acero, la cual se produciría si hubiera un contacto directo con las horquillas desnudas.

El método de unión utilizado para aplicar ese recubrimiento suele ser la vulcanización directa sobre las horquillas, cuando se trata de goma endurecida, o bien los pegamentos especiales cuando se recubren de teflón. Otros recubrimientos se unen a la horquilla mediante tornillos, como en los casos del cobre y el latón. Algunos productos admiten la soldadura, aunque esto requiera el uso de métodos de soldadura especiales y excesivamente costosos, como el del vacío, razón por la que son muy poco utilizados.

Figura 9.4. Manejo de paquetes de chapa de acero.

1.1.1.4 Almacenamiento de láminas de chapa de pequeñas dimensiones

Cuando se trata de láminas de chapa de pequeñas dimensiones procedentes de cortes de chapas de mayor superficie, colocadas sobre palés de acero o de madera, el almacenaje se efectúa de forma convencional. No obstante, como estas unidades de carga son normalmente menos voluminosas pero más pesadas que las cargas convencionales, se debe tener en cuenta no sobrecargar el suelo donde se apoyan las estanterías y utilizar estanterías capaces de soportar un peso generalmente extraordinario.

Una chapa de acero de 1.000 x 1.200 mm de superficie –una medida de corte muy habitual–, con 0,5 mm de grosor, tiene un peso de 4,71 kg. Por tanto, si se conforma una unidad de carga de sólo 500 mm de altura sobre un palé de madera de tipo europeo, obtendremos que el número de chapas que podrá contener es de 800 unidades, aproximadamente, con lo cual el peso de la unidad de carga estará muy próximo a los 4.000 kg.

La carga máxima admisible en estanterías de paletización es de 16 a 18 t por bastidor o escalera, en función de la altura de los pilares o largueros. Por tanto, una estantería convencional de paletización no podría soportar más de cuatro cargas de este tipo, lo que significa dos cargas en cada lado de la escalera.

En consecuencia, cuando se diseña un conjunto de estanterías para el almacenamiento de este tipo de cargas es preciso recurrir a la fabricación de estructuras especiales a través de la utilización de perfiles conformados mediante la soldadura de pletinas, o bien con vigas de acero laminado en perfiles comerciales, que sean capaces de soportar cargas puntuales muy superiores. Por ejemplo, para construir una estantería con escaleras mediante vigas de perfil comercial en doble «T», de 6 m de altura –adecuada para almacenar, aproximadamente, 20 cargas como las ya descritas, 10 por cada lado–, arriostradas por medio de barras transversales del mismo perfil, sería necesario utilizar un perfil de 38, cuya resistencia a la compresión es de 22,4 t.

Ahora bien, esta escalera tendría un peso aproximado de 1.500 kg, con lo que la carga puntual en el pavimento sería de 81,5 t, aproximadamente. Ello obligaría a diseñar unas zapatas de una superficie considerable para reducir la carga sobre el suelo hasta valores soportables, normalmente no muy superiores a 70-80 t/m^2.

No es muy habitual construir grandes almacenes con este tipo de material, dada la altísima relación peso/volumen que requieren. Más convencional resulta la utilización de pequeños almacenes, normalmente sobre el suelo, tomando como referencia 5 o 6 alturas como máximo, con lo cual el reparto del peso es más adecuado a la resistencia habitual de los pavimentos.

1.1.1.5 Almacenamiento de láminas de chapa de grandes dimensiones

El almacenamiento de este tipo de mercancías se suele realizar a nivel del suelo, dado su considerable peso en relación con su volumen, si bien el creciente encarecimiento de las áreas industriales induce a la realización de almacenajes en altura.

Para el almacenaje en altura de chapas de grandes dimensiones se utilizan preferentemente estanterías de tipo *cantilever*. No obstante, las chapas no se pueden disponer directamente sobre las ménsulas porque ello ocasionaría flexiones y consiguientes deformaciones que podrían llegar a ser permanentes. Por tanto, es preciso dotar a esas estanterías de plataformas desplazables de apoyo, con el fin de evitar el efecto flector que, aun reduciendo la distancia entre las mismas, podría ser permanente si las chapas se mantienen almacenadas mucho tiempo.

1.2 Manejo y almacenamiento de láminas de plástico

El manejo de láminas de plástico presenta la dificultad lógica de la flexión de las láminas de gran tamaño, aunque ésta sea relativamente pequeña. Existen muchos tipos de plástico duro, aunque su comportamiento siempre es similar y se manejan en forma de láminas o chapas con diferentes grados de flexión.

Cuando se trata de manejar y apilar piezas laminares de tamaños pequeños e incluso intermedios, se hace del mismo modo que con cualquier otra carga de dimensiones similares, y su almacenamiento no presenta dificultades.

Si hay que manipular y almacenar láminas de grandes dimensiones, el proceso es muy parecido al ya descrito para las de chapa metálica, si bien en este caso no existe ninguno de sus problemas añadidos, como el peso excesivo o la posibilidad de dañar las mercancías. Por tanto, lo habitual es manejar esas láminas sobre bandejas de madera e incluso de forma directa, situando para ello entre carga y carga unos apoyos con el fin de dejar entre ellas un espacio suficiente para introducir las horquillas de las carretillas elevadoras.

1.3 Manejo y almacenamiento de láminas de vidrio

El manejo del vidrio presenta básicamente dos dificultades: su alto peso específico y su elevada fragilidad.

El vidrio plano, conocido en la industria con la denominación *float-glass,* se elabora mediante un sistema de flujo continuo. En un extremo de la cadena de producción se encuentra el horno donde se produce la fusión de la sílice, y ese producto es conducido mediante un larguísimo transportador de rodillos a través del proceso de enfriamiento, calibración y corte, hasta la zona de enfriamiento, almacenamiento y preparación.

Ante su extraordinaria fragilidad, su manejo se ha de realizar mediante métodos y útiles especiales. Para ello se utilizan ventosas, con una muy cuidada calibración del grado de adherencia, que permiten elevar las grandes placas de vidrio del transportador de rodillos y situarlas, preferentemente de manera automática, sobre caballetes de transporte. En algunas plantas de producción, generalmente las más antiguas y menos mecanizadas, se utiliza un conjunto de fuertes cinchas que se instalan colgando de una pértiga, la cual, a su vez, es tomada por una carretilla elevadora.

Existen dos tipos de caballetes sobre los que se realiza el transporte interior de las placas de vidrio, conocidos como «A» y «L». Los caballetes de tipo «A» pueden recibir dos cargas simétricas y, por tanto, más equilibradas, lo que facilita su utilización no sólo para el transporte interior sino también para el exterior. Los caballetes de tipo «L» sólo permiten una carga completa y se suelen utilizar exclusivamente para el transporte interior en la planta de producción.

Figura 9.5. Colocación de placas de vidrio sobre un caballete tipo «L».

1.3.1 Placas de pequeñas y medianas dimensiones

Como en otros productos laminares, el tamaño de las placas vuelve a ser un aspecto fundamental. Las grandes placas de vidrio se pueden cortar en láminas de diferentes dimensiones, relativamente reducidas, que se agrupan en unidades de carga de diversos tamaños y pesos. En este caso, su manejo no presenta mayor problema que el de la fragilidad, razón por la cual estas cargas deben estar dotadas de elementos de protección que eviten golpes. Por lo general, en función de su tamaño se suelen embalar en cajas de madera o cartón, y cuando dicho tamaño es intermedio se utilizan tablas y cantoneras de cartón. Su almacenamiento no presenta ningún problema y se pueden seguir los métodos tradicionales.

1.3.2 Placas de grandes dimensiones

Las grandes placas, también conocidas como *«jumbos»*, con dimensiones de 3.000 mm de altura y 6.000 mm de anchura, se colocan en posición vertical sobre soportes especiales, en bloques compactos, hasta formar una unidad de carga simple que suele tener un peso de 3 t. Estas unidades de carga simples se agrupan y pueden alcanzar pesos de hasta 12 t. La nueva unidad de carga resultante se puede manejar con carretillas elevadoras convencionales, utilizando el sistema descrito anteriormente de cinchas y pértigas, o por carretillas elevadoras de carga lateral, especialmente diseñadas para el manejo de las mismas.

Las carretillas elevadoras de carga lateral para el transporte de placas de vidrio no precisan de gran altura de elevación, ya que su única misión es la de cargar y descargar los paquetes de placas de vidrio de los caballetes. El conjunto de elementos más singular de esas carretillas son el tablero portahorquillas y las horquillas en sí mismas.

El tablero portahorquillas actúa como soporte de las placas, y por tanto su anchura debe ser igual o similar a la de las placas que hay que manejar. Del mismo modo, debe estar provisto de un sistema de apoyo de la carga de altura similar al de las placas. Tanto el tablero como el apoyo de la carga han de disponer de elementos de soporte para proteger al material, generalmente tacos de goma o nailon. Además, dadas las grandes dimensiones de las placas y su forma de manejo, la estabilidad de la carga es esencial, por lo que se deben utilizar dispositivos adicionales de sujeción lateral y superior para afianzar la carga adecuadamente.

Las horquillas deben estar recubiertas de materiales especiales que eviten dañar el vidrio. Generalmente este recubrimiento consiste en goma vulcanizada o firme-

Figura 9.6. Carretilla de carga lateral especial para el manejo de placas de vidrio.

mente adherida a la superficie superior de las horquillas. En estas máquinas las horquillas no pueden tener gran longitud; ésta debe limitarse al ancho de la unidad de carga que se debe manejar más unos pocos centímetros, pues en caso contrario podrían engancharse con la siguiente carga y provocar su caída.

La carretilla estará dotada de un sistema de basculación muy preciso para inclinar lentamente la carga, ya que cualquier movimiento brusco podría producir la rotura de alguna de las placas y, en consecuencia, las de las demás al quedarse sin soporte.

1.3.3 Almacenamiento de las grandes placas de vidrio

Se realiza sobre unas estanterías especiales, constituidas por dos robustos pilares que soportan dos bases longitudinales de apoyo inferior sobre las que se colocan las cargas; éstas se apoyan a su vez unas sobre otras separadas por medio de listones de madera, tiras de cartón o de poliuretano.

El uso de carretillas especiales de carga lateral permite transitar por pasillos muy estrechos, aproximadamente de 1.500 mm e incluso inferiores, en función del número de paquetes que formen la unidad de carga.

1.3.4 Transporte de grandes placas de vidrio

Al hablar de dicho transporte, es preciso diferenciar entre el transporte interior de la planta de producción y el exterior por carretera, ferrocarril o barco.

Figura 9.7. Transportador de caballetes tipo «L» con placas de vidrio.

Como ya se detalló, uno y otro se realizan mediante la utilización de caballetes del tipo «A» o «L», sobre los que se disponen las unidades de carga.

Para el transporte interior se utilizan grandes máquinas conocidas con el nombre de «transpupitres». Éstas toman los caballetes por su parte inferior, cuando ello es posible, o por la parte lateral, en cuyo caso la máquina abraza prácticamente al caballete, elevándolo los pocos centímetros que son necesarios para su traslado. En realidad se trata de una especie de enormes transpalés con accionamiento eléctrico, o cuando menos de máquinas con un comportamiento similar al de éstos. Otros métodos más lentos de traslado de los caballetes consisten en utilizar tractores de arrastre, previamente colocados sobre remolques.

El transporte por carretera se realiza por medio de semirremolques especiales en los que no existe piso, ya que éste ha sido sustituido por el soporte del propio caballete. Los caballetes se introducen en esos vehículos mediante los transpupitres o son autocargados por los semirremolques, los cuales disponen de unas mordazas para su fuerte anclaje al chasis de éstos. Una vez alcanzado el destino del transporte, se procede de modo inverso.

Figura 9.8. Carga de un camión especial para el transporte de caballetes con placas de vidrio.

1.4 Manejo y almacenamiento de placas de amianto

Las placas de amianto tienen un comportamiento muy similar al de las placas de vidrio. No obstante, si bien su fragilidad es máxima, sus formas de rotura son diferentes a estas últimas.

Su manejo se asemeja mucho más al de las placas de plástico que al de las de vidrio, con la diferencia de que las unidades de carga han de ser mucho más ligeras, dada su altísima fragilidad.

Las placas de amianto, al contrario que las estudiadas hasta ahora, no se suelen cortar durante su manufactura en trozos de pequeñas dimensiones, por lo que se han de manejar y almacenar en forma de placas de varios metros de longitud.

El manejo y almacenamiento no precisan de métodos especiales, por lo que se pueden utilizar los convencionales y los ya descritos.

2   Mercancías de tipo tubular

Para el estudio del almacenamiento de mercancías de tipo tubular, realizaremos una clasificación previa basada en una de las características que más afectan a su manejo, como es la capacidad de conservar su forma. Esta clasificación es la siguiente:

- Tubos rígidos.
- Tubos semirrígidos.

Entre los *tubos rígidos* encontramos dos grandes grupos:

- Tubos metálicos.
- Tubos de hormigón.

Como *tubos semirrígidos,* citaremos los de plástico duro.

El manejo y almacenamiento de cada una de estas clases de tubos es completamente diferente, como lo es la forma de configurar las unidades de carga de cada una de ellas.

2.1 Manejo y almacenamiento de tubos rígidos

En este apartado nos referiremos exclusivamente al manejo y almacenamiento de los tubos de medio y gran diámetro, ya que los tubos de pequeño diámetro se encuentran mejor clasificados dentro de la categoría de «cargas largas».

Aunque el manejo de los tubos rígidos metálicos o de hormigón es muy similar, es conveniente distinguir entre unos y otros, ya que su proceso de fabricación es diferente y tiene una gran influencia en su manipulación.

2.1.1 Tubos metálicos

El tubo metálico se puede fabricar por fundición o laminación con soldadura. En el primero de los casos existe un proceso de enfriamiento que es preciso respetar antes de que el tubo se pueda manejar, período que es mucho más breve en el segundo de los casos. Una vez enfriado el tubo, se forman las unidades de carga en función del diámetro, para lo que se colocan los tubos sobre camas de madera. Cuando se trata de tubos de diámetro medio, sobre esa cama se instala una primera hilada y, encima de ésta, se coloca una segunda, de forma que ajusten lo más perfectamente posible una sobre otra. Una vez obtenida esa unidad, se fleja el conjunto.

Figura 9.9. Manejo de paquetes de tubos de acero.

La unidad de carga así formada se puede manejar perfectamente con las horquillas de una carretilla elevadora convencional, de tipo frontal o de carga lateral, en este último caso con el consiguiente aprovechamiento de espacio.

El almacenamiento de esos tubos se efectúa siempre en el exterior y, dada su inestabilidad, a una altura o dos como máximo. Cuando se trata de tubos de gran diámetro, el almacenaje se realiza de forma directa en pirámide; así, dos tubos sirven de soporte a uno.

2.1.2 Tubos de hormigón

El tubo de hormigón, al contrario que el metálico, se fabrica en posición vertical y, antes de manejarlo, se ha de someter a un proceso de secado dentro del propio molde. Una vez seco se procede al volteo del tubo, que se puede efectuar por medio de carretillas elevadoras dotadas de pinzas de sujeción con volteo frontal y lateral o mediante puentes grúa, si bien la maniobra con éstos resulta bastante más lenta.

Una vez posicionados horizontalmente, el manejo de los tubos se realiza en función de su diámetro, en general mediante carretillas elevadoras de diferente capacidad de carga, dotadas de espolones cuando los tubos tienen un diámetro mediano, o de horquillas convencionales cuando se trata de tubos de grandes dimensiones y peso.

Figura 9.10. Manejo y almacenamiento de tubos de hormigón.

El almacenamiento también tiene lugar siempre en el exterior y es muy similar al de los tubos metálicos, aunque dada su mayor fragilidad el número de alturas se ha de limitar a la resistencia de las cargas que actúan de soporte. Por regla general, los grandes tubos no se apilan.

2.2 Manejo y almacenamiento de tubos semirrígidos

El manejo de los tubos semirrígidos de plástico duro se ha de realizar mediante unidades de carga constituidas por jaulas metálicas construidas con perfiles soldados.

Dado que el peso del material que se debe manejar es relativamente pequeño, el factor más importante es el considerable volumen de esas jaulas.

Su manejo es relativamente sencillo y se puede efectuar mediante carretillas de carga frontal o lateral. La diferencia fundamental entre uno y otro sistema de manejo es el uso del espacio. Sin embargo, cuando se manejan con carretillas de carga frontal existe el problema de la poca estabilidad transversal de la carretilla, dado que el volumen de las unidades de carga y su escaso peso producen un efecto muy peligroso, que se acentúa cuando las jaulas se almacenan.

El almacenamiento, salvando ese problema de la estabilidad transversal, se realiza de manera muy sencilla, ya que las propias jaulas actúan de soporte unas de otras y se pueden alcanzar grandes alturas de apilado.

Normalmente el almacenamiento se realiza en el exterior aunque, cuando los tipos de tubo poseen mayor valor añadido o frente a incrementos de producción, los fabricantes también optan por almacenarlos en recintos cubiertos.

Dado que el único problema que presenta este almacenamiento es el de la estabilidad de las cargas y del conjunto carretilla-carga, es muy aconsejable la utilización de carretillas de carga lateral. Por otro lado, recordemos que el uso de este tipo de máquinas reduce drásticamente el ancho de los pasillos de maniobra y, en consecuencia, conduce a una mejor utilización del espacio, especialmente cuando se trata de almacenes interiores, lo que supone un ahorro en el coste de almacenamiento.

3   Mercancías de tipo cilíndrico

Las mercancías de tipo cilíndrico son aquellas que se arrollan para su manejo, bien sea mediante el uso de un mandril, bien de una estructura metálica o de madera, o bien directamente, conformando una bobina.

Los tipos de bobina que podemos considerar son:

– Bobinas de papel y cartón.
– Bobinas de chapa.
– Bobinas de cable y rollos de alambrón.

El manejo y almacenamiento de estos tres tipos de mercancías son completamente diferentes.

3.1 Manejo y almacenamiento de bobinas de papel y cartón

Para el manejo de las bobinas de papel se utilizan carretillas elevadoras provistas de pinzas especiales de sujeción lateral y giratorias. El tamaño y capacidad de carga de las máquinas debe estar en función del de las bobinas que se vayan a manejar, teniendo en cuenta que la pérdida de capacidad que sufren al instalar las pinzas hace que se precisen máquinas con una capacidad mínima entre 1,5 y 2 veces superior al peso de las bobinas, en función del diámetro de éstas y de la cantidad que se deba apilar.

El almacenamiento de las bobinas de papel y cartón se realiza exclusivamente en el interior de almacenes. Dada la alta resistencia del papel cuando se bobina de forma compacta, su apilado se efectúa de forma directa, es decir, unas bobinas sobre otras sin prácticamente ninguna limitación.

Las bobinas se elaboran de modo que el papel o el cartón al salir de la máquina de producción se devanan sobre un mandril, que puede ser de cartón, de madera e incluso metálico, situado en posición horizontal. Una vez elaboradas, las bobinas se recogen de la devanadora y se las hace girar 90° hasta quedar en posición vertical, momento en que se apilan formando torres. El giro desde la posición horizontal hasta la vertical se realiza mediante una pinza de sujeción lateral y giratoria montada sobre la carretilla elevadora que manipula las bobinas.

Figura 9.11. Manejo de bobinas de papel.

Para un mejor aprovechamiento del espacio, la formación de torres de bobinas se ha de efectuar a 45°, de forma que una bobina se sitúe entre otras dos de la fila anterior. La única precaución que cabe tomar en esa colocación es dejar unos centímetros de espacio entre las bobinas para poder introducir el brazo de la pinza sin causar daños en el papel.

El transporte por carretera de las bobinas de papel o cartón se suele realizar con las bobinas colocadas en posición horizontal. Esto puede representar cierto problema en el momento de la carga, especialmente cuando la zona de carga del almacén es muy angosta y se precisa realizar la carga-descarga de las bobinas por un lateral del camión. En este caso, para realizar el volteo frontal sobre el camión será preciso que la pinza tenga incorporada esa tercera función de volteo frontal.

3.2 *Manejo y almacenamiento de bobinas de chapa*

Las bobinas de chapa se pueden manejar directamente o sobre un palé, de forma bastante sencilla; basta con incorporar un espolón de las dimensiones adecuadas sobre el tablero de las carretillas elevadoras. Ese espolón se introduce por el agujero central de las bobinas con el fin de elevarlas y apilarlas en posición horizontal, encamándolas unas con otras. El único problema, de fácil solución, reside exclusivamente en su peso, que oscila entre las 12 y las 30 t.

En algunas ocasiones, cuando no se dispone de máquinas equipadas con espolón se pueden introducir las horquillas convencionales de las carretillas, uniéndolas en el centro del tablero, si bien esta solución no es recomendable a menos que se utilice algún útil que impida que las aristas laterales de las horquillas dañen el interior de la chapa. Nunca se debe aplicar esta solución cuando se trate de manejar bobinas de aceros especiales, como las de galvanizados y los inoxidables.

Las bobinas se colocan sobre palés sólo cuando se trata de aceros especiales, con el fin de evitar la manipulación indebida, y se manipulan mediante carretillas elevadoras provistas de horquillas convencionales de carga.

Figura 9.12. Manejo de bobinas de chapa.

El almacenamiento de esas grandes y pesadas bobinas se suele efectuar en el exterior, directamente sobre el suelo, aunque es recomendable instalar cuñas de madera o, preferentemente, metálicas, ancladas al suelo. Cuando el tamaño de las bobinas es uniforme, esas cuñas pueden ser fijas; por el contrario, si es variable, las cuñas pueden ser regulables y deben estar montadas sobre regletas, que a su vez se anclarán fuertemente al suelo. El apilado de las bobinas se realiza de forma piramidal, apoyándolas sobre las bobinas inferiores que a su vez se apoyan sobre las cuñas ancladas al suelo directa o indirectamente.

Las bobinas más ligeras, normalmente las de aceros especiales más sensibles a los riesgos del exterior, se suelen almacenar en el interior del recinto, dotado de estanterías especiales. Las estanterías para el almacenaje de bobinas de chapa están generalmente construidas con perfiles de doble «T», de gran resistencia, con los cuales se configura una estructura multicelular, en forma de panel, y en cada una de las celdas se colocan las bobinas, normalmente una por celda, excepto cuando el peso de las bobinas es muy ligero, entre 3 y 4 t, en cuyo caso pueden colocarse dos o más bobinas. Dado su alto valor añadido, estos almacenes de bobinas de materiales especiales suelen ser muy utilizados, tanto en la industria de transformación como en la de producción.

3.3 Manejo y almacenamiento de bobinas de cable

En este apartado haremos referencia al manejo y almacenamiento de las bobinas de cable de dos tipos básicos, que son:

- Cables de acero y rollos de alambre.
- Cables eléctricos y telefónicos multipolares, aislados para la conducción de alta tensión y las transmisiones transoceánicas.

3.3.1 Cables de acero y rollos de alambre

Tanto los cables de acero como los alambres se enrollan de forma cilíndrica, constituyendo una especie de bobina de forma semirregular, que configura su unidad de carga típica. Su manejo es relativamente sencillo y se puede efectuar por medio de grúas, utilizando el gancho que esas máquinas tienen instalado en su puntal, o mediante carretillas elevadoras, usando las horquillas a modo de espolón que se introduce por el hueco central de la bobina. También se pueden manipular mediante un par de espolones instalados en lugar de las horquillas convencionales; el método de manejo es el mismo en cualesquiera de los dos casos: introducir los espolones por el hueco central de la bobina.

Figura 9.13. Manejo y almacenamiento de cables de acero.

Su almacenamiento se realiza sin grandes dificultades, generalmente en el exterior y sobre el suelo, aunque su forma irregular e inestable dificulta poder colocar una carga sobre otra. Una solución para su almacenaje puede consistir en la construcción de estanterías ligeras, puesto que el peso de esas bobinas no suele exceder las 2,5 t. Sin embargo, su escaso valor y la gran cantidad que se produce hacen poco rentables instalaciones de ese tipo. Por otro lado, estos productos resisten bien la intemperie y para su conservación no precisan de una protección especial.

3.3.2 Bobinas de cable eléctrico y telefónico multipolar

Los cables eléctricos y telefónicos multipolares se suelen enrollar sobre grandes bobinas de madera o metal, constituyendo una unidad de carga, a veces de grandes dimensiones, cuyo manejo presenta algunas dificultades.

Las grandes bobinas metálicas en donde se enrollan estos cables, generalmente de gran grosor, no están provistas de un orificio central de dimensiones adecuadas para ser utilizado como elemento de toma, como ocurre con las bobinas de chapa; por eso, las bobinas de cable se han de tomar necesariamente por el exterior.

Sin embargo, la forma cilíndrica de esas bobinas impide que se puedan tomar fácilmente utilizando las horquillas convencionales de una carretilla elevadora. Tampoco se puede utilizar ningún tipo de pinzas de presión lateral, ya que la superficie exterior de la bobinas la constituyen los propios cables y éstos no tienen la resistencia necesaria.

Figura 9.14. Manejo y almacenamiento de bobinas de cable.

Así, la única forma práctica de tomar estas bobinas es mediante grúas o elementos similares instalados en las carretillas elevadoras, en lugar de las horquillas convencionales. En estos casos se introduce una eslinga por el interior de la estructura de las bobinas, aunque también se puede utilizar un par de eslingas que se enganchen a una barra a modo de mandril, el cual, introducido por el hueco central de la misma, sirva de soporte de la bobina. En cualesquiera de los dos casos, la carga puede quedar suspendida y facilitar de esta manera su manejo.

Estas grandes bobinas de cable se almacenan habitualmente en el exterior, sobre el suelo en posición horizontal, es decir, con el eje horizontal, si bien para su sujeción se suelen instalar en el suelo barandillas laterales adecuadas al tamaño de las bobinas, con el fin de evitar que éstas rueden sobre su eje.

Otra posibilidad de almacenar estas bobinas, como sucede con las de chapa, es hacerlo en forma de pirámide. No obstante, se debe considerar que mientras las de chapa no giran porque su propio peso aplana la zona en que se apoya sobre el suelo y pierden ligeramente su forma cilíndrica, la única manera de evitar el giro en este tipo de bobinas es utilizando calzos laterales, ya sean barras o tacos instalados entre ellas.

Cuando estos cables están enrollados sobre bobinas de madera, el almacenamiento resulta algo más sencillo ya que, en primer lugar, dichas bobinas son menos resistentes que las metálicas y tienden a deformarse, constituyendo una base sólida. En segundo lugar, su peso es menor y se pueden elevar más fácilmente y, por fin, estas bobinas tienen un orificio central de mayor diámetro, lo que permite la introducción de un espolón que hace más sencillo su manejo.

Figura 9.15. Manejo de bobinas de cable.

Otros materiales tienen unidades de carga que también poseen forma cilíndrica, como los textiles y los plásticos. El manejo de éstas y cualesquiera otras bobinas, con independencia de los materiales de que estén constituidas, debe remitirse a lo explicado en este capítulo, con la simple adaptación de sus peculiaridades de tamaño, peso y resistencia a las exigencias propias de los otros elementos que intervienen en el manejo y almacenamiento de materiales, como las carretillas y otros medios mecánicos, ya sean manuales, semiautomáticos o automáticos, y los diferentes tipos de estanterías.

3.4 Manejo y almacenamiento de cargas largas

El diseño de un almacén para cargas largas reúne una serie de premisas relacionadas con su manejo. Dependiendo del método que se elija, el espacio necesario para su almacenaje será mayor o menor.

Las cargas largas, atendiendo al sentido o forma de toma de las mismas, se pueden manejar de dos maneras:

– En sentido longitudinal.
– En sentido transversal.

3.4.1 Manejo en sentido longitudinal

Por lo general, las cargas largas están compuestas de piezas de considerable longitud, de productos de poco peso y gran volumen, agrupadas mediante flejes o introducidas en cestones especiales que forman unidades de carga manejables.

Sin embargo, existen otros tipos de cargas, también denominadas largas, a veces de gran peso y otras de gran tamaño, que no se deben agrupar y que requieren un manejo y almacenamiento individualizado.

Tomar la carga en sentido longitudinal presenta una gran ventaja, ya que como el ancho es la dimensión que nos establecen los pasillos de circulación, éstos podrán ser muy reducidos.

Para manejar longitudinalmente las cargas largas podemos utilizar dos tipos de carretillas:

– Carretillas frontales.
– Carretillas de carga lateral.

3.4.1.1 Manejo con carretillas frontales

Manejar las cargas largas con una carretilla frontal supone que el centro de gravedad de la carga queda situado muy lejos del eje delantero de la carretilla, donde está situado el punto de apoyo de ésta. De esta forma la carga crea un espacio muy grande que hace necesaria una carretilla de capacidad nominal muy superior al peso real de la misma.

Esto supone una serie de desventajas:

- Una carretilla de gran capacidad implica un gran radio de giro. Si a ello añadimos la longitud de la carga que gira frontalmente con la carretilla, nos encontraremos con la necesidad de disponer de unos pasillos de maniobra especialmente anchos.

- La estabilidad de la carga es muy endeble y ello repercute directamente en la estabilidad del conjunto carretilla-carga, haciendo de este sistema un método muy peligroso.

- Para paliar en alguna medida el problema de la estabilidad, en función de la naturaleza de la carga que se debe manejar –tablones de madera, por ejemplo–, existe la posibilidad de dotar a la carretilla de unas mordazas de presión superior. La instalación de este tipo de pinzas implica una pérdida adicional de capacidad de carga, debido al peso añadido del equipo instalado y a un nuevo desplazamiento del centro de gravedad, producto de la superposición del cuerpo de la pinza al tablero de la máquina. En consecuencia, se necesita utilizar una carretilla frontal de mayor capacidad nominal y, por tanto, de mayor radio de giro, lo que implica pasillos aún mayores.

- Las carretillas de mayor capacidad suponen una inversión que estará justificada o no, en función de que se produzca un ahorro de espacio que, como decíamos anteriormente, sólo se aplica en los pasillos de circulación.

3.4.1.2 Manejo con carretillas de carga lateral

Las carretillas de carga lateral toman la carga en sentido longitudinal y la posicionan paralelamente al sentido de su marcha, en lugar de hacerlo frontalmente como ocurre con las de carga frontal. De este modo mantienen la ventaja del manejo longitudinal, permitiendo la utilización de pasillos de circulación relativamente estrechos, del ancho de la carga más el cuerpo de la máquina, sin las desventajas de las carretillas de carga frontal en cuanto a la anchura de los pasillos de maniobra.

3.4.2 Manejo en sentido transversal

Manejar cargas largas en sentido transversal significa contar con unos pasillos de circulación tan anchos como larga sea la carga. Por ello, las opciones de manejo transversal son:

– Con carretillas de carga frontal.
– Con carretillas de carga lateral.

3.4.2.1 Con carretillas de carga frontal

Aunque ya se indicó que el manejo de cargas largas con carretillas de carga frontal exige pasillos tan anchos como la longitud de la carga, esa anchura tal vez no sea suficiente para los pasillos de maniobra.

Para calcular el pasillo de estiba de una carga larga a 90°, no es suficiente con añadir la distancia del punto de giro a la posición de la carga y la longitud frontal de ésta, al radio de giro de la máquina, como se hace en los cálculos de manejo de cargas de tamaño más convencional.

El cálculo es un poco más complicado. El pasillo necesario para estibar una carga larga a 90° surge como resultado de sumar a dicho radio de giro la distancia entre el punto de giro de la máquina y la esquina más lejana de la carga que gira sobre el mismo lado, teniendo en cuenta que la esquina trasera del otro lado de la carga puede estar incluso más distante, y que entonces será preciso tenerla en cuenta de forma prioritaria.

Figura 9.16. Carretilla de carga lateral manejando y almacenando maderas.

3.4.2.2 Con carretillas de carga lateral

En realidad, la forma de tomar las cargas de una carretilla de carga lateral es la inversa. Por tanto, lo dicho anteriormente puede también aplicarse aquí, es decir, cuando tomamos una carga larga con una carretilla de carga lateral, el pasillo de maniobra y el de circulación pasan a ser el mismo. Su tamaño es el resultado de sumar el ancho del cuerpo de la máquina a la anchura de la carga, y aquí, por tanto, influye significativamente el diseño de ésta en el resultado final.

3.4.3 Problemas en el almacenamiento de cargas largas

Cuando un almacén se dedica esencialmente a las existencias de la producción, el principal problema que puede presentarse es el de la accesibilidad a las mercancías, es decir, que pueda tomarse en todo momento cualesquiera de las existencias almacenadas.

Este problema se puede solucionar fácilmente cuando se utilizan máquinas de carga frontal, con la condición de que se disponga de espacios amplios que permitan habilitar los anchísimos pasillos que este tipo de carga precisa y, con ello, poder acceder a cualesquiera de las cargas. Incluso si el producto lo permite, cosa que sólo puede ocurrir cuando el número de referencias es reducido, se puede recurrir al almacenamiento en bloque, con el consiguiente ahorro de espacio.

El problema se presenta especialmente para los almacenistas de productos largos como perfiles, barras, maderas, tableros, etc., y en los almacenes de materias primas de las industrias consumidoras de este tipo de productos.

3.4.4 Equipos para el manejo de cargas largas

La solución ideal para el manejo de cargas largas, y más aún de las superlargas, la constituye sin duda las carretillas de carga lateral.

Este tipo de carretillas permite tomar las cargas largas utilizando el principio de las de mástil retráctil, apoyarlas sobre su plataforma portadora y transportarlas con plena seguridad por largos recorridos.

El almacenamiento de cargas largas se puede efectuar tanto en el exterior como en el interior. Para ello existen diferentes tipos de carretillas de carga lateral, que se pueden agrupar en dos categorías:

- Carretillas con motor térmico.
- Carretillas con motor eléctrico.

3.4.4.1 Carretillas de carga lateral con motor térmico

Estas carretillas poseen una configuración más próxima a la de un camión que a la de las carretillas elevadoras contrapesadas. Como ocurre en los camiones, están dotadas de dos ejes rígidos, delantero y trasero, uno de ellos motriz (generalmente el trasero) y otro directriz (el delantero). Los ejes van montados sobre un bastidor o chasis, con una incisión central en forma de «U», en cuyo interior va instalado un mástil retráctil que discurre sobre unas guías inferiores encastradas en los faldones laterales de éste, y que es empujado por uno o dos cilindros hidráulicos en forma de tijera o pantógrafo.

Este tipo de máquinas, esencialmente diseñado para trabajos en almacenes exteriores, está equipado de ruedas de tipo neumático.

El trabajo en el exterior requiere una superficie de rodadura bastante irregular; por ello, con el fin de mantener equilibrada la plataforma, se hace necesario un sistema de nivelación de la misma. En máquinas de hasta 15 t de capacidad se utiliza un sistema de cilindros hidráulicos que conectan los dos ejes con la plataforma de carga. Estos cilindros pueden ser actuados, en cuyo caso el operador nivela la plataforma a voluntad en función de sus necesidades, o ser cilindros compensadores comunicados entre sí, de forma que se mantiene el equilibrio de la plataforma mediante el principio de los vasos comunicantes.

3.4.4.2 Carretillas de carga lateral con motor eléctrico

Las carretillas de carga lateral con accionamiento eléctrico presentan características de diseño diferentes a las de las máquinas accionadas por motor térmico. En primer lugar, dado que están diseñadas para trabajar en el interior, donde el espacio es muy importante, se ha procurado que las dimensiones de la máquina sean lo más reducidas posible, sin menoscabo de las otras características que debe reunir cualquier carretilla eléctrica, es decir, rendimiento adecuado y suficiente autonomía.

Al mismo tiempo, suponiendo que la nivelación del suelo sea la adecuada y que la plataforma de carga no necesite de un sistema de nivelación específico, se han suprimido los ejes rígidos e instalado ruedas ancladas directamente al chasis y a las plataformas de carga.

Las ruedas son del tipo de bandajes macizos, generalmente de goma o *vulkollan*, con lo que la altura de la plataforma de carga puede ser más reducida y conseguir así un mejor aprovechamiento de la altura disponible del almacén.

Para solucionar el problema de la maniobrabilidad dentro del almacén se recurre a lo que se denominan «carretillas cuatro caminos», es decir, carretillas que son capaces de circular en cuatro sentidos de marcha: adelante, atrás, lateralmente hacia la izquierda y lateralmente hacia la derecha.

3.4.5 Dónde y cómo se deben almacenar las cargas largas

Se almacenan de dos formas distintas:

– Almacenaje directo.
– Almacenaje en estanterías.

Figura 9.17. Manejo de vigas de hormigón con carretilla de carga lateral.

3.4.5.1 Almacenaje directo

Aprovechando la resistencia de muchas cargas largas, como las tablas o tablones de madera, los tableros conglomerados o contrachapados, las chapas o chapones metálicos, etc., este tipo de cargas admite un almacenaje directo sin ninguna dificultad.

Denominamos almacenaje directo al que se realiza sin necesidad de utilizar plataformas o medios de apoyo permanente de ningún tipo, es decir, el que no necesita más que unos simples tacos de separación y esperas, para poder introducir y sacar las horquillas de las carretillas elevadoras. Este almacenaje, que se puede realizar tanto en el exterior como en el interior, presenta dos dificultades:

* *Limitación del volumen de almacenaje*
  En función de las características de los materiales, tanto de resistencia como de estabilidad de las cargas así formadas, la altura de apilado y, por tanto, el volumen de almacenaje se debe reducir a los límites de estos dos factores.

- *Accesibilidad reducida*
  El almacenaje directo se debe limitar al realizado en bloque de productos de referencia única, de forma que cada referencia debe formar su propia pila, teniendo cuidado de no mezclar referencias para conseguir una accesibilidad lo más adecuada posible.

3.4.5.2 Almacenaje en estanterías

Para conseguir unos volúmenes de almacenamiento adecuados y una accesibilidad lo más amplia posible, es recomendable almacenar las cargas largas en estanterías diseñadas para esa función.

Algunos tipos de productos, además, precisan soportes rígidos para evitar problemas de flexión, algo muy frecuente en el almacenamiento de piezas sueltas o de piezas que, aunque de entrada se almacenen en forma de paquetes que permiten soslayar el problema de la flexión individual, en la fase de salida lo hacen de forma individual.

Figura 9.18. Estanterías en voladizo o cantilever.

De la misma manera, cuando se precisa una accesibilidad óptima, como sucede con cualquier otro tipo de cargas, es conveniente recurrir a las estanterías.

Las cargas largas se pueden apilar en cualquier tipo de estanterías, con la única condición que exija sus propias medidas, es decir, siempre y cuando la estantería disponga de los alvéolos con las dimensiones adecuadas para alojarlas, si bien se recomiendan las estanterías de tipo *cantilever* descritas en el capítulo anterior.

Capítulo 10
Almacenes automáticos y vehículos de guiado automático

Entre los muchos factores que influyen en el diseño de un almacén, los tres más significativos son: la naturaleza de las mercancías que hay que almacenar, el tamaño y la forma del edificio que las acogerá y el presupuesto que se dispone para la inversión. Lo ideal sería disponer de un amplio espacio y del dinero necesario para construir el almacén con plena libertad, pero con frecuencia el edificio disponible para este fin es uno ya existente, lo que implica necesarias limitaciones en su diseño.

El *Diccionario de la Real Academia de la lengua española* define un almacén como «un edificio en el cual están almacenadas las mercancías», lo que implica presuponer que éstas se necesitan almacenar durante cierto período de tiempo. Con el fin de hacerlo de la forma más económica posible, es imprescindible lograr la mejor relación posible entre el volumen de mercancías almacenadas y un determinado volumen de edificación; cuanto mayor sea esta relación, mejores resultados obtendremos.

Como hemos descrito a lo largo de este libro, la densidad y el sistema de almacenaje dependen de numerosos factores, en especial de la mayor o menor necesidad de acceso a las mercancías. Estos factores son los que han generado el desarrollo tecnológico aplicado en almacenes de alta densidad y en pasillos estrechos.

No obstante, aun cuando el almacenamiento basado en pasillos estrechos es una solución óptima, los métodos que se utilicen para el movimiento de las cargas dentro del almacén resultan más decisivos para alcanzar la mejor relación entre la carga almacenada y el volumen de almacenamiento.

Por otro lado, es frecuente encontrar que el almacenamiento y la preparación de pedidos van asociados, por lo que es necesario prever esta función en el diseño del almacén. La naturaleza y posición de las operaciones de preparación de pedidos dependen de cada caso en particular. La relación entre almacenamiento para preparación de pedidos y almacén puro, así como el emplazamiento necesario para la operación, determinarán si la zona de preparación debe estar en la de almacenaje, aunque en un área independiente.

Y a todo ello se añade la complejidad del cálculo de los costes del nivel de automatización que cabe utilizar. Ello depende, en primer lugar, de la naturaleza del negocio, seguido de un conjunto de factores, como los métodos de unificación de las cargas (paletizadas, enlatadas u otros), si el transporte de los productos se realiza sobre palés (únicos o mixtos), el volumen de tráfico, los turnos de trabajo, etc.

El presupuesto económico será, en todos los casos, un factor determinante.

1 Carretillas de pasillo estrecho automatizadas y transelevadores automáticos

Cuando se estudia el diseño de un almacén automático se plantean diferentes métodos de manejo de las mercancías. En lo referente al estricto almacenamiento, la elección girará entre transelevadores y carretillas de pasillo estrecho automatizadas.

Los transelevadores pueden trabajar hasta 30 m de altura y desarrollar altas velocidades –hasta 3 m por segundo– dentro del pasillo. Algunos transelevadores han sido diseñados para trabajar en más de un pasillo, aunque la transferencia entre los pasillos por medio de ruedas convencionales resulta generalmente complicada y lenta. Por ello, las nuevas generaciones de transelevadores pueden trasladarse sobre raíles curvados y así cambiar de pasillos más rápidamente.

Las carretillas de pasillo estrecho automatizadas son capaces de cambiar de pasillo fácilmente y, además, pueden tomar y dejar la carga en puntos situados fuera de los pasillos de almacenaje. Este tipo de carretillas son prácticas cuando se trabaja hasta 15 metros de altura.

Figura 10.1. Carretilla trilateral combinada.

El almacén ideal para un transelevador es un recinto largo, estrecho y alto, con un elevado volumen de tráfico. El aumento de tráfico acarreará la necesidad de instalar más pasillos, más transelevadores y, en consecuencia, el almacén se hará más ancho.

Las carretillas de pasillo estrecho pueden abarcar muchos pasillos y son más adecuadas para un edificio más bajo y extendido. Como podemos observar, el tipo de edificio y el tráfico influyen en la decisión sobre qué sistema se debe usar. Los edificios altos construidos tal vez no sean significativamente más caros que los bajos, mientras que los transelevadores sí son mucho más costosos que las carretillas de pasillo estrecho. Si el edificio ya está construido, la elección es sencilla. Si es de nueva construcción, la cantidad de terreno disponible puede influir sobre la necesidad de una construcción alta. Otros aspectos para considerar son que la construcción de edificios muy altos puede conllevar dificultades en los permisos de construcción ante las autoridades municipales, especialmente si la altura media de los edificios colindantes no es excesiva, así como que la inversión para la construcción de un edificio alto es bastante superior a la necesaria para uno más bajo.

2   Transporte interno

Una vez determinado el tamaño y la forma del edificio del almacén y el método de almacenaje que se va a utilizar, se debe considerar si es necesario un medio de transporte interno del almacén. En muchas aplicaciones los caminos de rodillos son el sistema más adecuado. No obstante, si las distancias son muy grandes y el tráfico no es demasiado intenso, un sistema de vehículos guiados automáticamente (AGV) puede ser la alternativa más económica y flexible. Los AGV pueden trabajar fuera de los pasillos y por caminos usados por otras carretillas e incluso por peatones. Suelen ofrecer un buen ahorro de espacio y son relativamente fáciles de introducir en un diseño ya existente.

3   Identificación de la carga

El manejo de cargas totalmente automático requiere de un sistema de identificación de la carga de los que ya existe una gran variedad. Es recomendable que la carga sea identificada por el operador de recepción al entrar en el sistema. Esto facilitará que la misma se pueda conducir a través del sistema y memorizar electrónicamente en el mismo instante su localización e identidad. Como cualquier otro sistema, éste conlleva cierto grado de riesgo, ya sea por un fallo electrónico o por una interferencia humana, que puede producir una pérdida de control de alguna carga, razón por la cual las cargas se deben identificar individualmente.

Existen dos sistemas para la identificación de cargas: el «código de barras» y el «código de identificación magnético». El código de barras es más barato y las etiquetas se pueden considerar como desechables, mientras que el coste de las etiquetas con código magnético obliga a considerarlas como reutilizables y permite que sean más robustas.

Las etiquetas con código de barras las puede leer el operador mediante un lector de códigos de barras o un escáner. Este último lee el contenido de la etiqueta sólo con que ésta pase por delante, siempre que esté colocada con las barras en horizontal y el escáner en vertical. Algunos escáneres tienen la capacidad de leer etiquetas con un alto grado de tolerancia en su posición. Las etiquetas pueden leerse desde una distancia de hasta ±1 m del escáner, con la etiqueta colocada en un costado del palé o de la carga, y posicionarse con una desviación horizontal de hasta 30º, dependiendo de la longitud del código.

Existen diferentes formatos de códigos de barras con distintas características formales y de tamaño, aunque todos responden a una misma normativa y lógica. No es necesario limitar el tamaño del código; de hecho, cuanto mayor es su tamaño más fácil es su lectura. Algunos códigos son solamente numéricos, mientras que otros son alfanuméricos. Para mayor información sobre este tema, véase el apartado 2.4 del capítulo 5.

4   Máquinas empleadas en el almacenamiento automático

En el almacenamiento automático se emplean, en diferentes combinaciones y modelos de almacén, los siguientes tipos de máquinas:

- Transelevadores automáticos.
- Carretillas de pasillos estrechos automatizadas.
- Vehículos de guiado automático (AGV).
- Robots.

Las máquinas automáticas y los robots son equipos cada vez más usuales en el manejo de materiales y, por tanto, es preciso conocer cuáles son sus principales características.

4.1 Transelevadores automáticos

Los transelevadores automáticos tienen la misma estructura mecánica que los convencionales, es decir, están formados por el chasis, el mástil y la plataforma elevadora. El mástil está constituido por una viga de tipo cajón, conformada con perfiles electrosoldados y con una sección cuadrangular, rectangular e incluso triangular. La plataforma elevadora generalmente está dotada de dos horquillas o brazos telescópicos, construidos mediante dos perfiles en «U» superpuestos, de forma que el superior se deslice sobre el inferior mediante un sistema electro-mecánico.

En los transelevadores automáticos todos los movimientos, tanto el de traslación como el de elevación e incluso el de deslizamiento de las horquillas, están impulsados por sistemas electrónicos, bien mediante diodos y *tyristores* o, desde

Figura 10.2. Vista de un transelevador en el interior del pasillo.

hace algún tiempo, de transistores. En este tipo de transelevadores todos esos movimientos se controlan a través de un pequeño computador.

Este computador constituye el órgano más sofisticado de esos aparatos. Para un correcto funcionamiento del sistema, lo más importante es una perfecta transmisión de la información. Con esta finalidad, la máquina está provista de una serie de sensores capaces de determinar su posición exacta en cualquier momento. Para determinar la posición en altura de la plataforma elevadora y, por tanto, el punto exacto donde las horquillas deben tomar o depositar la carga, se instalan en las estanterías unas marcas reflectantes que «leerá» una célula fotoeléctrica instalada en la plataforma elevadora y transmitirá al computador una señal de parada en la elevación para que puedan actuar las horquillas. De la misma forma actúa la máquina para el posicionado longitudinal en el pasillo de apilado. Unas etiquetas reflectantes instaladas en las estanterías a la altura de una nueva célula fotoeléctrica situada en el cuerpo principal de la máquina transmiten una señal al computador para detener la máquina. Éste se encarga, además, con la información que le ha suministrado el ordenador central, de coordinar los dos movimientos básicos de la máquina: la elevación y la traslación.

El computador de a bordo de la máquina está en contacto permanente con el ordenador central, constituyendo lo que se denomina un sistema «en línea», mediante una conexión subterránea instalada bajo el carril de guiado inferior del transelevador. Cuando el control central da la orden de tomar un palé de la estantería, el computador analiza cuál es su posición en ese momento y se pone en movimiento, dirigiéndose hacia el lugar ordenado y, una vez tomado el palé, circula hacia la zona de descarga, normalmente situada al frente de las estanterías. Durante el camino hacia la zona de depósito, el computador puede haber almacenado las siguientes órdenes de carga que le ha facilitado el ordenador central, con lo que puede ponerse inmediatamente en movimiento hacia el nuevo destino, y así ininterrumpidamente.

La instalación de transelevadores automáticos requiere normalmente que cada pasillo cuente con su propio transelevador, ya que los que son capaces de operar en varios pasillos hacen necesarios sistemas de control mucho más complejos y costosos.

4.2 *Carretillas de pasillo estrecho automatizadas*

Las carretillas de pasillo estrecho, más conocidas como carretillas trilaterales, han sido los vehículos más utilizados a lo largo de los últimos años en el almacenamiento de alta densidad. Se han ido automatizando hasta el punto de que algunos fabricantes poseen modelos de este tipo totalmente automatizadas, esto es, que no necesitan de operador. Este tipo de máquinas trabaja en pasillos de 1.370 mm y toma las cargas lateralmente dentro de las estanterías, sin necesidad de disponer de cabezales giratorios de 90° para realizar esa función.

El primer avance en la automatización de estos equipos fue la introducción del sistema de selección automática de altura, el cual facilitaba al operador la elevación de las horquillas a la altura adecuada sin más que apretar un botón. Este automatismo fue rápidamente aplicado para el apilado y desapilado automático. En un principio estas carretillas se controlaban dentro de pasillos muy ajustados mediante raíles guías, pero la tecnología usada en los vehículos filoguiados también se ha introducido en las carretillas de pasillo estrecho. Esto no sólo reduce los costes de instalación, sino que además comporta otras ventajas, como la accesibilidad, la mejora de los trazados, la reducción de averías y la duración de la carretilla.

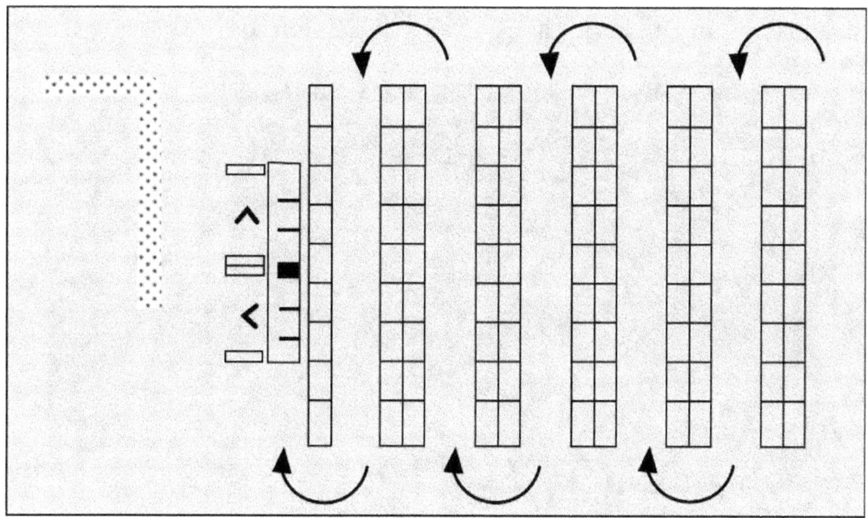

Figura 10.3. Esquema de circulación en un almacén automático.

El sistema de las carretillas filoguiadas permite que la máquina pueda recibir información de la localización de una carga, mediante un código digital que se le transfiere con el cable subterráneo o la transmisión por radiofrecuencia. El último paso ha sido la instalación a bordo de un microprocesador y actuadores mecánicos para empujar las palancas y pulsar los botones. Con esto, la carretilla de pasillo estrecho está totalmente automatizada.

Estas carretillas son adecuadas para trabajar hasta 9 m de altura. En alturas superiores se producen demasiados problemas de tolerancias y ajustes, por lo que es más recomendable el uso de transelevadores.

Las carretillas de pasillo estrecho, lógicamente, deben trabajar en zonas en las que no exista circulación de personas, debido a que el propio diseño de estas máquinas dificulta la instalación de salvaguardas al estilo de las utilizadas en los AGV.

Estas máquinas están exclusivamente diseñadas para el manejo de europalés y utilizan horquillas telescópicas. Normalmente están dotadas de tablero de desplazamiento lateral, lo cual les permite operar dentro de un amplio perímetro.

4.3 Vehículos de guiado automático (AGV)

Los vehículos de guiado automático o AGV *(automated guided vehicle)* son capaces de seguir un camino previamente trazado sin ningún concurso humano. Los AGV, también conocidos con el nombre de carros filoguiados, constituyeron en su momento la innovación técnica que facilitó la automatización de los almacenes. Más adelante, en este mismo capítulo, se ofrece mucha más información sobre los AGV, su historia y aplicaciones principales.

El vehículo básico está constituido por una plataforma de carga móvil, dotada de sensores electromagnéticos capaces de seguir el rastro de las ondas de radiofrecuencia lanzadas por un emisor a través de un cable enterrado.

Figura 10.4. Transportador automático AGV.

En un principio estos carros fueron diseñados para transportar cargas unitarias y su campo de aplicación era básicamente el transporte de éstas entre distintos puntos de un recorrido previamente fijado. Luego su uso se ha extendido y en la actualidad se pueden encontrar con multitud de configuraciones distintas.

Con el fin de reducir el coste de la mano de obra y conseguir mayores y mejores cotas de productividad, muchas empresas investigaron el desarrollo de sistemas para el movimiento de las mercancías en el interior de los almacenes y entre las distintas zonas de fabricación. La primera consecuencia fue la aparición de los vehículos de guiado automático, utilizando el control por inducción.

El sistema consiste en formar una ruta que ha de seguir el vehículo, mediante la introducción de un cable enterrado a 15-20 mm de profundidad. Este cable se conecta a un transmisor de alta frecuencia, el cual transmite al cable una corriente alterna de 10 kHz, con lo que se crea un campo magnético que los sensores del vehículo pueden seguir. Estos sensores contienen dos especies de antenas a las que el campo magnético induce un voltaje, cuya potencia depende de la distancia lateral existente entre el cable guía y la antena. El vehículo detecta ese voltaje, lo interpreta y emite las instrucciones pertinentes al motor de dirección encargado de controlar la dirección de la marcha.

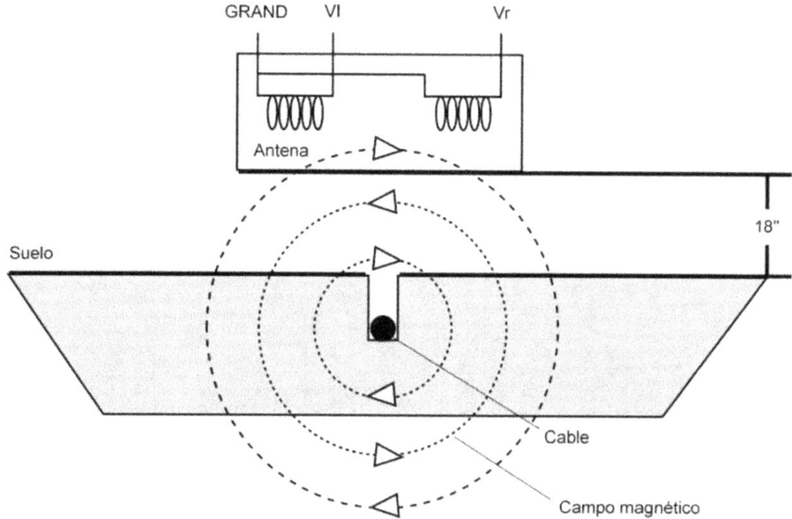

Figura 10.5. Disposición del cable enterrado de un sistema filoguiado.

Los carros se pueden programar a través de su propio microprocesador a bordo, que permite la preselección de las rutas y los puntos de parada. Las instrucciones se pueden facilitar al vehículo directamente a través de su propio teclado de mandos o de forma remota, ya sea por entrada manual o mediante un ordenador central conectado «en línea».

A través de sus sensores el vehículo no sólo recibe las instrucciones de dirección de su marcha, sino también las de ralentizarla, parar, retroceder, y cualquier otra función posible. Dado que la capacidad de instalación de sensores es elevada, este método puede utilizarse para una gran serie de instrucciones. Sin embargo, como que un número mayor de sensores provoca mayores dificultades, no es recomendable aplicarlos en sistemas muy complicados. En las instalaciones grandes es suficiente con fijar puntos de identificación programables, con lo cual no se necesita más que un único sensor, que se puede programar para recibir más de 4.000 señales diferentes, lo que cubre las necesidades de las instalaciones más complicadas.

Debe tenerse en cuenta que los vehículos de guiado automático se suelen ver afectados por algunos elementos externos, como las puertas automáticas, las luces de tráfico, los ascensores, etc.

En el funcionamiento de los AGV la seguridad se debe completar desde dos aspectos. En primer lugar, si se utiliza más de un vehículo, es necesario separarlos para evitar accidentes. Esto se consigue mediante la aplicación de un sistema de bloqueo que reduce el paso de la corriente por la sección de cable situada inmediatamente detrás del vehículo, de modo que cuando el siguiente se aproxima demasiado se produce su parada instantánea. Otro sistema consiste en instalar en los vehículos detectores ultrasónicos que impidan su movimiento a una determinada distancia.

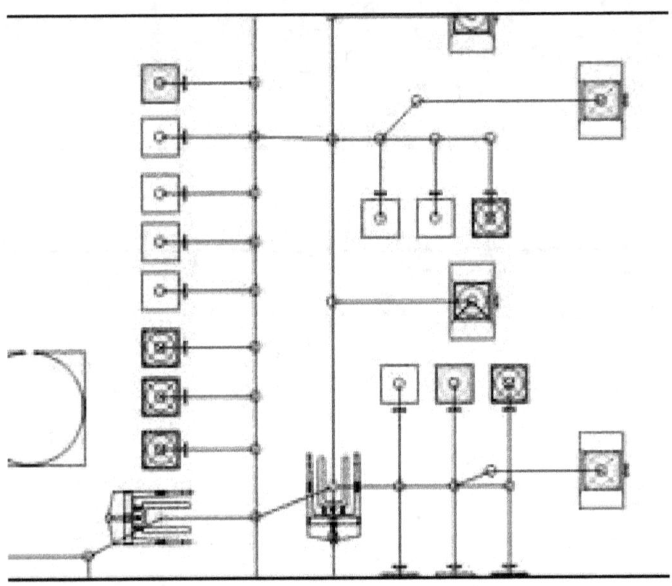

Figura 10.6. Esquema de instalación con carros filoguiados AGV.

En segundo lugar se debe considerar la seguridad de las personas, dado que muchas de las instalaciones de este tipo se sitúan en zonas de gran tránsito. El método más usado es el de montar un protector flexible de seguridad en el frente del vehículo, con la suficiente profundidad para evitar que éste tropiece contra ningún objeto. El tamaño y la profundidad de dicho protector deben estar en consonancia con la distancia de frenado del vehículo.

4.4 Robots móviles

La integración de un vehículo de guiado automático, con plataforma para el transporte de palés, y un robot industrial ha dado lugar a la introducción de los robots móviles, que se pueden aplicar para la carga y descarga de piezas. Estos robots se utilizaron inicialmente en los sistemas de fabricación flexible para el intercambio de herramientas de las máquinas-herramienta automáticas; sin embargo, en la actualidad también se están empleando en ciertas tareas de preparación de pedidos.

Los robots programables como equipos para el manejo de materiales se pueden clasificar de acuerdo con su grado de movilidad, con independencia de la posibilidad de combinarse con otros métodos, en los siguientes tipos:

- Anclado al suelo.
- Erguido o móvil.
- Independiente.
- Suspendido.

Los robots estacionarios suelen estar anclados al suelo y pueden tener numerosas aplicaciones en las cadenas de fabricación y montaje. Los robots independientes se utilizan fundamentalmente para el manejo de herramientas como, por ejemplo, la soldadura de carrocerías de automóviles.

Un robot independiente y programable montado sobre un sistema de transporte se transforma en un sistema válido para el manejo de materiales. Desde un punto de vista cinemático, los brazos articulados de construcción compacta con un gran alcance son una de las ventajas que los hacen utilizables para esas aplicaciones.

5 Almacén automático basado en la utilización de carretillas de pasillo estrecho y AGV

Describiremos ahora un sistema de almacenamiento que fue diseñado de acuerdo con los siguientes parámetros:

- Se trata de una compañía multinacional con plantas de fabricación repartidas por todo el mundo.
- Todas las mercancías entran al almacén paletizadas sobre palé europeo estándar de 800 x 1200 mm, retractilado.
- El objetivo de este almacén es acumular cierto número de meses de suministro de productos terminados.
- A medida que se necesita, el producto se suministra a las zonas de preparación de pedidos, para acumular los pedidos individuales de los puntos de distribución repartidos en una determinada zona.
- El producto precisa de tres condiciones de almacenaje: temperatura y grado de humedad controlado, ambiente adecuado y productos químicos.
- El trabajo diario consiste en la entrada de 300 palés y la salida de otros 300, además de otros 50 que son enviados directamente desde recepción a la zona de preparación de pedidos.

- El edificio que se va a utilizar es uno ya existente, con una altura limitada a 6 m.
- La zona de preparación de pedidos debe ser independiente de la zona de almacenaje.
- La zona de almacenaje debe tener un volumen suficiente como para almacenar 7.000 palés.

5.1 Elección de equipos

El transporte entre la cinta de entrada de mercancías, los diversos almacenes generales, las zonas de preparación de pedidos, de acabado y de conformación, se realiza por medio de cinco vehículos filoguiados. Aproximadamente en cada jornada se gestionan 1.200 movimientos de palés entre los diferentes almacenes.

El apilado y desapilado de las mercancías dentro de los almacenes generales se efectúa mediante tres carretillas de pasillo estrecho totalmente automatizadas, equipadas con horquillas telescópicas. Cada carretilla trabaja en un territorio diferente aunque, para el caso extremo de que dos de ellas se averíen, estos territorios se pueden reunir de forma que todas las zonas de almacenaje queden cubiertas por una carretilla.

Las carretillas están guiadas mediante cables inductivos enterrados en el suelo. Cada pasillo está identificado mediante un dispositivo de reconocimiento colocado al principio del pasillo. La localización inferior de los pasillos se efectúa con una combinación de marcas reflectantes en las estanterías y de ruedas descodificadoras en las carretillas. La selección de altura se realiza mediante un descodificador instalado en el mástil. Las carretillas activan la puerta automática que aísla el almacén frigorífico de los almacenes ambientales. Toda la zona donde trabajan las carretillas está libre de personal y éstas se desconectan automáticamente en el momento que detectan la apertura de una puerta de acceso. Las carretillas disponen de un asiento para operaciones manuales como es la realización de mantenimientos, la conducción a la zona de carga de baterías o cualquier otra operación de emergencia.

La transferencia entre las zonas de circulación de los vehículos filoguiados, las carretillas automáticas y las áreas de preparación de pedidos, se efectúa mediante cintas transportadoras controladas gracias a un control central programable.

5.2 Sistema de control

Los datos sobre la entrada de palés al almacén se introducen en el ordenador central mediante un escáner conectado en línea y situado en la estación de entrada, que lee los códigos de barras de cada carga y los transfiere automáticamente. Como que el código de barras de cada palé contiene no sólo la identidad de la carga, sino también su destino, con esta información el ordenador del control central del almacén puede generar las instrucciones oportunas para realizar el transporte de los palés a través de los AGV y de las carretillas.

Mediante este procedimiento, en cualquier momento se puede obtener información respecto a las órdenes de salida, a la ocupación y disponibilidad de cada una de las posiciones del almacén, al movimiento de palés, etc.

Las órdenes de salida del almacén general se introducen manualmente en el ordenador central y pasan al control de los vehículos para su ejecución.

Figura 10.7. Apilador automático con sistema AGV.

5.3 Método de operación

Los camiones cargados con las mercancías provistas de etiquetas identificadoras llegan al muelle de recepción, se descargan mediante carretillas convencionales y se colocan sobre un camino de rodillos o banda transportadora. Las cargas pasan a lo largo de esa banda y tanto su peso como su tamaño se controlan en una puerta de modulación. Las cargas se detienen en un punto de identificación, y si el palé es aceptado un operador valida los datos de identificación. Si no es aceptado, se rechaza y mediante otra banda inferior se envía para su reconstrucción o repaletización. Una impresora conectada al sistema imprime la etiqueta del código de barras para la identificación de la mercancía y su ubicación, la cual se coloca en un lateral de la carga.

La mercancía recibida puede tener diferentes destinos:

- Almacén frigorífico.
- Almacén ambiental.
- Zona de preparación frigorífica.
- Zona de preparación ambiental.
- Zona de preparación rápida.
- Zona de acabado.
- Zona de embalado.

El sistema de AGV recibe una petición del sistema de control central al servicio de la estación de entrada. El control de AGV asigna un vehículo y produce la señal para enviarlo al punto de encuentro. El vehículo se dirige a la estación de entrada, recoge la carga y la traslada al lugar de destino.

Como se ha indicado, los AGV recorren la ruta siguiendo el camino de un cable subterráneo. Cualquier cambio de dirección se decide comparando la información recibida a través del cable con un mapa programado en su controlador de a bordo.

Cuando llega a la posición requerida, el AGV entra en comunicación con el control central. Si se requiere transportar otra carga, el AGV deposita la carga que lleva y en lugar de volver al punto de partida transporta la nueva carga al destino requerido. Esto se denomina «ciclo doble» y, siempre que sea posible, el sistema trabaja de esta manera.

El control de entrada de las carretillas automáticas identifica la carga en el punto de toma de las carretillas, lee el código de barras mediante un escáner incorporado y conectado al control central y éste informa a la máquina de:

- La estantería en la que la carga se debe almacenar.
- La posición longitudinal en la estantería.
- La posición dentro del alvéolo (son tres palés por alvéolo).
- La altura o nivel en la que se debe almacenar.

Siempre que sea posible optimizar la operación, el sistema de control instruye a la carretilla para que retire una carga en el mismo pasillo. Ésta recibe sus instrucciones mediante una señal en la estación de toma y depósito de cargas.

Si por algún motivo el escáner fallara en la lectura de la etiqueta o el sistema de control no aceptara la identidad del palé, la carretilla tomaría la carga y la colocaría en la banda de salida para que un AGV la traslade al punto de rechazo.

Al igual que en la entrada al sistema, las cargas pueden tener distintos destinos y moverse entre las siguientes posiciones:

- Del almacén a la zona de preparación.
- Del almacén a la zona de embalado.
- Del almacén a la zona de preparación rápida.
- De la zona de preparación a la de embalado.
- De la zona de preparación a la de acabado.

Además algunas cargas se pueden trasladar individualmente dentro de la zona de almacenamiento mediante una entrada de datos manual dirigida al control de la carretilla, e incluso entre puntos situados entre la zona de rechazo y la banda de entrada. En el punto de espera, un AGV se puede modificar con una orden de transporte que puentee la sección de entrada.

5.4 Parada de emergencia de un AGV

Si el parachoques del AGV se activa el vehículo se detiene, permanece estacionario durante unos segundos y activa una alarma sonora. Al cabo de cinco segundos el vehículo reemprende el camino hacia su destino original. Si la obstrucción sigue estando en el camino, el vehículo se detiene de nuevo y permanece estacionario hasta que un operador retira la obstrucción.

En el caso de que un AGV se haya detenido por una parada de emergencia e incluso si se ha desconectado, el vehículo permanecerá parado y en espera de una reactivación manual, pero mantendrá en su memoria el destino que tenía cuando esto ocurrió.

No obstante, el operador puede decidir volver a comprobar la carga y reprogramar el vehículo para dirigirse a la posición de entrada o punto de rechazo, donde la carga será retirada, comprobada y vuelta a introducir en el sistema manualmente o mediante una carretilla convencional. El sistema de control emitirá una nueva localización y eliminará el dato previamente archivado.

6　Los AGV y su integración en el almacenaje

Los AGV poseen virtudes que las hacen idóneos para algunas tareas rutinarias, de manera que incluso es posible integrarlos en un almacén no automático o convencional.

Antes de proseguir, hagamos una breve descripción de su evolución y su futuro desarrollo, ya que este medio de transporte interno ofrece enormes posibilidades, tanto para los diseñadores de equipos como para los proyectistas de almacenes.

6.1 Historia y evolución de los AGV

A pesar de que los vehículos de guiado automático nacieron hace más de cincuenta años en Estados Unidos, su tecnología de implantación sigue en constante evolución. Durante este tiempo se han realizado innumerables instalaciones en todo el mundo, y su desarrollo se ha producido al mismo ritmo que las necesidades de crecimiento económico.

Los primeros vehículos guiados automáticamente aparecieron en EEUU a principios de los años cincuenta del pasado siglo xx. En su origen, estos vehículos formaban un sistema de carros de arrastre que seguían el camino marcado por un alambre enterrado y sometido a una corriente inductiva. Para dicho seguimiento utilizaban un sistema de control basado en la tecnología del tubo de vacío, motivo por el cual estos vehículos recibieron el nombre de «filoguiados».

En 1961 el Depósito de la Marina de Ogden (Utah, en EEUU) instaló el primer sistema de carros aplicado a un centro de distribución. Por primera vez se utilizaban los AGV en el almacenamiento.

Durante la década de 1960 y principios de la de 1970, los controles empezaron a ser transistorizados y no tardó en aparecer la tecnología de los circuitos impresos. Esto permitió fabricar controladores más compactos y con mayor capacidad de control. Sin embargo, a pesar de esos adelantos, el sistema seguía siendo demasiado caro para su aplicación en la complicada industria del manejo de materiales. A pesar de ello, durante ese período se realizaron algunas instalaciones de carros y transpalés en el campo de la distribución, pero el desarrollo de dichos sistemas en la industria del almacenaje era demasiado lento.

En Europa, la tecnología de los AGV se desarrolló mucho más rápidamente debido a distintos factores:

– Las compañías europeas habían estandarizado el tamaño y la forma de los palés.
– Los trabajadores europeos no veían en la automatización un peligro para su trabajo, como ocurría en EEUU.
– Las compañías europeas aceptan un período más largo de amortización de sus inversiones, contrariamente a lo que ocurre con las compañías estadounidenses, acostumbradas a obtener resultados a muy corto plazo.
– Las estrictas normas de seguridad en el trabajo de los países europeos propician e incluso justifican la automatización.
– La mayor estabilidad en el empleo de los trabajadores europeos tiene como consecuencia operadores y personal de mantenimiento mejor preparados.

Otro factor muy importante para explicar el desarrollo europeo de los AGV fue su aplicación en sistemas de fabricación flexible y en cadenas de montaje.

Figura 10.8. Cadena de montaje mediante carros AGV en la industria de la automoción.

La recesión económica mundial de finales de los setenta y principios de los ochenta del pasado siglo afectó de manera muy significativa a la industria estadounidense del automóvil, y ello produjo un rápido desarrollo de los AGV en EEUU, además de distintos factores:

- Los sindicatos adoptaron una nueva actitud frente a la automatización, mostrándose más partidarios de aceptarla como un medio para incrementar la seguridad en el trabajo.
- Los sistemas desarrollados en multinacionales establecidas en Europa fueron fácilmente transferidos a EEUU.
- El avance producido por la introducción del vehículo con computador a bordo, que permite su interconexión con otros sistemas automáticos, ayudó a la modernización de la industria estadounidense.

6.2 Nuevas técnicas en los vehículos de guiado automático

La mayoría de los intentos de mejora en la utilización de los AGV está dirigida a la sustitución parcial o total de los guiados por inducción. De cualquier modo, sólo es posible instalar un sistema de guiado enteramente inductivo si al mismo tiempo existe una comunicación de datos sin cables.

El desarrollo de vehículos completamente libres ha vivido algunas dificultades.

Por una parte, diversos sistemas comparables que utilizan el método de guiado por inercia, por ejemplo, todavía no se pueden aplicar económicamente, y los sistemas de comunicación sin cable siguen teniendo dificultades, especialmente por la falta de normas adecuadas para la distribución de frecuencias que eviten las interferencias.

La tecnología de los AGV contribuye a mejorar su integración en el flujo de materiales que discurre entre los almacenes automáticos y los sistemas de transporte filoguiados. Normalmente, los almacenes automáticos con gran capacidad de salida utilizan los transportadores de rodillos, pero es inevitable que alguna vez se plantee la utilización de los AGV para acceder con ellos directamente a las zonas de toma de los transelevadores, ya que la técnica de los AGV posee algunas ventajas adicionales:

– Ahorro de espacio, ya que el de los transportadores está permanentemente ocupado, mientras que el utilizado por los AGV no.
– Mayor disponibilidad y flexibilidad.
– Mejor acceso a la zona de almacenamiento que facilita las revisiones y reparaciones de las máquinas y sistemas.

Figura 10.9. AGV para el manejo de bobinas.

6.3 Aplicaciones de los AGV

Desde finales de la década de 1970, el uso de los AGV en las industrias estadounidenses se produjo como un estallido y rápidamente todas las industrias, sobre todo las del sector del automóvil, instalaron sistemas de fabricación flexible basados en su uso. En 1984 General Motors (GM), por ejemplo, se convirtió en el mayor usuario mundial de los AGV. Empezó a instalarlos en 1980, al poner en funcionamiento doce vehículos de arrastre. En 1986, la cifra de AGV instalados en GM era de 1.407 vehículos, entre tractores, carretillas con horquillas y carros portadores. En 1987 GM adquirió 1.662 nuevos AGV, con lo que la cifra ascendió a 3.069 vehículos en funcionamiento a finales de 1987.

En la actualidad los AGV se emplean en tres grandes áreas: la distribución, el montaje y la fabricación. Su aplicación en distribución se centra en la transferencia o movimiento de materiales desde el proceso de fabricación hasta el de almacenamiento. La mayor ventaja de los AGV es su eficacia y la posibilidad de acoplarse dentro de otros sistemas.

Figura 10.10. Carro AGV especial para cargas largas.

En sus aplicaciones dentro de los sistemas de fabricación flexible *(Flexible Manufacturing Systems* o FMS), los AGV se limitan a efectuar el movimiento de materiales entre las distintas células de fabricación en las que se subdivide el trabajo. Su mayor éxito lo constituyen al ser aplicados en los procesos de montaje: en ellos sus ventajas son enormes, puesto que ofrecen una flexibilidad en los sistemas que se traduce en un incremento de la calidad del producto, además de facilitar un trabajo más confortable para los operarios.

El uso de los AGV está muy extendido entre las siguientes actividades:

– Automoción.

- Electrónica.
- Industria pesada.
- Hospitales.
- Servicios postales.

En el futuro no cabe duda de que el éxito de los fabricantes consistirá en ofrecer al mercado sistemas de alta controlabilidad, dotados de una técnica de transferencia de datos sencilla y fiable. Es lógico pensar que los sistemas de guiado inductivo sean reemplazados por otros nuevos, como los que utilizan rayos infrarrojos y de radio.

6.4 Sistemas de guiado

Los sistemas para el seguimiento y trazado de los caminos que deben recorrer los vehículos de guiado automático son muy diversos:

- Guiado mecánico.
- Filoguiado mediante cable inductivo enterrado en el suelo.
- Guiados ópticos, químicos y magnéticos.
- Autoguiado por identificación de posición.
- Navegación inercial.

Cada uno de estos sistemas posee sus propias ventajas e inconvenientes y, por tanto, se adaptan de forma diferente a las necesidades específicas del almacenaje. Para definir cuál es el sistema más adecuado para cada aplicación en concreto, veamos una breve descripción de cada uno de ellos.

6.4.1 Guiado mecánico

Este sistema utiliza guías en forma de raíles que realizan el guiado de los vehículos directa o indirectamente, es decir, afectando o no al mecanismo de dirección de los mismos. Su mención aquí es anecdótica, ya que dicho sistema ha sido prácticamente descartado.

6.4.2 Filoguiados

Es el sistema más utilizado entre los AGV. Consiste en un cable enterrado a pocos centímetros del suelo, conectado a un emisor de baja frecuencia que produce en el cable una corriente inductiva, la cual es seguida por una serie de sensores instalados en el vehículo. En el apartado 4.3 de este capítulo se ofrecen más detalles de este sistema.

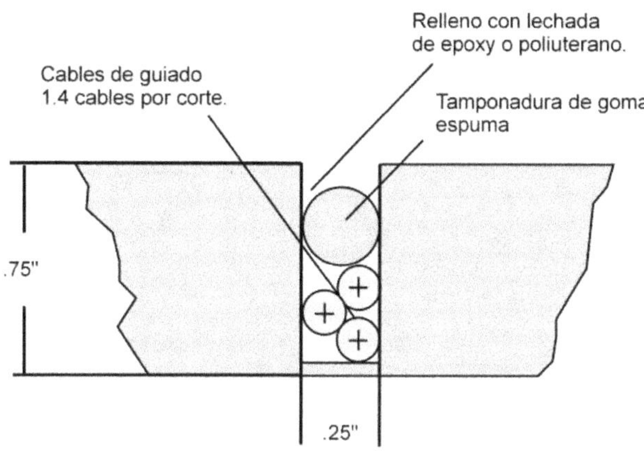

Figura 10.11. Disposición de cables para el guiado automático.

6.4.3 Guiados ópticos, químicos y magnéticos

Consisten en un camino marcado por medio de una línea en el suelo que siguen los sensores de aproximación ópticos o magnéticos. Un desarrollo posterior de estos sistemas se centró en la utilización de un camino químico activado con rayos ultravioleta.

Figura 10.12. AGV con guiado óptico.

6.4.4 Autoguiado por identificación de posición

Este sistema se fundamenta en un microcomputador instalado a bordo del vehículo, un esquema de posiciones introducido en su memoria y un detector de posición, que mediante la lectura de la distancia existente hasta unos determinados puntos y su comparación con la contenida en su memoria le permite identificar la posición y el camino que se debe recorrer. Actualmente este detector de posición ha sido sustituido por la instalación de un sistema GPS de seguimiento y localización vía satélite.

6.4.5 Navegación inercial

Aquí se utiliza la media de la aceleración traslacional y rotacional del vehículo, y se deduce su posición en relación con un punto de referencia mediante la integración de ambos parámetros. Una vez determinada su posición, el vehículo es capaz de recorrer el camino previamente introducido éste en la memoria de su microcomputador.

Contemplamos ahora las ventajas e inconvenientes que, como ya se dijo, tiene cada sistema. Para ello cabe tener en cuenta estos aspectos:

- *Alcance.* Es decir, la distancia a la cual el sistema es efectivo. Muchos sistemas adolecen de una mala relación coste efectivo/rendimiento a distintas longitudes de recorrido.

- *Precisión.* Tolerancia de desviación de los vehículos que permite el sistema.

- *Flexibilidad.* Esfuerzo e inversión que se necesitan para modificar un sistema ya establecido.

- *Fiabilidad.* Probabilidad de fallos en el sistema.

- *Controlabilidad.* Medios de control de tráfico que se requieren para obtener un sistema con un grado de precisión, flexibilidad y fiabilidad aceptables.

- *Coste del equipamiento del vehículo.* Coste del equipo de navegación que debe instalarse a bordo del vehículo y de su mantenimiento.

- *Coste del equipamiento estacionario.* Coste de la infraestructura que se necesita, es decir, instalación en el suelo, gabinetes de control, sensores electrónicos y ópticos, etc.

6.4.5.1 Sistemas de guiado mecánico

- *Alcance:* excelente, ya que el coste del sistema de raíles es directamente proporcional a la longitud de los mismos.

- *Precisión:* excelente. Los raíles pueden ajustarse milimétricamente y, por tanto, en la práctica no existe ninguna posibilidad de escape.

- *Flexibilidad:* mala. Los raíles tienen que estar rígidamente montados y su instalación impide que el espacio que ocupan los AGV se pueda utilizar para otras funciones.

- *Fiabilidad:* buena. Si el raíl es del tipo clásico ferroviario se puede incluso considerar como excelente; sin embargo, si se trata de una ranura enterrada en el suelo, seguida por vehículos de guiado táctil, existe cierto riesgo de atasco.

- *Controlabilidad:* aceptable. Se utiliza una laboriosa técnica de control remoto por medio de interruptores para prevenir problemas de embotellamiento, mediante paradas y arranques, pero cualquier otro tipo de control resulta demasiado costoso.

- *Coste del equipamiento del vehículo:* excelente. El vehículo no necesita más equipamiento que un servocontrol de dirección, que no precisa ser electrónico.

- *Coste del equipo estacionario:* aceptable para aquellas instalaciones que no precisen de altas prestaciones. En otro caso, el coste de los controles mecánicos, electrónicos, etc., puede ser excesivo.

6.4.5.2 Filoguiados por cable inductivo

- *Alcance*: bueno. El alcance de la longitud de la onda inductiva de un camino filoguiado sólo está limitada por la capacidad del amplificador de corriente alterna que se utilice. Con el equipo adecuado se pueden alcanzar fácilmente varios centenares de metros con un solo emisor.

- *Precisión*: buena. La precisión de estos sistemas está en función de la distorsión del campo electromagnético causada por objetos próximos al camino filoguiado, así como de la tolerancia de los cruces del cable enterrado en el suelo.

- *Flexibilidad*: media. Para modificar un trazado ya existente hay que volver a abrir el suelo, enterrar un nuevo cable y conectarlo al emisor. Para realizar este trabajo es imprescindible disponer de equipos manejados por personal especializado, ya que de lo contrario la modificación llevaría mucho tiempo y sería necesario un gran esfuerzo.

– *Fiabilidad:* excelente. Cuando el camino está debidamente trazado, la conexión al campo electromagnético es sencilla y su seguimiento no ofrece ninguna dificultad.

– *Controlabilidad:* excelente. La implantación de interruptores se efectúa muy fácilmente sólo con el uso de diversas frecuencias o mediante la interrupción de la frecuencia de guiado. El sistema admite cualquier grado de sofisticación que se precise.

– *Coste del equipamiento de los vehículos:* bueno. La tecnología para la detección del campo electromagnético y el procesado de las señales recibidas está perfectamente desarrollada y los componentes son muy asequibles.

– *Coste del equipo estacionario:* medio. A pesar de que las técnicas de equipos estacionarios están perfectamente desarrolladas, el coste de preparación del suelo, su sellado y la instalación de puntos de control, hacen que el coste del equipo estacionario sólo sea medianamente aceptable.

Figura 10.13. Carro apilador filoguiado.

6.4.5.3 Sistemas de guiado ópticos, químicos y magnéticos

- *Alcance:* excelente. El coste de un camino de guiado óptico, químico o magnético, es directamente proporcional a su longitud, sin afectar en absoluto al rendimiento de la instalación.

- *Precisión:* depende mucho del principio de trabajo que se aplique. Los sistemas únicamente ópticos o magnéticos sufren errores sustanciales debido a la deficiente selectividad de los sensores que se utilizan, especialmente cuando su distancia respecto al suelo no puede mantenerse constante. En principio, los sistemas de guiado óptico o químico se pueden aplicar con más precisión gracias a sensores ópticos longitudinales que disponen de un enfoque mucho más preciso. La utilización de sensores de alta precisión aumenta el coste de la instalación pero lo mantiene dentro de márgenes razonables.

- *Flexibilidad:* buena. Estos sistemas utilizan cintas adhesivas o bien líneas pintadas en el suelo, por lo que se pueden eliminar fácilmente y modificar el trazado con un coste relativamente bajo y sin grandes dificultades.

- *Fiabilidad:* media, dado que el camino trazado por cintas y marcas adheridas o pintadas en el suelo está sujeto a posibles daños exteriores, ya sea por desgaste, arañazos, etc., que pueden afectar a la fiabilidad del sistema. La solución puede ser utilizar adhesivos de alta resistencia, vigilar de forma continuada el desgaste de la cinta e incluso utilizar sensores inteligentes capaces de detectar señales mínimas.

- *Controlabilidad:* mala. Los caminos ópticos, químicos o magnéticos son totalmente pasivos por naturaleza y, por tanto, no admiten la incorporación de interruptores de control o parada-arranque. Todos los equipos de control del sistema deben estar incorporados al vehículo y comandados desde un control central.

- *Coste del equipamiento del vehículo:* entre medio y bueno. Los sensores magnéticos se venden a bajo coste en el mercado. Por otra parte, la complejidad de un sistema de sensores ópticos o químicos de alta resistencia al polvo y a la suciedad hace que su coste sea bastante alto, aunque dentro de límites razonables.

- *Coste del equipo estacionario:* excelente. Los materiales de tipo pasivo utilizados en la instalación son de coste relativamente bajo; así, estos sistemas poseen el más bajo coste por unidad de longitud de todos los que utilizan elementos físicos de guiado.

6.4.5.4 Sistemas de autoguiado por identificación de posición

– *Alcance:* malo. Los sistemas de identificación de posición son esencialmente sistemas abiertos, es decir, no existe una coordinación entre el camino que se debe seguir y un soporte físico. El vehículo tiene como única referencia su propia posición de partida y el camino que ha de seguir en su memoria. Cualquier irregularidad en el terreno o deslizamiento de las ruedas puede producir errores de medición de la posición, por lo que su alcance con cierta precisión está muy limitado. Así, se recomienda sólo para unas pocas decenas de metros.

– *Precisión:* aceptable. Como ya dijimos, la precisión está íntimamente relacionada con el alcance. Utilizando estos sistemas dentro de límites de alcance razonable, la precisión es suficiente para el trabajo que se deba realizar.

Figura 10.14. Carros filoguiados con identificador de posición.

– *Flexibilidad:* excelente. Al no existir un camino con soporte físico, cambiar la instalación no requiere de ningún trabajo mecánico; sólo es necesario modificar el diagrama de trabajo memorizado por el microcomputador de a bordo.

– *Fiabilidad:* buena. Como no existe un soporte físico en el camino, ello facilita de nuevo la fiabilidad del vehículo. Ésta sólo se verá afectada por las posibles irregularidades del suelo.

– *Controlabilidad:* mala. Al no existir una instalación estacionaria no es posible introducir por esa vía ningún tipo de señal que permita la detención o marcha del vehículo. Por tanto, todas las indicaciones de parada y arranque, y cualquier otro control, se deben efectuar antes de que el vehículo inicie su camino.

– *Coste del equipamiento del vehículo*: bueno. Estos sistemas requieren que el vehículo lleve instalado un microcomputador, un sistema de servocontrol de alta calidad y un sensor odométrico. Todos estos elementos son habituales en los vehículos de guiado automático más modernos, por lo que no se precisa de ningún coste adicional.

— *Coste del equipo estacionario:* excelente, ya que no precisa de ninguno.

6.4.5.5 Sistemas de navegación inercial

— *Alcance:* medio. Un sistema de navegación inercial es muy propenso a ir a la deriva, dado que sabe cuál es su posición sólo a través de los parámetros de aceleración y giro. Por tanto, precisa de constantes recalibraciones mediante el uso de otro sistema de navegación más fiable.

— *Precisión:* aceptable. Las vibraciones a que está sometido todo AGV hacen que el trabajo de los sensores de inercia sea muy difícil.

— *Flexibilidad:* excelente. Al no estar sometido a ningún tipo de instalación estacionaria, los navegantes inerciales describen sólo la ruta contenida en su memoria, por lo que basta con cambiar ésta para que el vehículo varíe su trayectoria.

— *Fiabilidad:* media. Aunque las vibraciones afectan negativamente a su fiabilidad, esta situación mejora mediante la introducción de sensores de giro por rayo láser.

— *Controlabilidad:* mala. El sistema impide un control de paradas, arranques e interrupciones. Una vez puesto en marcha, todas las instrucciones deben estar previamente introducidas en la memoria del microcomputador de a bordo.

— *Coste del equipamiento del vehículo:* malo. El coste del equipo necesario para implantar un vehículo conducido mediante un sistema de navegación inercial, de una forma estable y precisa y durante unos cientos de metros, es relativamente caro.

— *Coste del equipo estacionario:* excelente. No precisa de ningún equipo estacionario.

A modo de conclusión de este apartado, y también del capítulo, como puede comprobarse no existe un sistema que alcance las máximas calificaciones en todos los aspectos considerados. Por tanto, la siguiente cuestión que deberá plantearse será cuál es la mejor combinación de sistemas y la más adecuada a las necesidades de cada aplicación.

Los AGV son capaces de aportar soluciones a la mayoría de las necesidades de manejo de materiales que la industria ha ido requiriendo a lo largo de los años. La capacidad de integración de los AGV con los sistemas informáticos y de transmisión de datos ha facilitado la modificación de las rutinas de fabricación, que eran la principal causa de su obsolescencia y, al mismo tiempo, ha propiciado su adaptación a las técnicas JIT *(just in time* o «justo a tiempo»).

Capítulo 11
El pavimento del almacén

Para obtener un resultado apropiado en cualquier actividad industrial, es preciso que todos los elementos de la cadena de producción estén construidos de tal forma que respondan a unos determinados estándares, en cuanto se refiere a formas, dimensiones, calidades, etc.

El pavimento de un almacén es un elemento más de la cadena de producción. Por ello debe valorarse igual que cualquier otro componente, es decir, como los palés, las carretillas, las estanterías, etc., debe estar construido en unas determinadas condiciones y bajo unos escrupulosos controles de calidad.

El pavimento y los demás elementos que conforman el almacén deben estar diseñados dentro de una razonable relación de interdependencia, como la que tiene cada pieza de una máquina respecto a otra. En un almacén, todas se han de fabricar con el fin de obtener una gestión global de manipulación, y no sólo como una mera colección de materiales.

Para ello, tanto el diseñador del almacén como su constructor deben proporcionar al equipo de operadores las condiciones idóneas para que éste pueda llevar a cabo su trabajo en las mejores condiciones posibles.

En el proyecto de construcción de un conjunto industrial que incluya complicadas plantas de fabricación y bloques de oficinas, se corre un elevado riesgo si no se presta la debida atención a la instalación de un suelo adecuado para el soporte de las carretillas elevadoras y el almacenaje.

Es sorprendente la facilidad con que el constructor puede ignorar las especificaciones de nivelación del suelo para almacenes de gran altura, por ejemplo, alegando que esos requerimientos son fantasiosos e imposibles de conseguir.

Por tanto, es preciso que los constructores tomen plena conciencia de que es de vital importancia asegurar que la planificación del almacén y de todo su entorno se haga de manera conjunta con su cliente, formando un solo equipo para realizar la totalidad del proyecto, y dando al apartado del pavimento toda la importancia que merece.

Afortunadamente, gracias a algunos constructores especializados en la instalación de pavimentos para almacenes de gran altura pueden conseguirse suelos con un altísimo nivel de eficacia, que satisfagan las exigencias de nivelación y resistencia que necesitan los aparatos que trabajan en esos almacenes para obtener un rendimiento óptimo de los mismos.

1 Cargas que ha de soportar el pavimento

Las cargas que se instalan en el suelo de un almacén y que suele soportar un sistema de manejo pueden ser muy considerables. Estas cargas son de dos tipos: por un lado las cargas estáticas, situadas bajo los pilares de las estanterías y, por otro las cargas dinámicas, procedentes de los propios equipos de manejo.

Las cargas situadas bajo los pilares de las estanterías son de tipo puntual y suelen ser muy pesadas e intensas. Por lo general se concentran en una superficie muy pequeña y están distribuidas equitativamente sobre todo el emparrillado del suelo del almacén.

Figura 11.1. Pavimento de un almacén.

Estas cargas causan problemas e incluso alarma en la mayoría de constructores, ya que alcanzan valores de 7-8 t concentradas sobre una superficie de sólo 75 mm², que corresponde a la sección del perfil del pilar.

En ocasiones se ha intentado repartir la carga sobre una superficie mayor, pero el resultado no ha sido satisfactorio. Para ello se necesita utilizar una placa de acero que sirva como pie. Por ejemplo, para reducir a la mitad el efecto de una carga de 7 t sobre una superficie de 75 mm², doblando ésta a 150 mm², es preciso utilizar una placa de soporte de 40 mm de espesor. De hecho, esta solución no es más que una fuente de problemas futuros para el funcionamiento de la instalación.

Las cargas dinámicas que provienen de los aparatos de manutención que circulan sobre pasillos muy estrechos son también muy significativas, y están en función del tipo de aparato que se utilice. En el caso más extremo, que es sin lugar a dudas el de un transelevador, esta carga puede alcanzar las 18 t y estar concentrada sobre una superficie mínima que represente la huella de la rueda de carga. Sin embargo, el efecto de la misma queda fácilmente minimizado, ya que se reparte sobre todo el carril guía que la soporta.

En otros tipos de aparatos, las cargas más importantes se producen cuando la máquina está parada. Un ejemplo muy significativo lo tenemos en las carretillas trilaterales, en las que el mayor efecto sobre el suelo se produce cuando están depositando o tomando una carga a máxima altura y tienen las horquillas extendidas lateralmente. En ese momento la presión que se ejerce sobre las ruedas de carga alcanza valores de tal magnitud que puede llegar a sobrepasar los límites de resistencia del suelo, el de las propias ruedas y el de sus rodamientos. Esta carga se transmite directamente a las alas laterales de los pasillos.

Figura 11.2. Pavimento pintado con resina epoxy.

En otras máquinas, como las carretillas elevadoras contrapesadas, la máxima carga sobre el suelo la producen las ruedas traseras o directrices cuando el aparato está descargado. En este caso la carga también debe soportarla una pequeña superficie, la de la huella de los neumáticos.

2 Instalación del pavimento adecuado

La misión de un pavimento y de su cimentación es la de soportar y transferir las cargas, dinámicas y estáticas, desde la superficie hacia abajo hasta que éstas alcancen el nivel del subsuelo. Para ello el pavimento debe disponer de la dureza y estabilidad adecuadas.

Además, el pavimento ha de tener y mantener un determinado perfil con cierta pendiente, pero con un acabado que culmine en una superficie correctamente nivelada, dentro de los márgenes y tolerancias que implican la utilización de un tipo concreto de instalación, con una determinada maquinaria para el manejo de las cargas y un sistema particular de almacenaje.

Conseguir estos objetivos y cualidades debe ser la misión tanto de los diseñadores como de los constructores, y obtenerlos tendrá como resultado una buena instalación del pavimento.

Figura 11.3. Preparativos para la extensión del pavimento de un almacén.

2.1 Importancia del sustrato

En primer lugar, examinemos cuanto concierne al sustrato o capa firme sobre la que se ha de apoyar el pavimento. El sustrato puede ser muy variable en cualquier zona, presentar enormes variaciones entre dos zonas muy próximas e incluso, dentro de un mismo espacio, las variaciones entre unos y otros puntos del mismo local pueden ser sustanciales.

Los aspectos más importantes que cabe analizar en el sustrato son:

– resistencia a la compresión,
– tendencia al deslizamiento,
– posibilidad de absorción de agua.

Para ello habrá que realizar investigaciones *in situ* y determinar cuáles son los valores de estas características y cómo varían a diferentes profundidades.

Una vez realizadas estas investigaciones y en función de sus resultados, se tomará la determinación de fijar la instalación en un lugar dotado de un sustrato adecuado. Es imprescindible asegurarse de que el sustrato del almacén tendrá un comportamiento adecuado respecto a la carga que se colocará encima de su superficie, una vez ésta se haya instalado.

Figura 11.4. Extensión de la capa de acabado del pavimento de un almacén.

La cimentación del suelo puede ser muy variable ya que, en función de las características del sustrato, ésta se suele realizar utilizando desde simples almohadillas de soporte, o bandas de mayor o menor anchura, hasta, en los casos más extremos, un emparrillado completo. En algunas ocasiones las características del sustrato obligan a variar la posición de los pilares de las estanterías, a fin de que coincidan con los puntos del sustrato que ofrecen las necesarias garantías. Ésta es una cuestión necesaria para encontrar el medio más económico posible, que sea capaz de realizar la transferencia de cargas en un lugar determinado.

2.2 Diseño del pavimento. Método americano. Método inglés

Existen dos métodos para realizar el diseño del pavimento de un almacén. Uno está tipificado por la Portland Cement Association (EEUU) y otro por la Cement & Concret Association (Reino Unido). La diferencia entre ambos métodos estriba en que mientras que el americano considera el comportamiento conjunto de las losas que conforman el pavimento cuando están sujetas a las cargas dinámicas y su relación, el método inglés parte de la teoría de que hay que considerar todas las cargas dinámicas concentradas en el camino de rodadura de las máquinas.

Figura 11.5. Obreros instalando el pavimentado de un almacén.

El método americano puede resultar más económico con algunos tipos de sustrato, ya que al considerar todo el conjunto del pavimento se instalarían unas losas ligeramente más delgadas. Sin embargo, ambos métodos son totalmente válidos, ya que en un asunto tan empírico como es el diseño de las losas del pavimento, es ilógico pensar que ningún diseñador de cierta importancia, y mucho menos una empresa constructora de prestigio, quiera asumir riesgos innecesarios escatimando en el grosor de la losa.

2.3 Configuración del pavimento

Transversalmente, el pavimento típico está formado por una capa de acabado monolítica situada en el nivel más alto, que es la que proporciona la superficie de trabajo propiamente dicha; una losa de hormigón situada debajo de la capa anterior y destinada a soportar la presión, y una base de material aglomerado, firmemente compactado para soportar la carga (esta capa está formada por cualquier tipo de material, ya sea natural o de relleno) sobre el sustrato.

Figura 11.6. Fases de instalación del pavimento de un almacén.

Las losas de hormigón tienen una elevada resistencia a la compresión pero poca resistencia a la tensión. Durante el proceso de curado del hormigón, éstas sufrirán contracciones mientras que, por el contrario, la base conglomerada no lo hará. Estas contracciones producen tensiones en las losas que tienen como consecuencia potenciales roturas fortuitas y abarquillamientos.

Para reducir estos problemas, se ha de asegurar que la superficie del sustrato sobre el que se asienta la placa es completamente lisa y suave. Entonces se debe introducir una especie de membrana o película entre la base y el sustrato para reducir la fricción entre ambas. Esta película permitirá que la losa se mueva independientemente durante el proceso de curado, y actuará además como una barrera contra la humedad; barrera que es necesaria para limitar la pérdida de agua del hormigón y lograr un mejor curado de la losa recién extendida.

Otra medida que tiende a reducir el problema de las roturas potenciales y, muy frecuentemente, el del abarquillamiento, es instalar una ligera malla metálica de refuerzo próxima a la superficie superior de la losa. Esta práctica es muy común y permite la aplicación de losas más largas con menos juntas de dilatación.

Puede incluirse un refuerzo de barras de acero dentro de la losa, no destinado a soportar las cargas de flexión como es lo habitual, sino para minimizar los problemas que surjan durante el proceso de curado del hormigón. Con este refuerzo se consigue aumentar la resistencia de la losa curada, pese a las inevitables contracciones y deslizamientos del hormigón durante dicho proceso, dando así la necesaria resistencia a la tensión que necesita el hormigón para absorber el movimiento, sin producir daños.

Independientemente de que se incluya o no el refuerzo de acero en la losa de hormigón, y aun con el cuidado más extremo, puede ser inevitable que aparezcan grietas en las losas curadas. Si estas grietas se producen de una forma casual, es decir, no controlada, la imposibilidad de efectuar un relleno adecuado, dada la irregularidad de las grietas, siempre provoca problemas de fluctuación en las cargas. Por ello es frecuente inducir dicho agrietamiento para que éstas aparezcan en lugares predeterminados, mediante el serrado de la losa a lo largo de una determinada tira, con un corte de una profundidad entre un cuarto y un tercio del grosor de la losa. De esta forma la rotura se desarrollará en esa posición y no en otra, y puede ser fácilmente rellenada de una manera sencilla y limpia.

2.4 Las juntas: su importancia, localización y mantenimiento

Tanto si las juntas forman tiras individuales a lo largo del pavimento, como si son juntas de construcción producidas al final de un día de trabajo y el comienzo del siguiente, o bien si se han producido al evitar o rodear columnas o muros, e incluso si las han motivado algunos cortes de sierra accidentales, todas son siempre fuente de problemas.

Las ruedas de las carretillas, por ejemplo, son capaces de dañar progresivamente los labios situados en el suelo a cada lado de las juntas, hasta descarnarlas.

Este aspecto plantea la cuestión de si la capa de acabado se debe aplicar junto con la losa, y de este modo estar sujeta a los mismos problemas y tratamientos que ésta, o de manera totalmente independiente.

Las juntas han de estar enlazadas o empernadas con la estructura de la base para evitar que se produzcan movimientos diferentes hacia abajo de las losas adyacentes. En las juntas de dilatación, los pernos deben estar convenientemente empotrados, situados de manera alineada. Estos pernos deben tener un extremo de deslizamiento libre dotado de un manguito de plástico o una capa de fricción, el cual irá embebido en una de las losas.

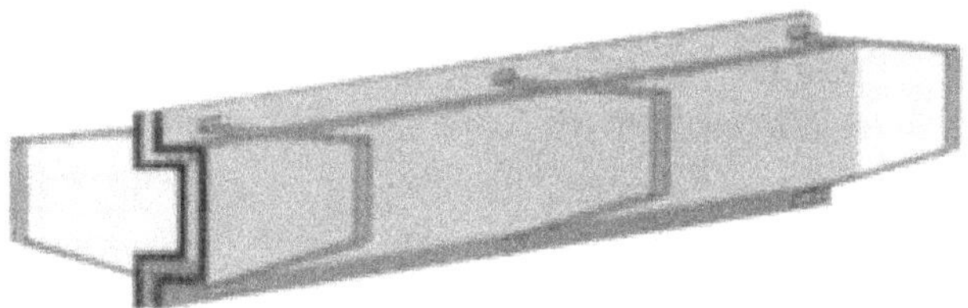

Figura 11.7. Modelo básico de una junta de dilatación de tipo «doble omega».

Las juntas de dilatación han de tener una anchura proporcional al espesor de la losa y nunca mayor de 10 mm. Existen discrepancias acerca de dónde es más conveniente colocarlas. La teoría americana es que las juntas de dilatación deben estar siempre situadas entre las dos caras de las estanterías de doble entrada; por el contrario, los europeos se inclinan preferentemente por su localización sobre cualquier punto, pero evitando siempre los lugares donde se producen cargas puntuales muy altas.

Figura 11.8. Transpalé manual trabajando en una zona de librería.

2.5 La capa de acabado

Lo más frecuente es que la capa de acabado sea una mezcla de cemento granulítico de unos 50 mm de espesor, la cual se aplica sobre una losa húmeda de hormigón industrial, formando con ella un bloque monolítico que contendrá, por tanto, todo tipo de juntas. La suavidad, dureza y cualidades de trabajo del cemento granulítico son las más adecuadas para el pavimento-soporte de un sistema de manejo mecánico.

Esta capa también se puede aplicar de forma independiente y separada sobre una losa seca, pero entonces se requiere que el espesor de la misma sea como mínimo de unos 125 mm. En este caso existirá una nueva losa de hormigón con los mismos problemas de fragilidad y abarquillamiento de la losa principal, ya que la capa de acabado también se comportará y contraerá de manera independiente, precisándose la incorporación de una nueva película o membrana de separación.

Algunos materiales se pueden aplicar sobre una losa seca mediante la colocación de una película o membrana de separación, formando una finísima capa en la que no existan juntas apreciables. Con la adición de bituminosos o de una amplia variedad de copolímeros se pueden obtener mezclas de hormigón de una extraordinaria fineza. Si se utilizan resinas sintéticas se suele lograr una capa fina de unos 3 mm, que puede proporcionar un pavimento exquisitamente acabado.

Sin embargo, algunas capas obtenidas mediante mezclas especiales pueden carecer de estabilidad o de cualidades granulíticas completas, como es el caso de las resinas inadecuadas para corregir defectos de la capa superior. Estas mezclas pueden resultar no sólo inestables, sino tremendamente caras. Si se quiere lograr una superficie más confortable para las operaciones pedestres, hay que usar resinas de tipos más resistentes.

Los pavimentos para almacenes requieren de una elaboración esmerada y un mantenimiento preventivo durante su utilización, para evitar o corregir los desperfectos y descarnamientos que producen las ruedas de las carretillas cuando circulan y atraviesan las juntas.

3   Extendido del pavimento

Una vez preparada la cimentación y realizada la nivelación de la base, el tipo de bastidor que cabe emplear y el método de extensión del suelo difieren en función de que se tenga la intención de realizar un pavimento de bajo o alto índice de tolerancia.

El método de extensión del suelo no tiene que ser necesariamente muy diferente. Básicamente se trata de la utilización de una viga de compactación manejada por dos operarios, los cuales hacen que el hormigón quede perfectamente embebido, mientras que otros operarios acaban la superficie, probablemente equipados con una máquina aplanadora. El hormigón no se debe trabajar demasiado para evitar que los gránulos pesados y los aditivos se depositen en la parte inferior del pavimento o de la capa.

Para conseguir estrechar tolerancias en la superficie de acabado sin necesidad de realizar un trabajo extraordinario, es preciso que el hormigón no encuentre grandes desniveles u hoyos puntuales en la base. Se debe poner una especial atención en que la extensión del pavimento se aplique con un alto grado de nivelación, pues en caso contrario se hace progresivamente más difícil, en cada etapa de la construcción, obtener las tolerancias exigidas.

Figura 11.9. Acabado final del pavimento de un almacén.

La extensión de una losa para un suelo de tolerancias relativamente bajas se puede realizar mediante la utilización de un clásico bastidor de madera, pero cuando se necesitan altas tolerancias es necesario usar, cuando menos, laterales metálicos para el apoyo y, mucho mejor, bastidores totalmente metálicos. La precisión en cuanto a rectilineidad y nivelación son características intrínsecas del bastidor que se utilice; cuanto mayor sea el grado de fiabilidad de éste, mejores serán los resultados.

El éxito en la instalación de un pavimento no estriba sólo en la utilización de un bastidor adecuado, sino también en otro importante factor: el equipo humano que lo maneje y la habilidad que tenga para manipular los medios mecánicos de compactación y acabado.

Un sistema habitual para la ejecución de un pavimento convencional consiste en la extensión de bandas de hormigón, que se van acabando a medida que se depositan en aquél. Este sistema puede presentar dos problemas, cuando se trata de pavimentos de altas tolerancias. En primer lugar, el acceso desordenado durante el proceso de comprobación a las zonas de relleno y, en segundo, la dificultad física de aplicar bandas anchas.

En un lugar destinado a disponer de un pavimento con un alto índice de tolerancia, es probable que se tenga que instalar el pavimento mediante bandas largas y estrechas. Hasta hace muy pocos años, la anchura de esas bandas estaba limitada a un máximo de 6 m.

El método habitual consiste en aplicar tiras alternas que se van instalando y acabando. El resto se completa posteriormente tras un corto período de curación. Actualmente se pueden aplicar bandas más anchas, de entre 9 y 15 m, en locales con pavimentos de muy alto índice de tolerancia, siempre por personal muy especializado y mediante la utilización de vigas de compactación especialmente diseñadas.

4 Nivelaciones

Además de servir como soporte de las cargas puntuales o dinámicas, el pavimento ha de ser el lugar por donde circulen los equipos mecánicos de manejo de las mercancías en el almacén.

Algunos tipos de máquinas precisan de un alto grado de planimetría del pavimento para evitar gravísimas averías, no sólo del equipo en sí sino, lo que es más importante, del conjunto de la instalación.

Los problemas más acusados provienen de los sistemas que utilizan carretillas elevadoras industriales, especialmente del tipo de las que trabajan en pasillos muy estrechos y que alcanzan una elevada altura, además de una gran rapidez operativa. En estos casos, la nivelación del pavimento es un elemento extremadamente importante. Dado que en estos sistemas se trabaja con tolerancias milimétricas para el paso de las máquinas entre las estanterías, cualquier desnivelación excesiva en el pavimento puede causar una disminución automática de las tolerancias, con el consiguiente riesgo para toda la instalación.

Cuando una carretilla para pasillos estrechos trabaja sobre un suelo desnivelado o mal nivelado, se produce un doble efecto. En primer lugar, como la carretilla no dispone de un sistema de amortiguación, existe un balanceo que se transmite inmediatamente al mástil, de tal forma que un simple milímetro de desnivel en el pavimento a grandes alturas se puede traducir en varios centímetros de desviación en el movimiento del mástil, con el evidente riesgo de que éste llegue a golpear en las cargas y las estanterías. Además, esta desviación influirá de forma decisiva en la corrección del posicionamiento en altura de las horquillas y del cabezal, con un riesgo añadido de golpeo de éstas cuando se extiendan para la toma o depósito de las cargas.

El segundo efecto que se puede producir es que la carretilla se embale, lo cual será directamente proporcional a la altura de elevación que tenga el mástil y a la velocidad de desplazamiento de la carretilla. Este embalarse de la carretilla creará un aumento de las cargas puntuales sobre el suelo con el consiguiente deterioro del pavimento y, por lo tanto, con un incremento del desnivel; así, con el transcurso del tiempo los problemas se irán agudizando.

Figura 11.10. Pavimento en una zona de almacenamiento de bobinas de alambre.

4.1 Nivelación correcta de un pavimento para carretillas de pasillos estrechos

Un pavimento para uso de sistemas de manejo con carretillas de pasillos estrechos ha de tener una doble nivelación. En primer lugar, debe estar correctamente nivelado para instalar sobre él las estanterías y, en segundo lugar, ha de tener unos pasillos de rodadura con un alto grado de nivelación.

Para la instalación de las estanterías, el pavimento ha de estar nivelado de forma que permita obtener las siguientes tolerancias:

a) Distancia entre frentes de estanterías ± 10 mm.
b) Inclinación vertical de las estanterías ± 5 mm.
c) Variación de nivel horizontal = máx 10 mm.

Dicha nivelación se puede conseguir directamente del pavimento con facilidad, si éste está correctamente nivelado y, en su defecto, mediante el uso de calzos en las estanterías; aunque en este último caso, si el pavimento no está debidamente nivelado, conseguir el punto *c)* resultará particularmente muy difícil, por no decir imposible.

La nivelación del pasillo de rodadura ha de responder a las exigencias de la norma DIN 18.202 y estar de acuerdo con los siguientes parámetros:

– En sentido perpendicular al pasillo de trabajo, el desnivel total, medido sobre todo el ancho del mismo, no debe de sobrepasar ± 1,5 mm.
– La tolerancia de nivel a lo largo de todo el pasillo de trabajo será:

Altura de elevación	*Tolerancia en milímetros a distancia entre puntos de medición de:*			
	1 m	*4 m*	*10 m*	*Más de 15 m*
Hasta 6,2 m	± 2	± 5	± 6	± 7,5
Más de 6,2 m	± 1,5	± 4,5	± 6	± 7,5

La importancia de la nivelación en un pavimento para ser usado por equipos de manejo para pasillos estrechos, hace que no baste con que el constructor asegure que aquél está correctamente nivelado, sino que éste debe aportar la oportuna certificación, e incluso la tabla de toma de muestras realizada después del acabado del pavimento.

Comprobar la nivelación del pavimento es un arduo trabajo; requiere gran atención y la ayuda de instrumentos ópticos muy precisos. Es necesario utilizar un teodolito y una mira graduada, y realizar una doble o triple medición, en función del tipo de máquina que se vaya a instalar.

Dado que el riesgo existe precisamente en las estrechas zonas de rodadura de las ruedas de las carretillas, es preciso marcar dos líneas paralelas (tres en caso de máquinas de tres ruedas), exactamente equidistantes de la posición futura de las estanterías y, sobre ellas, efectuar mediciones desde una estación fija, alejada de la situación del pasillo, colocando la mira graduada en posiciones metro a metro a lo largo de cada una de esas líneas.

5 Características de los pavimentos

Los pavimentos de hormigón para el uso en almacenes industriales deben reunir las siguientes características:

- Resistencia a la abrasión.
- Resistencia a la compresión.
- Resistencia a la flexotracción.
- Resistencia a los aceites, grasas e hidrocarburos.
- Porosidad.
- Unión monolítica a la base receptora.
- Durabilidad.

La *resistencia a la abrasión* se determina de acuerdo con la norma UNE 41008, que establece una escala conocida con el nombre de escala de Mohs, que va del 0 al 10.

La *resistencia a la compresión* debe ser superior a los 500 kg/cm², con especial indicación en los caminos de rodadura, en los cuales ésta debe ser superior a los 800 kg/cm², en función del tipo y modelo de máquina que se debe utilizar.

La *resistencia a la flexotracción* suele estar en torno a los 150-250 kg/cm².

Figura 11.11. Pavimento terminado.

Por otro lado, debe ser *resistente a la acción de los aceites, las grasas y los hidrocarburos,* elementos que utilizan las carretillas elevadoras y que inevitablemente pueden producir manchas en el pavimento.

La *porosidad* debe ser muy pequeña, con valores inferiores al 3 %.

Debe ser totalmente *monolítico,* con la base de soporte adecuada para evitar deslizamientos y movimientos hacia abajo que provoquen los denominados baches.

El pavimento ha de ser resistente al desgaste y, por tanto, *duradero,* aunque es inevitable que dado el peso de las máquinas, concentrado en las ruedas que siguen continuamente un único camino, se lleguen a formar lo que se conoce con el nombre de rodadas. Si el suelo no tiene la suficiente resistencia al desgaste, estas rodadas incluso pueden alcanzar una gran profundidad, que provocará desajustes en la instalación con el consiguiente riesgo para ésta.

La elección de una empresa especializada en la instalación de pavimentos para el uso con carretillas de pasillos estrechos es sin duda la mejor garantía de una instalación correcta y duradera. Escatimar en este apartado puede dar al traste con toda la operación y un proyecto muy costoso puede malograrse por ahorrar en uno de los aspectos aparentemente menos importantes pero, en la práctica, más determinantes de toda la instalación.

6 Clases de pavimento

Se aplican diversos tipos de pavimento industrial, en función del material y composición de la capa de acabado, cuyas especificaciones varían en función de la utilización y del tipo de almacén. Los más importantes se detallan en los apartados siguientes.

6.1 Pavimento con capa de granito

Es adecuado para uso general, sobre todo en almacenes de gran movimiento. Se trata de una capa de acabado formado por granito triturado de unos 12 mm de espesor, mezclado con masilla asfáltica y cemento. Este compuesto resulta muy resistente a la abrasión de los compuestos de goma que configuran las ruedas de los equipos de manutención, y a los aceites y restos de combustible que éstos pueden emitir, lo que hace de este tipo de pavimento uno de los más duraderos.

6.2 Pavimento de hormigón

Uno de los métodos más utilizados consiste en la extensión por todo el suelo de una subcapa de una mezcla de hormigón de 200 mm de espesor, de manera muy similar a como se pavimentan las carreteras, acabándolo con una capa de rodadura de tipo granolítico de unos 12 mm de espesor. Este método resulta muy eficaz, ya que permite alcanzar tolerancias muy precisas. El acabado puede realizarse con o sin juntas, pero es mucho más aconsejable instalar el pavimento de forma continua y sin juntas.

Figura 11.12. Zona de preparación de pedidos del almacén de un operador logístico.

6.3 Pavimento con juntas

La instalación de pavimentos con juntas es tan eficaz como la del pavimento continuo. Sin embargo, la utilización de juntas supone el riesgo de que las mismas se rompan por el paso continuo de los medios de manutención y de los remolques accionados por tractores, también denominados *rolltrailers;* por ello es aconsejable su aplicación sólo en sentido longitudinal del almacén y nunca en sentido transversal.

6.4 Pavimento continuo con resinas tipo epoxy

Este tipo de pavimento ofrece unas características de lisura y resistencia a la abrasión superiores a los acabados con granito u hormigón, permitiendo igualmente una mejor calibración de las tolerancias de acabado, además de soportar impactos de objetos metálicos y de resistir gran cantidad de peso.

Se extiende siempre de forma continua, es decir, sin juntas; eso lo hace ideal para zonas de almacenaje de productos alimenticios y para todos aquellos en los que exista el riesgo de contaminación a causa de cualquier tipo de aceite o reactivo.

A pesar de su mayor coste por metro cuadrado, comparado con los pavimentos de granito, la reducción de los costes de mantenimiento de los equipos de manutención por el menor desgaste de ruedas compensan sobradamente esa diferencia.

Capítulo 12
Medios mecánicos para el almacenaje.
Otros sistemas de manutención

En capítulos anteriores se han citado con detalle diferentes medios mecánicos para realizar el almacenaje, según la especialización que se trata en cada capítulo. Aquí se ofrecen de forma más general, agrupados como elementos más genéricos.

Para empezar, clasificaremos dichos medios como sigue: fijos o móviles. Los fijos son aquellos que permanecen estáticos en el almacén, sirviendo de apoyo a las mercancías almacenadas o de elemento auxiliar para el mantenimiento y conservación del almacén propiamente dicho. Entre los medios fijos más utilizados se encuentran las estanterías y, a continuación, todas las demás instalaciones auxiliares.

Se denominan medios móviles aquellos que se mueven a través del almacén y de sus instalaciones para que se gestione el flujo de las mercancías. Éstos a su vez se dividen en:

- Medios que se mueven dentro del almacén, pero que no se trasladan.
- Medios que se mueven y se trasladan dentro del almacén.

1   Medios que se mueven dentro del almacén sin trasladarse

Se denominan así aquellos elementos y máquinas que mediante un movimiento continuo o alternativo realizan el traslado de las mercancías dentro del almacén. Entre ellos se encuentran los sistemas de transporte por rodillos o *conveyors,* los sistemas de transporte interno mediante cinta transportadora y toda clase de sistemas para el transporte aéreo.

1.1 Sistemas de transporte por rodillos

También llamados «caminos de rodillos», están constituidos por una serie de bastidores construidos con perfiles de acero electrosoldados. En su parte superior soportan un sistema de rodillos de acero o plástico, en función del tipo de cargas que han de soportar y del trabajo que deben realizar, montados sobre cojinetes y apoyados sobre soportes flexibles. Los rodillos constituyen una especie de «cama» sobre la cual se deslizan las cargas.

Atendiendo al modo en que se deslizan las cargas, estos caminos de rodillos se clasifican en transportadores por *gravedad* y *accionados* o *motorizados*.

1.1.1 Transportadores por gravedad

Los caminos de rodillos que deslizan las cargas mediante el efecto de la fuerza de la gravedad necesitan cierto grado de inclinación para conseguir la pendiente indispensable que produzca el movimiento. El grado de inclinación depende del tipo de carga, del coeficiente de deslizamiento carga/rodillos y de la longitud del recorrido. En general se utilizan pendientes entre 1,5 y 5º.

1.1.2 Transportadores accionados o motorizados

En los sistemas de rodillos motorizados se emplea un pequeño motor eléctrico que mueve una cadena o correa (esta última cuando se trata de tramos cortos), situada debajo de los rodillos y tensada entre ellos mediante una o varias poleas tensoras, en función de la longitud. Para los tramos largos se utilizan sistemas accionados por cadena y piñones, de instalación más cara pero también fáciles de usar en operativas de acumulación y clasificación.

Figura 12.1. Transportador de rodillos.

1.2 El uso y las limitaciones de los transportadores de rodillos

Los transportadores de rodillos son medios muy utilizados en casi todos los almacenes, especialmente para el manejo de cargas relativamente pesadas y que deben circular dentro del almacén con cierta rapidez, con excelentes resultados en funciones como la clasificación, la acumulación, el embalaje, etc.

También se suelen utilizar para la alimentación de otros aparatos propios del almacén, como las paletizadoras, las retractiladoras, las flejadoras, etc., e incluso como sistema de abastecimiento para las máquinas apiladoras, sobre todo en almacenes automatizados en los que se usan carretillas trilaterales, automatizadas o no, y transelevadores.

Figura 12.2. Transportador de rodillos integrado en un sistema de almacenaje automatizado.

El coste de los transportadores de rodillos es relativamente alto, pero casi se les podría considerar económicos si se tiene en cuenta la cantidad de funciones que pueden desarrollar. El principal problema que plantean es que los sistemas de transporte sobre rodillos y las cintas transportadoras significan una barrera para los demás medios móviles del almacén.

Antes de decidir la instalación de uno u otro tipo de transportadores de rodillos se deben analizar detenidamente las características de las cargas que hay que transportar; es mejor no utilizar rodillos si las mercancías se deforman con facilidad. El paso entre los rodillos debe estar cuidadosamente calculado para evitar que los paquetes se bloqueen a causa de un mal apoyo. Es recomendable que bajo la superficie de apoyo de la carga exista un mínimo de tres rodillos en permanente contacto con ella.

1.3 Sistemas de transporte interno por cinta transportadora

Constituyen una variante de los sistemas de transporte por rodillos. Están formados por una banda de goma u otro material, tensada entre dos poleas tractoras por medio de unos pequeños rodillos intercalados a cierta distancia, en función de la longitud de la banda, que actúan de soporte de la misma. También existen sistemas combinados de transporte con rodillos y con banda. Este tipo de transportadores se utiliza para poder apoyar mejor los paquetes con base blanda o irregular, ya que tienen la facultad de adaptarse mejor a los recorridos con curva.

1.4 Usos y limitaciones de los transportadores de banda

Los transportadores de banda son muy adecuados para tramos largos, independientemente de que éstos tengan o no pendientes, sobre todo cuando se transportan cargas pesadas con fondo blando o irregular y de pequeño tamaño.

Figura 12.3. Transportador de banda.

Como ya hemos indicado, las bandas pueden de ser plástico, goma, neopreno u otros materiales como el acero (muy utilizadas en la industria frigoalimentaria). Las superficies son lisas o rugosas, estas últimas más indicadas para las grandes pendientes. En general, es necesario adecuar el tipo y la superficie de la banda a las características de las cargas que se deben transportar.

Estos sistemas permiten su instalación en pendientes muy pronunciadas –que llegan hasta los 40°– mediante bandas de caucho con superficie rugosa y resaltes en forma de «V», aunque en general no es recomendable sobrepasar una inclinación de 30°. No obstante, se pueden alcanzar pendientes de hasta 70° utilizando barras metálicas transversales integradas en la banda. El nivel de pendiente admisible también depende de la estabilidad de las cargas.

El principal inconveniente para su instalación, como sucede con los transportadores de rodillos, reside en la barrera que significan para los demás medios móviles del almacén, por lo que el diseño de su recorrido debe estar muy estudiado.

Figura 12.4. Transportador aéreo.

1.5 Transportadores aéreos

Tienen una infinita variedad de características y diseños, siempre en función del tipo de mercancía que han de transportar.

Su principal característica es que permiten mantener el suelo despejado de mercancías, y por ello no impiden el paso de otros equipos móviles, como carretillas, transpalés, carros filoguiados, etc.

Su instalación presenta algunos inconvenientes, ya que utilizan un espacio determinado en altura, lo que genera dificultades para el paso del personal y de los aparatos de manutención, especialmente en almacenes con techos bajos.

2   Medios que se mueven y se trasladan dentro del almacén

También denominados medios mecánicos, hay muchos y todos muy diversos, en función del tamaño del almacén y de su grado de mecanización y automatización.

Entre los diferentes medios mecánicos de que dispone un almacén, distinguiremos:

– Medios mecánicos manuales.
– Medios mecánicos autopropulsados.

2.1 Medios mecánicos manuales

Son los que no poseen movimiento autónomo propio y que, por tanto, necesitan la fuerza del hombre para moverse.

2.1.1 Transpalés

Reciben el nombre de transpalés los medios mecánicos concebidos en exclusiva para el manejo, movimiento y transporte de palés y plataformas de madera u otros materiales, y que sirven de soporte a las unidades de carga.

Los transpalés están formados básicamente por dos largueros, fabricados con perfiles de acero conformados o comerciales, en forma de «U», dispuestos de forma invertida y unidos mediante una carcasa posterior que encierra un mecanismo de elevación. Este mecanismo dispone de dos tirantes articulados situados bajo los largueros, que están unidos por su parte delantera a una bieleta articulada y dotada de un rodillo o juego de rodillos, y por su parte trasera al mecanismo de elevación. Éste está montado sobre una rueda central, generalmente doble, de mayor tamaño que las delanteras, lo que hace posible la pequeña elevación de los largueros que permiten las bieletas situadas bajo los mismos, mientras que tanto las ruedas delanteras de los largueros como la rueda trasera permanecen en contacto con el suelo.

Cuando los largueros han sido introducidos en los alojamientos de un palé o plataforma, para lo que incorporan un pequeño rodillo-guía alojado en un rebaje inferior, se obtiene una pequeña elevación del palé que permite su manejo, movimiento y transporte.

Para controlar la dirección y las operaciones habituales, los transpalés están provistos de un timón, generalmente de gran longitud o altura, que el operador debe manejar con ambas manos.

Existe una gran variedad de transpalés, tanto en lo que se refiere a tamaños como en cuanto a los diferentes sistemas de tracción que pueden emplearse.

La clasificación básica de los transpalés, atendiendo a su sistema de tracción, es:

– Transpalés manuales.
– Transpalés autopropulsados (véase el apartado 2.2.1, en este mismo capítulo).

2.1.1.1 Transpalés manuales

Los transpalés manuales son aquellos que utilizan la fuerza humana tanto para la tracción como para la elevación. En estos transpalés el timón está conectado a una pequeña bomba hidráulica de accionamiento manual, que alimenta un pequeño cilindro hidráulico. Este cilindro posee dos válvulas o compuertas, una para la entrada del aceite hidráulico y otra para la salida del mismo, ambas de apertura manual, que el operador maneja a voluntad, normalmente por medio de una pequeña palanca instalada en el timón. Esta palanca tiene tres posiciones:

1. Válvula de entrada abierta y válvula de salida cerrada.
   Acción: subir el pistón = elevar los largueros.

2. Ambas válvulas cerradas.
   Acción: presión contenida = largueros elevados.

3. Válvula de entrada cerrada y válvula de salida abierta.
   Acción: bajar el pistón = bajar los largueros.

Figura 12.5. Transpalé manual.

2.1.2 Apiladores

Los apiladores son máquinas de concepción muy similar a los transpalés. Se diferencian de ellos en que no sólo efectúan el transporte de las cargas, sino que también pueden elevarlas a una cierta altura, con lo que realizan el trabajo de apilado.

Para desarrollar esta segunda función, los apiladores están provistos de un poste o mástil elevador, normalmente telescópico. Este mástil está constituido por dos bastidores, de perfiles laminados o conformados en forma de «U», que mediante unos rodillos se deslizan uno sobre el otro. Un cilindro hidráulico actúa sobre el mástil, a la cabeza del cual se une un juego de poleas por las que pasan unas cadenas; éstas arrastran a su vez un tablero portador al que van unidos los largueros que, como en los transpalés, sirven para levantar las cargas colocadas sobre un palé. El cuerpo inferior del apilador permanece en contacto con el suelo mediante las correspondientes ruedas, y está formado por dos barras de acero que reciben el nombre de «pata de apoyo».

Respecto a los *apiladores manuales,* se pueden diferenciar dos tipos:

- Apiladores con tracción y elevación manual.
- Apiladores con tracción manual y elevación electrohidráulica.

Figura 12.6. Apilador autopropulsado con horquillas sobre largueros.

2.1.2.1 Apiladores con tracción y elevación manual

La tracción y elevación de este tipo de apiladores se realizan de forma totalmente manual. Para la tracción, basta con empujar o tirar del timón para mover hacia delante o hacia atrás el aparato. Para la elevación es necesario montar una pequeña bomba hidráulica manual, la cual se acciona mediante una palanca independiente o, más comúnmente, con el propio timón. Tanto en uno como en otro caso es necesario realizar un movimiento de vaivén hacia arriba y hacia abajo para impulsar el aceite dentro del cilindro hidráulico y conseguir así la elevación; para el descenso basta con abrir la tapa de drenaje del cilindro para que descienda por sí solo por efecto de la gravedad.

Podemos mencionar un tercer tipo de apilador totalmente manual, el apilador por cable, que ejecuta la elevación mediante un torno manual. En la actualidad está prácticamente en desuso.

2.1.2.2 Apiladores con tracción manual y elevación electrohidráulica

Es el tipo de apilador manual más utilizado, idéntico al descrito en primer lugar, excepto en que se ha sustituido la bomba manual por una hidráulica, accionada por un pequeño motor eléctrico que se controla mediante una botonadura instalada en la cabeza del timón. Este motor eléctrico se puede alimentar mediante la red eléctrica o con una batería.

La utilización de los apiladores conectados a la red eléctrica cada vez es menor, dado que tienen un campo de acción limitado al alcance del cable de alimentación que los une a dicha red.

Los apiladores alimentados por batería, generalmente de las de arranque que utilizan los automóviles, requieren de un pequeño cuadro de mandos formado por un interruptor y una botonadura, que suelen ir colocados en la cabeza del timón.

2.2 Medios mecánicos autopropulsados

Son aquellos que poseen sistemas de movimiento propio y que, por tanto, únicamente necesitan del concurso humano para dirigirlos y activarlos para ejecutar las diferentes tareas de almacenaje.

Los medios mecánicos autopropulsados que se utilizan en los almacenes se pueden clasificar en seis grupos:

- Transpalés autopropulsados o eléctricos.
- Apiladores autopropulsados o eléctricos.
- Carretillas contrapesadas.

- Carretillas retráctiles.
- Carretillas trilaterales.
- Transelevadores.

Cada uno de estos medios mecánicos tiene su aplicación específica en el almacenaje. Aunque algunos ya se han descrito en capítulos anteriores, ahora trataremos de completar y resumir sus funciones indicando cuáles son las principales que se deben tener en cuenta para su utilización práctica.

2.2.1 Transpalés autopropulsados o eléctricos

El medio mecánico más sencillo de todos los que se pueden utilizar en un almacén lo constituye, sin lugar a dudas, el transpalé autopropulsado o eléctrico.

La función de los transpalés en un almacén, como su nombre indica, es servir de medio para el traslado de palés; así pues, sólo deben ser capaces de tomar los palés, levantarlos ligeramente y transportarlos de un punto a otro del almacén.

Los transpalés autopropulsados utilizan algún sistema de accionamiento, generalmente eléctrico, para efectuar los movimientos de tracción y elevación. Tienen la misma concepción mecánica que los manuales, pero se diferencian de ellos en que:

Figura 12.7. Transpalé autopropulsado eléctrico con conductor acompañante.

- Para efectuar el movimiento de tracción utilizan un pequeño motor eléctrico, normalmente instalado encima de la rueda trasera. Dicho motor acciona la rueda trasera, también llamada motriz, por medio de una reductora de engranajes. Existen versiones en las que el motor eléctrico está encastrado, junto con su engranaje reductor, en la rueda motriz. El control de la velocidad de ese motor se efectúa mediante aceleradores de mariposa instalados de forma doble en la empuñadura del timón de mando. Los transpalés eléctricos más modernos han incorporado sistemas de control de tracción electrónico.
- Para la elevación se utiliza una pequeña bomba hidráulica, accionada igualmente por un motor eléctrico, que puede ser el mismo que efectúa la tracción, y controlada por medio de dos pulsadores situados en el timón. En los aparatos modernos este movimiento también es controlado y modulado de manera electrónica.

Para la alimentación del motor o motores eléctricos, los transpalés autopropulsados han de incorporar además un equipo de baterías de capacidad suficiente como para permitir un trabajo continuado de cierta duración, normalmente de una jornada de trabajo de unas ocho horas. El peso del motor eléctrico, el de los mecanismos de control del mismo y el de la batería, requieren la construcción de máquinas robustas que poco o nada tienen que ver con los clásicos transpalés manuales.

Los transpalés autopropulsados también pueden tener dos concepciones diferentes, en función de la posición que el operador ocupe en ellas:

- Transpalés con conductor a pie o acompañante.
- Transpalés con conductor montado.

Figura 12.8. Transpalé autopropulsado con plataforma abatible y apoyos laterales.

En los transpalés con conductor a pie o acompañante, el operador tiene que ir andando y, por tanto, la máquina no puede alcanzar mayor velocidad que la que permita al operador controlarla marchando a paso normal. Por el contrario, en los transpalés con conductor montado la velocidad de marcha puede ser mucho mayor; éstos son más recomendables para almacenes de gran longitud, en los que el operador podría sufrir situaciones de fatiga que le impedirían una actividad normal.

Los transpalés con conductor montado se diseñan según tres tipos diferentes:

A. Transpalés con timón y conductor en plataforma.
B. Transpalés con volante y conductor recostado.
C. Transpalés con volante y conductor sentado.

Tipo A. Transpalés con timón y conductor en plataforma

Es un tipo de transpalé mixto que el operador puede utilizar a pie o montado sobre él, y con este fin está provisto de una plataforma abatible. Estos transpalés se presentan según dos modalidades. La primera es un grupo de transpalés con la misma configuración básica que los de conductor autoportante, normalmente con el grupo de tracción en columna y timón corto, lo que les permite incorporar una pequeña plataforma abatible sobre la cual puede situarse el operador para realizar recorridos generalmente cortos.

El segundo grupo lo forman transpalés especialmente concebidos para trabajos en los que el operador ha de subir y bajar con cierta frecuencia. Tienen incorporada una plataforma, generalmente fija y dotada de protecciones laterales de seguridad, sobre la cual el operador puede realizar ocasionalmente largos recorridos.

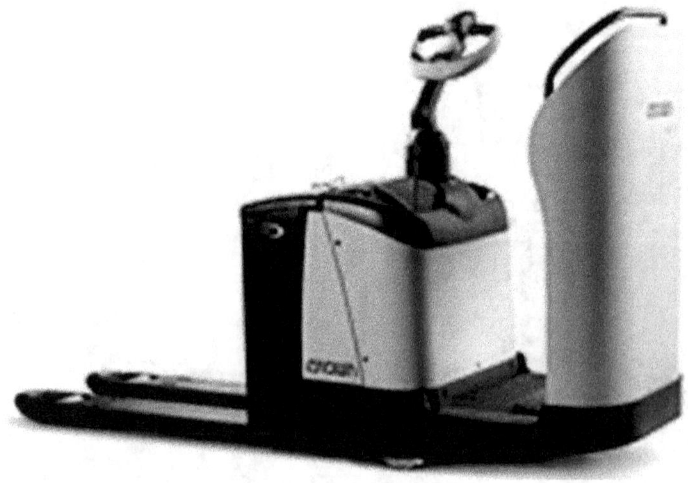

Figura 12.9. Transpalé autopropulsado con volante y conductor apoyado.

Existe, además, un tercer grupo de transpalés denominados «preparadores de pedidos de nivel bajo», que mantienen el timón y transportan al conductor sobre una plataforma. Su configuración es la de un transpalé convencional al que se le ha alargado el chasis para permitir el alojamiento, entre los largueros y el cuerpo motriz, de una plataforma de transporte del operador. Éste puede viajar con cierta seguridad y subir y bajar de la plataforma de una forma cómoda y rápida. Para poder actuar desde esta posición, en el transpalé se ha invertido el sentido de movimiento y articulación del timón.

Figura 12.10. Transpalé con volante y conductor sentado.

Tipo B. Transpalés con volante y conductor recostado

El siguiente paso en comodidad de operación y, por tanto, en velocidad y rendimiento, lo constituyen los transpalés con conductor recostado y volante de dirección. En éstos el timón ha sido suprimido, se ha acoplado un pequeño volante (en algunos casos semivolante) y, además, se ha habilitado un pequeño habitáculo para que el operador pueda ir montado en la máquina, con lo cual se consigue un doble efecto: mayor productividad de operación y menor distancia en el pasillo de trabajo y en la ejecución de la maniobra.

Tipo C. Transpalés con volante y conductor sentado

Por último, concebidos especialmente para almacenes en los que es preciso recorrer grandes distancias y donde se precisa una productividad máxima, encontramos los transpalés con conductor sentado y volante o microvolante –que se utiliza sólo con los dedos de una mano–. Éstos transpalés tienen la facultad de que pueden ser empleados incluso en almacenes de alta densidad y no exclusivamente para la carga y descarga de los camiones, alimentando también a los transelevadores y las carretillas trilaterales, que normalmente no salen de la zona dedicada exclusivamente al almacenaje.

2.2.2 Apiladores autopropulsados o eléctricos

El uso de apiladores autopropulsados está también muy extendido en los almacenes. Tienen muchas aplicaciones cuando se trata de realizar trabajos ligeros y de auxilio a otros sistemas de manutención.

Una aplicación clásica de los apiladores es la de efectuar la carga y descarga de estanterías situadas en las zonas de recepción y expedición de los grandes almacenes de distribución.

En la distribución física a veces tienen un papel muy importante, pues su escaso peso y sus dimensiones reducidas les permiten realizar trabajos como la carga y descarga de pequeñas furgonetas, que una carretilla contrapesada, de mayor peso y mayores dimensiones, no podría realizar.

Figura 12.11. Apilador autopropulsado con horquillas sobre patas.

En el sector de alimentación y en las grandes superficies se usan exhaustivamente para la carga mecánica de las estanterías que abastecen directamente al público.

Los apiladores autopropulsados se semejan a los transpalés autopropulsados y, como éstos, se fabrican con espacio para conductor acompañante y habilitados para conductor sentado. Las diferencias fundamentales para su aplicación se encuentran en los dos sistemas de patas:

A. Horquillas o largueros sobre patas.
B. Horquillas o largueros entre patas.

Tipo A. Apiladores con horquillas o largueros sobre patas

Los apiladores con horquillas o largueros sobre patas tienen la facultad de que se pueden utilizar con todo tipo de palés, siempre y cuando éstos sean de fondo abierto, es decir no reversibles, al igual que los usados con los transpalés.

Tipo B. Apiladores con horquillas o largueros entre patas

Por el contrario, los apiladores con horquillas o largueros entre patas sólo se pue-

Figura 12.12. Apilador autopropulsado con horquillas entre patas.

den usar con palés que tengan el tamaño adecuado para ser acogidos entre las patas del apilador, aunque en este caso los palés pueden ser de fondo cerrado o reversibles. Su ventaja fundamental reside en que al tener las patas abiertas poseen mucha mayor estabilidad y, por tanto, pueden alcanzar mayor altura y mejores capacidades de carga.

2.2.3 Carretillas elevadoras contrapesadas

Reciben su nombre del gran contrapeso de hierro que incorporan en su parte posterior. Responden al tipo de cargadoras en voladizo, lo cual significa que llevan la carga por delante de su punto de apoyo.

Basan su acción en el principio de la palanca de primer grado, en la cual un peso denominado «potente» es capaz de elevar otro peso llamado «resistente», apoyándose en un punto intermedio denominado «fulcro».

Ambos pesos forman un par de fuerzas con respecto al punto de apoyo y ejercen dos momentos, uno positivo o momento potente, y otro negativo o momento resistente, cuya magnitud está en función de la distancia al punto de apoyo o centro del par en que se encuentren los respectivos pesos que los originan. Si el momento potente es mayor que el resistente, el primero será capaz de elevar al segundo y no lo podrá hacer cuando esto no ocurra.

En la carretilla elevadora existe lo que se denomina «capacidad nominal de carga», concepto formado por dos parámetros: peso y distancia. Estos parámetros, unidos a la distancia que va del punto de apoyo de la máquina al punto de contacto de la carga, sirven para determinar lo que se conoce como momento nominal, cuyo valor es el resultado de multiplicar el peso o carga nominal por la distancia desde el punto de apoyo de la máquina (centro del eje delantero a la cara de apoyo de la carga, más la distancia del centro de la carga nominal). Una vez conocido ese valor, es sencillo determinar cuál será la capacidad de carga real a cualquier otro centro de carga distinto del nominal; bastará con dividir ese valor por la nueva distancia que se produce entre el nuevo centro de carga y el punto de apoyo de la máquina.

Las carretillas elevadoras contrapesadas son vehículos autopropulsados, compuestos de un chasis o bastidor, normalmente en forma de cajón, en el que se incorporan:

- un motor de tracción, que puede ser de combustión interna (diésel, gasolina o gas) o eléctrico;
- una transmisión de potencia, que generalmente es de tipo hidráulico o hidrostático, para las máquinas accionadas por motores de combustión interna; o de tipo electrónico, para las máquinas que lo son por motores eléctricos;
- dos ejes, uno delantero, motriz, con dos o cuatro ruedas, según sea el tamaño

de la máquina; y uno trasero, directriz, que puede tener una o dos ruedas, en forma de tándem o separadas;
– las ruedas, que pueden ser de bandajes macizos, neumáticos hinchables o superelásticos.

La elevación de la carga se realiza por medio de un mástil, también llamado poste elevador, generalmente telescópico con dos o tres secciones, en función de cada aplicación específica, que se mueven por medio de:

– cilindros hidráulicos, accionados mediante una bomba hidráulica acoplada al motor, en el caso de motores de combustión interna; o
– una motobomba eléctrica, en el caso de las carretillas de tracción eléctrica.

Figura 12.13. Carretilla elevadora.

Por el mástil de la carretilla discurre un tablero portador, arrastrado por cadenas movidas por los mismos cilindros que mueven el mástil y, por último, un par de horquillas de carga construidas en acero forjado, que van colgadas del carro portador y que, por tanto, se mueven con él. Estas horquillas son las encargadas de recoger los palés y efectuar el apilado de las cargas.

2.2.3.1 Clasificación de las carretillas elevadoras contrapesadas

Realizaremos dos clasificaciones de las carretillas elevadoras contrapesadas: la primera, atendiendo al tipo de ruedas sobre las que van montadas; y la segunda, a la clase de tracción que se utiliza.

Si consideramos el tipo de ruedas sobre las que puede ir montada una carretilla elevadora, tenemos:

- Carretillas sobre neumáticos, adecuadas para el trabajo en el exterior.
- Carretillas sobre bandajes macizos, adecuadas para el trabajo en el interior.

Figura 12.14. Carretilla elevadora con motor térmico y ruedas neumáticas.

Atendiendo a la clase de tracción utilizada, las carretillas elevadoras contrapesadas se pueden clasificar en dos grupos:

- Carretillas con motor térmico o de combustión interna.
- Carretillas eléctricas por batería de tracción.

Como vemos, en ambos grupos nos encontramos con máquinas adecuadas para trabajar en el exterior, es decir, con neumáticos y motor térmico, y otras para trabajar en el interior, con ruedas sobre bandajes y motor eléctrico. Sin embargo, en la práctica esto no siempre es así. De hecho, en los almacenes se utilizan carretillas contrapesadas de diferentes tipos, predominando las máquinas eléctricas con ruedas de bandajes o neumáticas e incluso superelásticas, en función de la frecuencia con que las carretillas tengan que salir al exterior.

2.2.3.2 Tipos de mástiles de las carretillas elevadoras

Las carretillas elevadoras pueden estar equipadas con diversos tipos de mástiles. Es conveniente conocerlos bien para poder seleccionarlos en función de la aplicación que deban tener.

Los tres tipos básicos de mástiles utilizados en las carretillas elevadoras son:

– Mástiles dobles, también llamados telescópicos o *duplex.*
– Mástiles dobles con elevación libre total.
– Mástiles triples, también llamados *triplex.*

- **Mástiles dobles**
  Los mástiles dobles están formados por dos cuerpos telescópicos, es decir, uno externo y otro interno, generalmente fabricados con perfiles laminados en forma de «U» o con placas soldadas, unidos entre sí por medio de travesaños soldados a los mismos. Estos dos cuerpos deslizan el interior en el exterior por medio de rodillos de acero montados sobre rodamientos.

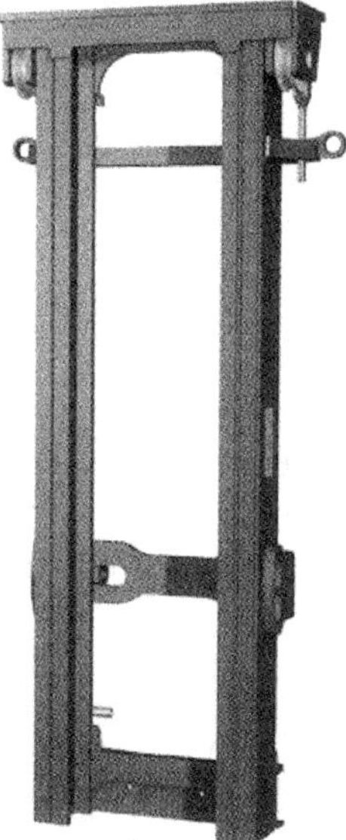

Figura 12.15. Mástil de tipo doble.

La elevación se realiza mediante uno o dos cilindros hidráulicos (hoy, casi siempre se utilizan sólo dos), el vástago de los cuales está unido o apoyado sobre el cuerpo telescópico interior del mástil.

A su vez, este cuerpo posee un par de poleas sobre las que circulan sendas cadenas, las cuales están unidas por una parte al cuerpo fijo del mástil y, por la otra, al tablero portahorquillas que se desliza a su vez, mediante rodillos, en los perfiles del cuerpo interior.

De esta manera, tan pronto como el vástago de los cilindros de elevación comienza a desarrollarse, el cuerpo interior empieza a telescopar y empuja a las cadenas, las cuales arrastran al tablero portahorquillas que traslada las horquillas y la carga que hay que elevar.

Con este sistema se pueden alcanzar alturas de elevación considerables, que pueden ser del orden de 6 m para carretillas de hasta 2.500/3.000 kg de capacidad nominal y de 7 a 8 m para las de hasta 7 t de capacidad.

Este sistema posee dos inconvenientes:

– Tan pronto como se inicia la elevación de las horquillas, también comienza a salir el cuerpo interior del mástil.
– Para alturas elevadas, el alto del mástil fijo es excesivo para algunas aplicaciones.

- **Mástiles dobles con elevación libre total**
Un segundo tipo de mástiles lo constituyen los de elevación libre total. En el mástil de una carretilla elevadora se denomina elevación libre a la altura que pueden alcanzar las horquillas antes de que se inicie el desarrollo del cuerpo interior del mismo.

Los mástiles de elevación libre incorporan un tercer cilindro hidráulico montado en el centro del cuerpo interior. Algunos fabricantes incluso han sustituido este tercer cilindro por dos laterales más delgados, con el fin de aumentar la visibilidad, muy corta a veces. Por encima de la cabeza de su vástago circulan una o dos cadenas a través de una polea, en función de la capacidad de carga, unidas al tablero portahorquillas de tal forma que logran elevarlo a través del perfil del cuerpo interior, hasta que alcanza el tope superior del mismo. Con ello se consigue elevar las horquillas hasta esa altura antes de que se inicie el desarrollo del cuerpo interno.

Estos mástiles se pueden fabricar en la misma gama de alturas de elevación que los simplemente dobles. Su utilización está recomendada para los lugares en que se precise que el almacenamiento alcance el techo con la parte superior de la carga, sin que estorbe el cuerpo interno del mástil, cosa que ocurriría si se efectuase con un mástil normal o doble convencional.

Figura 12.16. Mástil doble con elevación libre.

Un ejemplo de utilización de este tipo de mástiles lo constituye el llenado y vaciado de contenedores. Cuando el contenedor ha de ser llenado con cargas de media altura, si el mástil es normal, antes de que las horquillas alcancen la altura de apilado de la segunda carga el cuerpo interior del mástil habrá golpeado el techo del contenedor, impidiendo realizar ese trabajo.

- **Mástiles triples**
  Los mástiles triples están constituidos por tres secciones o cuerpos telescópicos, de tal forma que se desarrollan el interno sobre el intermedio y el intermedio sobre el externo, permitiendo así alcanzar grandes alturas de elevación. Este desarrollo se realiza de una forma sincronizada; así el cuerpo intermedio empujado por los cilindros de elevación arrastra al cuerpo interior mediante cadenas y éste, con el mismo sistema, al tablero portahorquillas.

  Existen dos tipos de mástiles triples, con o sin elevación libre total. En el caso de tenerla, los mástiles triples incorporan un tercer cilindro hidráulico o un segundo par de cilindros de elevación, que se ocupan de efectuar la elevación libre de la misma manera que se ha descrito para los mástiles dobles.

  Este tipo de mástiles ofrece una doble ventaja:

  - Permite alcanzar grandes alturas de elevación gracias a los tres cuerpos que lo forman.
  - A alturas de elevación equivalentes a las de los mástiles dobles, permite mantener el cuerpo fijo a una altura muy inferior a aquéllos.

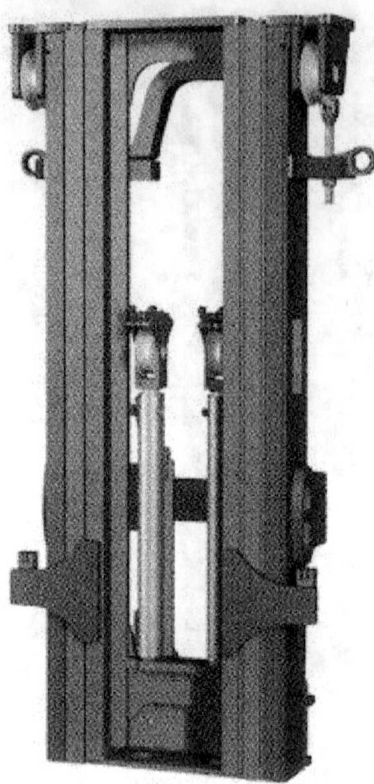

Figura 12.17. Mástil triple.

Las aplicaciones de estos mástiles son claras, siempre que se precise una gran altura de elevación que no se puede conseguir con otro mástil, si es que no existen limitaciones por la circulación de la máquina. Cuando encontramos este tipo de limitaciones, dicho mástil permite obtener una gran altura de elevación con una menor altura estructural.

Las alturas de elevación que se suelen conseguir con estos mástiles están en función de los fabricantes y de las capacidades de carga de las máquinas, pero es fácil encontrar alturas de elevación del orden de los 7 m en carretillas elevadoras contrapesadas de hasta 3 t de capacidad nominal.

2.2.4 Carretillas elevadoras retráctiles

Uno de los medios más utilizados en los almacenes lo constituyen las carretillas elevadoras retráctiles, que pueden ser de dos tipos:

- **Carretilla de mástil retráctil**
  Es aquella en la que el mástil es el elemento que se mueve o desplaza, extendiéndose hacia delante y hacia atrás mediante un carro portador dotado de rodillos. En él va montado el mástil que se desliza sobre las patas de apoyo o de carga, equipadas con carriles. El movimiento o empuje de este carro se puede efectuar mediante diferentes sistemas. Los más utilizados son:

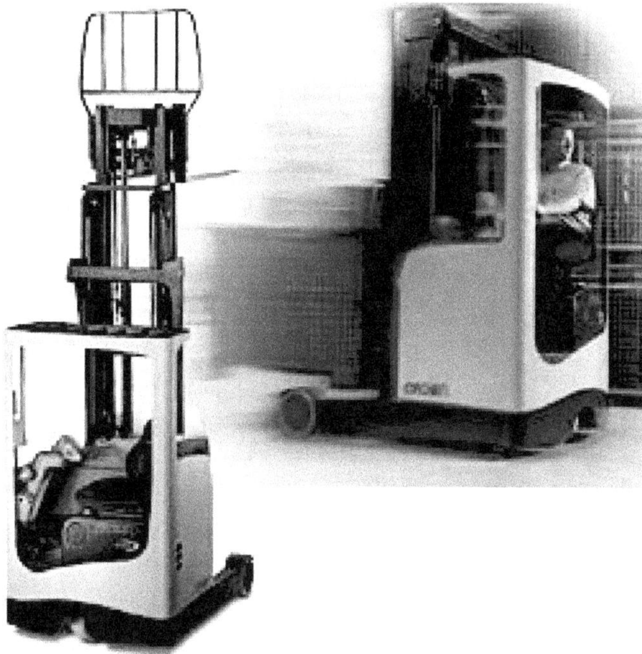

Figura 12.18. Carretilla con mástil retráctil.

- Sistema de pantógrafo.
- Sistema de cilindro hidráulico.
- Sistema de piñón-cadena, accionado por motor eléctrico o hidráulico.
- Sistema de tornillo sin fin, accionado por motor eléctrico o hidráulico.

- **Carretilla de horquillas retráctiles o de pantógrafo**
  En este tipo de carretillas las horquillas van montadas sobre un tablero que está unido a una especie de pantógrafo, simple o doble, el cual mediante uno o varios cilindros hidráulicos, casi nunca más de dos, extiende las horquillas y la carga.

  La ventaja del uso del pantógrafo doble consiste en que la estantería doble se puede cargar o descargar desde una sola posición, lo cual permite la disposición de estanterías cuádruples, es decir, dos estanterías dobles unidas con pasillos intermedios cada cuatro cuerpos, con el consiguiente ahorro de espacio operativo.

  El pasillo de trabajo y maniobra que necesita esta carretilla está definido por su radio de giro, medido cuando el mástil o las horquillas, según los casos, están retraídos, más la distancia desde el punto de giro de la carretilla hasta el extremo más prominente de la carga, incrementado en cada lado con un mínimo de 100 mm.

Estas carretillas se caracterizan por necesitar un pasillo de maniobra inferior en un metro, aproximadamente, que las carretillas contrapesadas de igual capacidad de carga.

Todas las carretillas retráctiles están diseñadas con ruedas de bandajes macizos de pequeño diámetro, para poder constituir unas máquinas de pequeñas dimensiones accionadas por motores eléctricos alimentados con baterías, ya que están concebidas única y exclusivamente para el trabajo en el interior de los almacenes.

Figura 12.19. Carretilla de horquillas retráctiles.

Ambas disposiciones permiten que la máquina realice la maniobra de giro en pasillos de dimensiones más reducidas y, por tanto, que circule por pasillos de almacenaje inferiores.

Los mástiles utilizados por este tipo de carretillas responden a las mismas denominaciones, tipos y funciones que los indicados para las carretillas contrapesadas. Si bien hemos de aclarar que el sistema de mástil retráctil y, más aún, el sistema de pantógrafo permiten alcanzar alturas de elevación superiores a las que se llega con las contrapesadas, ya que mientras estas últimas son carretillas con carga en voladizo, las carretillas retráctiles son generalmente del tipo con carga entre largueros, cuando menos durante el transporte de la carga. Así pues, estas carretillas alcanzan con facilidad alturas de elevación con mástil triple del orden de los 9-10 m.

2.2.5 Carretillas trilaterales

A lo largo de los capítulos anteriores nos hemos referido ampliamente a las carretillas trilaterales. Ahora nos limitaremos a incluir un resumen de sus características principales.

Las carretillas trilaterales reciben este nombre porque son capaces de tomar y depositar la carga en tres posiciones:

- Posición lateral izquierda.
- Posición lateral derecha.
- Posición frontal.

Esta facultad les permite trabajar en pasillos tan estrechos como estrecha sea su propia configuración. En la mayoría de los casos, la anchura de pasillo que necesita una carretilla trilateral es la de la carga que traslada, más el espesor del cuerpo del cabezal que le permite los movimientos de giro, y un pequeño margen de seguridad de unos 300 mm. Con estas dimensiones, el ancho de pasillo de una carretilla trilateral oscila entre 1.700 y 1.900 mm, en función de tipos, marcas, modelos y capacidades.

La clasificación que podemos realizar de las carretillas trilaterales es:

- Atendiendo a la posición del operador.
- Atendiendo al tipo de cabezal que montan.

Si nos atenemos a la posición del operador, existen dos tipos de carretillas trilaterales:

- Carretillas con hombre abajo, conocidas como carretillas torre.
- Carretillas con hombre arriba, conocidas como carretillas combi.

2.2.5.1 Carretillas con hombre abajo o torre

Reciben este nombre aquellas carretillas en las que el operador, al igual que en las contrapesadas y las retráctiles, permanece continuamente montado sobre el cuerpo de la máquina y efectúa todas las maniobras desde esa posición.

Estas carretillas utilizan mástiles de los tipos dobles o triples, generalmente sin elevación libre, de una altura de elevación que alcanza los 14-15 m. Dada esta altura y los pequeños márgenes de maniobra que posee el operador, es preciso dotar a este tipo de máquinas de sistemas de preselección automática de alturas, con el fin de que la maniobra de carga y depósito de las mercancías en las estanterías se realice de forma automática.

Los preselectores de altura son aparatos óptico-electrónico-mecánicos que determinan la posición a la que se encuentran las horquillas mediante lectores ópticos y, de acuerdo con una programación previa, detienen la elevación a la altura deseada.

Figura 12.20. Carretilla torre de «hombre abajo».

2.2.5.2 Carretillas con «hombre arriba» o «combi»

En las carretillas trilaterales con «hombre arriba», también conocidas como «combi» por su doble aplicación de apiladora y preparadora de pedidos, el operador asciende montado sobre una especie de cabina solidaria con el cabezal o con un pequeño mástil adicional.

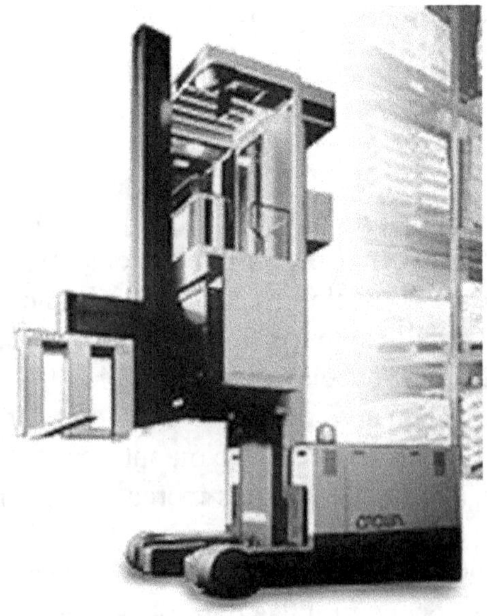

Figura 12.21. Carretilla trilateral tipo «combi».

Esta característica permite al operador de dichas máquinas la posibilidad de ob-servar el lugar donde ha de colocar la carga, por lo que no necesita de preselector de alturas. Su diseño también admite que el operador pueda realizar la función de preparación de pedidos a nivel alto.

2.2.5.3 Instalación de carretillas trilaterales

Cuando se realice una instalación de almacenaje basada en la utilización de carreti-llas trilaterales, es imprescindible tener en cuenta las siguientes cuestiones:

- **Guiado de las carretillas**
  Para obtener un rendimiento óptimo en la utilización de carretillas trilaterales es imprescindible que la máquina pueda circular en los pasillos a la mayor velocidad posible, para lo que necesita algún sistema de guía.
  Las carretillas trilaterales pueden ser guiadas de dos formas distintas:

  - Mediante raíles guía.
  - Mediante un sistema de guiado inductivo o filoguiado.

  - *Mediante raíles guía*
    Este sistema consiste en la instalación de perfiles laminados a lo largo de ambos lados de los pasillos, sobre los que se pueden apoyar unos rodillos-guía instalados en la máquina.

Figura 12.22. Rodillos para el guiado con raíles.

> ### – *Mediante un sistema de guiado inductivo o filoguiado*
> El sistema de guiado inductivo o filoguiado se realiza instalando un cable enterrado en el centro de los pasillos de circulación. Para el seguimiento del mismo, es preciso emitir a través de él una onda electromagnética de baja frecuencia y dotar a la máquina de una serie de sensores que le permitan identificar esa frecuencia y efectuar el seguimiento.
>
> ### – *Nivelación y resistencia del suelo*
> Para la utilización de carretillas trilaterales es preciso que el suelo posea una resistencia determinada, ya que la presión por centímetro cuadrado que ejerce este tipo de carretillas es tremendamente elevada. En primer lugar, se debe consultar al fabricante de la carretilla cuál es esta presión y, a continuación, exigir al constructor del almacén una certificación de la resistencia del suelo del mismo.

Por otro lado, dadas las características de trabajo de esas máquinas, que deben circular por pasillos muy estrechos y a muy alta velocidad, es imprescindible exigir una nivelación del suelo tan precisa que evite el balanceo de la parte superior de la máquina, ya que si el suelo no está perfectamente nivelado el cabezal podría golpear las estanterías e incluso derribarlas.

2.2.6 Transelevadores

Se conoce con el nombre de transelevadores aquellos aparatos o sistemas mecánicos que son capaces de transportar y elevar cargas a través de estrechísimos pasillos y a una gran velocidad. Este nombre es la versión en español de la expresión inglesa *stackerkrane,* más expresiva y representativa de la verdadera función de estos aparatos, que traducida literalmente significa «grúa apiladora».

Los transelevadores constituyen uno de los elementos para el apilado de cargas con más posibilidades de automatización, ya que su recorrido siempre fijo permite una programación exacta, razón por la que están entre los aparatos de almacenaje más desarrollados. Su utilización tiene ventajas e inconvenientes, por lo que su campo de aplicación se debe limitar a aquellas operaciones en las que la relación coste/ventajas sea más adecuada.

El transelevador es un elemento mecánico, en forma de torre de apilado, que transporta las cargas recogidas en su interior mediante un sistema de carga conocido con el nombre de «horquillas telescópicas», formadas por perfiles en forma de «U» invertida que mediante un mecanismo electrohidráulico se colocan encima de otros perfiles también en «U», esta vez no invertida, que incorporan en su interior los pequeños cilindros hidráulicos que efectúan el movimiento.

El uso de transelevadores requiere considerar, para su diseño, dos aspectos esenciales: operatividad y costo.

Atendiendo a la *operatividad,* se deben prever las necesidades de espacio de estos aparatos, que se centran en los siguientes aspectos:

– Necesidad de carril de guiado.
– Necesidad de puente de transferencia.
– Necesidad de enlace con el ordenador central.

- **Necesidad de carril de guiado**
  Los transelevadores pueden estar guiados de tres maneras distintas. La necesidad de instalar uno u otro sistema aparece en función no sólo de la altura que se deba alcanzar, sino también del ancho del pasillo de trabajo.

  1. Guiado inferior. Es adecuado para alturas intermedias, no superiores a los 6 m, siempre que el pasillo de trabajo tenga un margen de seguridad del orden de los 300 mm. El raíl de guiado debe ir montado sobre una base de hormigón armado, y por tanto hay que tener en cuenta que se pierden aproximadamente 450 mm entre esa base y el raíl.

Figura 12.23. Transelevador.

2. Guiado inferior, compensado lateralmente con rodillos laterales guía, instalados en la viga o vigas principales. En este caso el pasillo de maniobra tendrá unos márgenes de seguridad inferiores, pudiendo éstos reducirse a sólo 150 mm, con lo que los raíles laterales guía que se instalarán en las estanterías deberán sobresalir de éstas 75 mm en cada lado. Con este sistema se pueden alcanzar alturas superiores, llegando incluso a los 10-12 m.

3. Guiado inferior y superior. Permite su instalación sin límites de altura y con márgenes de seguridad mínimos en los pasillos de maniobra, del orden de 50 mm por lado. Reduce la altura disponible en 450 mm por debajo y 200 mm por encima, ya que el raíl superior puede estar anclado a la estructura de la nave, e incluso forman parte del conjunto cuando se trata de estanterías de tipo autoportante. Su única limitación en la preparación de pedidos estriba en su corta velocidad: sólo 2,5 km/h en traslación y no más de 0,5 m/s en elevación. A partir de 10 m de altura la velocidad de traslación está limitada a 0,5 km/h, y la de elevación a 0,25 m/s.

- **Necesidad de puente de transferencia**
  Si el número de pasillos de trabajo es superior al número de transelevadores instalados, es necesario instalar al fondo del bloque de estanterías un puente de transferencia, con el fin de poder cambiar los transelevadores de un pasillo a otro. Por tanto, cuando el volumen de preparación sea muy alto, es recomendable instalar un transelevador por cada pasillo, ya que el emplazamiento del puente de transferencia produce una pérdida de volumen operativo muy grande.

- **Necesidad de enlace con el ordenador central**
  En el sistema de preparación de pedidos mediante la utilización de transelevadores resulta imprescindible la instalación de un sistema de transmisión de datos en tiempo real. En aras de obtener un alto rendimiento, es conveniente que los operadores permanezcan el mayor tiempo posible dentro del transelevador, que reciban las órdenes directamente del ordenador y que a su vez transmitan las bajas de productos por el mismo medio. Para facilitar esa función se instalará un pequeño terminal en cada aparato, conectado con el ordenador central y dotado de un lector de códigos de barras o escáner que evite los errores.

3 Otros sistemas de manutención

Además de los sistemas, medios y equipos de manutención que hemos descrito, existen otros de uso habitual en el almacenaje. Aunque no todos ellos son válidos para cualquier aplicación de almacenaje, su conocimiento debe formar parte del bagaje de posibilidades que todo almacenista necesita. Los más significativos son los carruseles y los paternóster.

3.1 Carruseles

Constituyen un sistema diseñado para el almacenamiento de pequeñas piezas y la preparación de pedidos de las mismas.

Los carruseles basan su principio de actuación en mover las mercancías hacia el preparador o cargador, en lugar de que éste se mueva hacia la mercancía. Responden, pues, al concepto de almacenamiento dinámico.

3.1.1 Configuración de los carruseles

La configuración básica de los carruseles la constituye una serie de columnas de cajas o estantes suspendidas que se accionan articuladamente sobre un carril superior, como resultado del movimiento producido por una unidad de tracción situada en su parte inferior.

Figura 12.24. Sistema multiusuario y multiproducto para la preparación de pedidos formado por cuatro carruseles horizontales.

Los carruseles están formados por los siguientes elementos:

- – Estructuras.
- – Carril guía.
- – Unidad de tracción.
- – Unidad de control.

Las estructuras o bloques de estructuras, de las que cada carrusel puede tener un número indeterminado, están constituidas por una pareja de paneles laterales conformados por barras y perfiles metálicos muy ligeros, soldados entre sí en forma de rejilla, y unidos mediante parrillas metálicas o gavetas a muy corta distancia, con el fin de alojar en su interior una serie de cajones metálicos o de plástico, cada uno de los cuales contiene una única referencia.

El carril guía instalado en la parte superior de la estructura puede estar anclado al techo o colgado del mismo. Está formado por una viga en un perfil especial de doble «I», configurada con curvas muy suaves para evitar la brusquedad del giro de los bloques de estructuras. Este carril es muy importante en el carrusel, ya que cualquier deformación en el mismo produciría un bloqueo del sistema.

La unidad de tracción está formada por un motor trifásico, alimentado directamente por la red general, que mueve un conjunto de piñón-cadena encargado de mover a su vez el conjunto de bloques de estructuras durante el tiempo o la longitud que le marque el control electrónico de posición.

La unidad de control la maneja un operador, está interconectada con un ordenador central y va instalada sobre una consola incorporada a una cabina fija o elevable. El operador ordena al conjunto del carrusel que se autocoloque en la posición adecuada para que él pueda tomar las piezas que componen el pedido que se debe preparar.

Existen diversos tipos de carruseles:

- – Carruseles con movimiento horizontal.
- – Carruseles con movimiento vertical.
- – Carruseles con movimiento horizontal y vertical.

3.1.1.1 Carruseles con movimiento horizontal

En los carruseles con movimiento exclusivamente horizontal, los bloques que contienen las cajas con las piezas se mueven únicamente en ese sentido, de tal forma que para tener acceso a las piezas colocadas en las cajas superiores es preciso que la cabina del operador pueda ser elevada a voluntad por el mismo.

3.1.1.2 Carruseles con movimiento vertical

En estos carruseles, que únicamente realizan el movimiento ascendente y descendente, el operador ha de poder desplazarse a derecha e izquierda para tener acceso a las piezas situadas en los bloques de estanterías laterales.

3.1.1.3 Carruseles con movimiento horizontal y vertical

Los carruseles más completos son aquellos que verdaderamente efectúan el principio de movimiento continuo, es decir, que permiten que el operador permanezca estable en su puesto y sea el carrusel o, mejor dicho, la pieza almacenada en el carrusel, la que llegue a él, y no al contrario, como ocurre en los casos descritos anteriormente.

El único problema que plantean estos carruseles dobles es el de su carga, pues si bien el movimiento de las piezas en el interior del carrusel puede ser muy rápido, si la carga se ha de efectuar por el mismo sistema, es decir, desde un solo punto, dicho sistema puede resultar muy lento. Para ello es preciso complementar la instalación con un sistema automático de carga del carrusel, mediante un camino de rodillos accionados, con inclinación variable, que abastezca al carrusel por el lado opuesto al de extracción.

Un sistema de carrusel doble con carga automática podría integrarse en otro sistema de fabricación «justo a tiempo», instalándolo en las cadenas de montaje de forma que el propio operador del carrusel genere el pedido de los materiales que es necesario reemplazar para mantener el carrusel cargado con la cantidad de piezas adecuadas para efectuar los montajes durante el tiempo de reemplazo exigido por el suministrador, de modo que la carga del carrusel la realicen los montadores de manera simultánea a la de descarga.

3.2 **Paternóster**

Los paternóster son una especie de carruseles con movimiento exclusivamente vertical, si bien difieren de ellos en que suelen estar formados por una serie de bandejas estrechas o soportes en forma de noria movida por cadenas laterales, encerradas en una especie de armario de gran altura y poca profundidad.

Al igual que los carruseles, responden al principio de que la carga es la que se debe mover y no el operador, es decir, mueven la carga verticalmente a voluntad del operador deteniéndose en un punto previamente programado y determinado por el mismo.

Figura 12.25. Paternóster o carrusel vertical.

3.2.1 Elementos fundamentales de los paternóster

Son los siguientes:

- Armario.
- Bandejas o soportes.
- Cadenas de elevación.
- Sistema de control.

El armario, construido con chapas de acero galvanizadas, plegadas y remachadas o soldadas en frío, tiene la doble misión de ser el soporte o armazón de todo el conjunto y de proteger las piezas almacenadas en su interior.

Las bandejas o soportes están preparadas para los materiales que han de contener y son muy variadas. Entre ellas podemos citar:

- Bandejas metálicas para soportar gavetas de plástico o metálicas.
- Placas soporte perforadas con alojamientos para útiles y herramientas, de punzonado o corte.
- Brazos soporte en *cantilever* para contener cargas largas, tales como perfiles, rollos de tela, etc.

Las cadenas de elevación suelen ser parecidas a los rodillos y están accionadas por medio de uno o más piñones, en función de las características y peso de los materiales que serán colocados sobre las bandejas o soportes de la noria.

El sistema de control puede ser más o menos sofisticado, requiriendo desde un simple manejo manual mediante un botón pulsador que ponga en marcha la máquina, hasta un sistema integrado con mando que enlace con el ordenador central.

3.2.2 Uso de los paternóster

Los paternóster son adecuados en toda instalación que necesite un almacenamiento de gran utilización de volumen, de pequeñas cantidades de piezas muy diversas, y que precise, al mismo tiempo, de una preparación de pedidos puntual y con muy pocas referencias.

Figura 12.26. Bloque de paternóster.

Los campos de aplicación más frecuentes de los paternóster son:

- Almacenes de productos farmacéuticos con servicio directo al público.
- Almacenes de recambios de pequeños y medianos electrodomésticos, tanto de la línea blanca como de la línea marrón.
- Centros de fabricación.
- Almacenes de materiales textiles con servicio directo al público.
- Almacenes de metales con servicio directo al público.

En los almacenes de productos farmacéuticos con servicio directo al público, en los que es preciso contar con un gran número de referencias y donde se suceden los pedidos de pequeñas cantidades de muy pocos productos a mucha velocidad, es muy recomendable el uso de un paternóster, con el que en breves segundos se puedan preparar estos pedidos.

Así sucede también en los almacenes de recambios de pequeños y medianos electrodomésticos, en los que la variedad de modelos y equipos obliga a disponer de un excesivo número de referencias, que se expiden en pequeñas cantidades y a través de un inmenso número de pedidos, uno por cada aparato averiado.

En los centros de fabricación, un paternóster permite almacenar de forma protegida y rápida una gran cantidad de útiles distintos y herramientas de corte para los tornos automáticos, ya que el montaje individual implicaría una gran cantidad de tiempo.

Los almacenes de materiales textiles, tales como alfombras, tejidos, etc., que igualmente precisan almacenar un gran número de modelos, variedades o colores, también constituyen un claro ejemplo de utilización de los paternóster.

En un almacén de metales, donde el éxito del negocio consiste en disponer de una enorme variedad de materiales que luego son vendidos en pequeños pedidos de diversos clientes, puede utilizarse igualmente un paternóster que almacene en poco espacio las largas barras de esos productos, barras que se puedan extraer en pocos segundos gracias a la facultad que tiene el paternóster de poner los materiales al alcance del operador, sin necesidad de que éste se desplace.

Tanto los paternóster como los carruseles son elementos cuya utilización en el almacenaje es relativamente reciente, razón por la cual aún tienen grandes posibilidades de desarrollo. Entre sus ventajas podemos destacar:

- Flexibilidad de adaptación, dada su concepción modular.
- Variedad de aplicación.
- Buena utilización del espacio, como corresponde a todo elemento capaz de ser almacenado en un nivel muy alto, con poca pérdida de espacio.
- Reducción de la necesidad de *stocks*, especialmente si se trabaja en sistemas múltiples, coordinados y enlazados por ordenador central.

— Reducción del número de personal empleado en las labores de preparación de pequeños y múltiples pedidos.

Entre los inconvenientes podemos destacar su alto coste, que se podrá reducir si el tiempo demuestra que las instalaciones de paternóster son de larga duración y que el coste, diferido en el tiempo, es menor.

Todos los sistemas y aparatos descritos en este capítulo son costosos y, por tanto, su aplicación se debe estudiar a fondo y sopesar los razonamientos, tanto a favor como en contra, que se han expuesto con el fin de que el diseñador de un almacén sea capaz de llegar a la conclusión más acertada sobre cuál es el sistema más eficaz y adecuado a sus necesidades.

Es indudable que todo almacén moderno debe poder responder fundamentalmente a una premisa: la eficacia. Para conseguirla, es imprescindible plantearse un análisis minucioso de todos y cada uno de los parámetros que influyen en ella. El uso de carruseles y paternóster está extendido en los países industriales más avanzados y, por tanto, no cabe la menor duda de que dichos aparatos influyen en esa eficacia; sin embargo, éstos no son los únicos factores que intervienen. Existen otros que son del orden de la simple organización del almacén, que pueden ser tanto o más influyentes que éstos y en los que el diseñador quizá no pueda intervenir tan directamente.

Cómo hacer de la cadena de suministro un centro de valor
Angel Caja Corral

Cadena de suministro 4.0
Alberto Tundidor, Eva Hernández, Cristina Peña, Javier Martínez, Javier Campos, Carlos Hernández

El crédito documentario y el mensaje SWIFT
Luis Sánchez Cañizares

La investigación en seguridad. Del Titanic a la ingeniería de la resiliencia
Jaime Rodrigo de Larrucea

Manual del comercio electrónico
Eva María Hernández Ramos, Luis Carlos Hernández Barrueco

Sales and operations planning. S&OP in 14 steps
Cristina Peña Andrés

Economías transformadoras de Barcelona
Ruben Suriñach Padilla

Planificación de ventas y operaciones. S&OP en 14 claves
Cristina Peña Andrés

Cómo participar en ferias comerciales
Cristina Peña Andrés

Manual de prevención de riesgos laborales
Blas Gómez

La economia social y solidaria en Barcelona
Ivan Miró, Anna Fernàndez

Negociación para el comercio internacional
Cristina Peña Andrés

Manual del manipulador de alimentos
Blas Gómez

La economía social y solidaria en Barcelona
Anna Fernàndez, Ivan Miró

Manual de seguridad en el trabajo
Marge Books

Cómo innovar en las pymes. Manual de mejora a través de la innovación
Alberto Tundidor Díaz

Guía documental para exportar e importar. Los 12 documentos clave
Alberto García Trius

Mass customization. Las claves de la personalización masiva
Blas Gómez Gómez

Crédito documentario. Guía para el éxito en su gestión
Cristina Peña Andrés, Amelia de Andrés Leal

Guía práctica de las reglas Incoterms® 2010
David Soler

Certificación Lean Six Sigma Green Belt para la excelencia en los negocios
Lean Six Sigma Institute, SC

Certificación Lean Six Sigma Yellow Belt para la excelencia en los negocios
Lean Six Sigma Institute, SC

Negociación intercultural. Estrategias y técnicas de negociación internacional
Domingo Cabeza, Pelayo Corella, Carlos Jiménez

Las reglas Incoterms® 2010. Manual para usarlas con eficacia
Alfonso Cabrera Cánovas

Regímenes aduaneros económicos y procesos logísticos en el comercio internacional
Pedro Coll

Inglés náutico normalizado para las comunicaciones marítimas
José Manuel Díaz Pérez

Shipping & Commercial Case Law
Albert Badia

Gestión medioambiental en la industria
José M.ª Suris

Gestión financiera del comercio internacional
Josep M.ª Casadejús

Manual de gestión aduanera. Normativas del comercio internacional y modelos de integración económica
Pedro Coll

Los abordajes en la mar
Carlos F. Salinas

El desorden sanitario tiene cura. Desde la seguridad del paciente hasta la sostenibilidad del sistema sanitario con la gestión por procesos
Rajaram Govindarajan

Gestión y liderazgo en una empresa de seguros
Simón Mahfoud y Digna Peña

MARGE BOOKS
València, 558 – 08026 Barcelona – Tel. +34-931 429 486 – marge@margebooks.com – www.margebooks.com

9 788486 684594